国家出版基金项目
NATIONAL PUBLICATION FOUNDATION

中国符号学丛书 ○ 丛书主编 唐小林 赵毅衡

符号与传媒
Semiotics & Media

人类生活在用符号建构的意义世界里，古今皆然。先民的观象系辞、言意之辨、礼法嬗变中，无不包含对符号的思考与运用。本书就先秦贤哲对符号的认知态度、使用方法、运用规律等进行了系统研讨。

Semiotic Thinking
In Pre-Qin Philosophy

先秦符号思想研究

祝东 著

四川大学出版社

特约编辑:陈　蓉
责任编辑:徐　燕
责任校对:吴近宇
封面设计:米迦设计工作室
责任印制:王　炜

图书在版编目(CIP)数据

先秦符号思想研究 / 祝东著. —成都：四川大学
出版社，2014.11
　(中国符号学丛书)
　ISBN 978－7－5614－8191－2

　Ⅰ.①先…　Ⅱ.①祝…　Ⅲ.①符号学－研究－中国－
先秦时代　Ⅳ.①H1

　中国版本图书馆 CIP 数据核字（2014）第 274910 号

书　名　**先秦符号思想研究**
　　　　XIANQIN FUHAO SIXIANG YANJIU

著　　者　祝　东
出　　版　四川大学出版社
地　　址　成都市一环路南一段24号（610065）
发　　行　四川大学出版社
书　　号　ISBN 978－7－5614－8191－2
印　　刷　郫县犀浦印刷厂
成品尺寸　170 mm×240 mm
印　　张　15.25
字　　数　277 千字
版　　次　2014 年 12 月第 1 版
印　　次　2014 年 12 月第 1 次印刷
定　　价　45.00 元

◆ 读者邮购本书，请与本社发行科联系。
　 电话:(028)85408408/ (028)85401670/
　 (028)85408023　邮政编码:610065
◆ 本社图书如有印装质量问题，请
　 寄回出版社调换。
◆ 网址:http://www.scup.cn

摘　要

　　符号学是 20 世纪诞生的一门新学科，但符号观念与符号思想中西古今亦有之。西方如古希腊希波克拉底（Hippocrates）的症候符号思想，亚里士多德（Aristotle）的语言逻辑符号思想等。东方如古印度的因明学亦包含丰富的符号思想。中国自先秦时代，先哲们就开始探讨符号与意义的关系问题，如易经中用卦象符号来标示万物、预测吉凶，开中国符号应用之先河；先秦诸子则对符号与意义的关系进行了系统研讨和深化，如儒家的"正名"符号思想，道家的"无名"符号思想，名墨二家名实论中的符号思想。战国后期，儒家的荀子和法家的韩非子则对先秦符号思想进行了系统总结与提升。总的来说，先秦易学与诸子学是中国古典符号思想的一大宝库，发掘先秦符号思想，在发展中国传统学术、促进中西学术对话、提升中国文化自信力等方面都有重要意义。从某种意义上说，本书也是迄今第一部对先秦符号思想进行系统总结的著作，具有较大的开创意义与现实意义。

　　对中国传统符号思想的研究，学界前辈多有发现，如李先焜、孙中原等对先秦名家、墨家等符号思想的探析，筚路蓝缕，功莫大焉。但是这一辈学者多是从逻辑哲学角度切入，诸多问题没有展开，亟需拓展深化。本书作为第一部全面探讨先秦易学符号、孔孟符号、老庄符号、名墨符号、法家符号思想的著作，力图在学界前贤的研究基础之上，将这一课题系统化、深入化，有以下积极意义：

　　其一，对于易学符号而言，不仅对其"观物取象""观象设辞"符号系统的生成建构进行分析，更注重其中对释义元语言的探析，分析先秦符号思想的形式特征，以及这种符号思想的形成与对中国传统诗学释义理论方法所产生的影响，具有一定的创见。

　　其二，对于孔孟符号，注重从发生学的角度探析儒家符号思想产生的原因及意义，以及儒家礼乐符号系统的特征，特别是对以孔子为代表的儒家学者对礼乐文化符号的态度、成因进行了较为深入的分析，对孟子的释义理论

也进行了探讨。

其三，于老庄符号思想而言，将其符号思想进行了语境的还原，探析了他们的礼学、名学符号思想的特征，同时注重对其学术旨趣的辨析，如对老子"无名"符号思想产生的根源与现实针对性、庄子"言意之辨"中展现出的对语言符号发展的深层忧患的缘由等都进行了不同层次的探析，而对于当今符号泛滥的社会现实，重提老庄道家符号思想具有重要启示意义。

其四，于名墨符号思想而言，除了对其"正名""名实""指物论"等符号思想进行探讨之外，还将名墨二家的名辩概念与西方符号中的"能指""所指"概念之间的关系进行了对比分析，着力探寻其中的异同，而不仅是简单比附，这也是对中国传统符号学的一次"正名"，具有较强的理论意义与启示意义。

其五，对战国后期荀子、韩非子的符号思想进行了归纳总结。荀子作为儒家向法家过渡的重要人物，其符号思想既是对儒家符号思想的总结，又有新变。孔孟关于仁与礼的符号思想，出自其"性善"的哲学理念，因此讲求内圣外王，以发自内心的对传统礼乐文化符号的尊崇为主，其发展脉络为由宋元理学到阳明心学；而荀子的哲学理念为人性本恶，需要用外在的权力来规范人遵从现实生活中的符号系统，这种符号思想发展到极致，则是法家代表韩非符号思想的出现。法家学者对儒家符号思想既有继承又有新变，其刑名法术之学的符号思想及其学术旨趣等方面也将在这个章节得以梳理。

目　录

绪　论……………………………………………………………（ 1 ）

第一章　易学符号思想…………………………………………（16）

第一节　观物取象：初民符号思想的诞生…………………（16）

第二节　拟议变化：符号系统的初步建构…………………（32）

第三节　位中时当：易学符号学的元语言…………………（35）

第四节　立象尽意：文本意义建构与传释…………………（53）

第五节　回望反思：易学符号思想之总结…………………（62）

第二章　孔孟儒家符号思想……………………………………（69）

第一节　礼乐伦理：儒家符号思想的发源…………………（69）

第二节　礼乐符号：等级文化与用舍行藏…………………（79）

第三节　以名定实：儒家符号思想的能指偏执……………（85）

第四节　孟子诗歌阐释的符号思想…………………………（93）

第五节　儒家符号思想研究的当代回顾……………………（100）

第三章　老庄道家符号思想……………………………………（109）

第一节　语境的还原：老子与庄子…………………………（110）

第二节　黜名与薄礼：老子符号思想及成因………………（118）

第三节　逍遥与自适：庄子的符号思想内涵………………（132）

第四节　反观与前瞻：名实之辩与言意之辨………………（151）

第四章　名墨符号思想…………………………………………（156）

第一节　墨家与名家…………………………………………（156）

第二节　墨学符号思想………………………………………（168）

第三节　名家符号思想………………………………………（183）

第四节　研究现状与前瞻……………………………………（191）

第五章　名法之学与先秦符号思想的总结……………………（197）

第一节　师承与转向：荀、韩关系…………………………………（197）

第二节　荀子的符号思想……………………………………………（207）

第三节　韩非子的符号思想…………………………………………（218）

第四节　同"名"与异质……………………………………………（227）

参考文献………………………………………………………………（230）

绪　论

一、现代符号学的发展流变

用符号来传递意义，是人类特有的功能，而对符号传递意义这一现象的思考，中外古已有之。在西方，有如古希腊希波克拉底（Hippocrates）的症候符号思想，亚里士多德（Arisotle）的语言逻辑符号思想等；在古印度，有佛家因明学、唯识学等学术中包含的丰富的符号思想；中国古代的先哲，很早就对符号表意行为进行了关注，如先人们对易学中拟物取象的思考以及后来形成的"名实之争""言意之辨"等问题，其实都是围绕着符号与意义问题展开的思辨。然而这些思辨多是在一种不自觉的状态下进行的，缺少理论与方法的自觉。因此，符号学虽然是一门年轻的学科，但对符号的思考却由来已久，不论是在西方还是东方，符号学思想都有悠久的历史。

现代意义上的符号学诞生于 20 世纪初，并逐渐发展成一门包罗甚广的新学科，同时为各门学科提供方法论上的指导，主要研究符号表意行为活动。学界一般认为现代符号学发轫于索绪尔（Saussure）与皮尔斯（Pierce），他们分居住于瑞士和美国，相互间没有学术往来，却几乎在同一时期提出了"符号的科学"这一概念。

索绪尔曾经给符号下了一个定义："我们把概念和音响形象的结合叫作符号。"[①] 这一定义主要从语言学的角度出发，对符号进行定义，并认为语言符号连接的不是事物和名称，而是概念和音响形象，而且这个音响形象主要是声音的心理印迹，并建议保留符号这个词表示整体，用所指和能指分别代替概念和音响形象。叶姆斯列夫在解释索绪尔的"能指"与"所指"时，指出其分别相当于"表现"（expression）与"意义"（meaning），而表现与

---

① ［瑞士］索绪尔：《普通语言学教程》，高名凯译，北京：商务印书馆，1980 年版，第 102 页。

意义为矛盾的对立物，矛盾的统一则是符号。①

皮尔斯也曾对符号进行了界定，即某种对某人来说在某一方面或以某种能力代表某一事物的东西即是符号，② 也就是说，符号有一种能代表某一事物的能力，当然这只是潜在的，这种能力被人感知才能看作符号。如一朵玫瑰。众所周知，玫瑰在诸多文化语境中都有代表爱情这一潜在的"能力"，但在一个不懂爱情的小孩看来，这就是一朵花罢了，并不能将其视作"爱情符号"。当然这种定义并不能使我们十分满意，如陈原就直接指出："这个定义很拗口，有点玄——不过表达很多确定的和不确定的语义。"③ 可惜的是，哪些是确定的，哪些又是不确定的，陈原并没有给出一个详细的解释。英国学者霍克斯研究指出，皮尔斯的符号实际上是表现体、对象（object）、解释者（interpretant）三位一体的关系。④

索绪尔与皮尔斯作为现代符号学的开创者，其对符号的定义以及由此形成的符号学模式，都在符号学史上产生了深远的影响，亦各有利弊。如赵毅衡先生所言，索绪尔的语言符号学模式使结构主义符号学一度成为显学，但是这种模式同时使符号学落入结构主义共时格局之中；而皮尔斯的逻辑-修辞哲学模式是一种更为开放的模式，它考量所有的符号类型，使符号学向非语言甚至非人类符号扩展，而符号的解释则成为进一步表意的起点，向无限衍义开放，皮尔斯模式已成为当代符号学的基础理论，成为符号学最重要的模式。⑤ 皮尔斯的学生莫里斯（Morris）则对其老师的理论进一步拓展，形成了一种较为系统的学术理论，特别是其对符号学学科范围的界定，至今影响着符号学的研究，这种界定也即是对语形学、语义学与语用学的界定："语形学研究指号联合的种种方式；语义学研究各种指号的意谓，因而研究解释的行为——没有解释的行为就没有意谓；语用学从指号的解释者的全部行为中来研究指号的起源、应用与效果。"⑥ 莫里斯对符号学的划分在符号学研究领域产生了重要影响，为符号学研究提供了一个总体构架，功莫

---

① 陈原：《陈原语言学论著》卷二，沈阳：辽宁教育出版社，1998 年版，第 211 页。
② Danaiel Chandler, *Semiotics: The Basics*, London: Routledge, 2007, p. 29.
③ 陈原：《陈原语言学论著》卷二，沈阳：辽宁教育出版社，1998 年版，第 147 页。
④ ［英］霍克斯：《结构主义和符号学》，瞿铁鹏译，上海：上海译文出版，1997 年版，第 130 页。
⑤ 参见赵毅衡：《符号学原理与推演》，南京：南京大学出版社，2011 年版，第 12 页。
⑥ ［英］莫里斯：《指号、语言和行为》，罗兰，周易译，上海：上海人民出版社，2011 年版，第 227 页。

大焉。

当莫里斯不断推进皮尔斯的符号学理论的时候，法国著名语言学家罗兰·巴特（Roland Barthes）也在不断发展完善索绪尔的符号学理论，1964年罗兰·巴特发表《符号学原理》，很快得到了欧美学者的关注，并产生国际影响。

伴随着符号学的发展，一大批符号学家也如雨后春笋般逐渐登上学术舞台，如意大利的艾柯（Eco，U.），俄罗斯的巴赫金与洛特曼，美国的卡希尔与苏珊·朗格（Susan Langer）、西比奥克（Sebeok，T.）等，在这一大批学者的带领影响下，符号学如火如荼地发展着。

但现代符号学成为一门正式的学科，其历史却并不悠久。学界一般将其定位于20世纪60年代，因为此期间发生了一件符号学学科史上的标志性事件：在雅各布森、本维尼斯特、列维－斯特劳斯等人的努力推动下，1969年在巴黎成立了国际符号学研究联合会（IASS），并开始出版联合会定期刊物《符号学》。① 符号学诞生之后，在人文社科领域取得了迅速发展，因其强而有力的方法论特征，为诸多学科提供了元语言工具，甚至被誉为人文科学中的数学。

由于从事符号学研究的学者来自不同的学术领域，故而一直没有形成一致的理论体系，而是形成了一个庞大的跨学科的理论体系。据相关研究资料显示，当今比较有影响的符号学理论体系有：瑞士索绪尔理论体系、美国皮尔斯理论体系、美国莫里斯理论系统、法国罗兰·巴特理论系统、意大利艾柯理论系统、美国雅各布森理论系统、俄苏巴赫金和洛特曼理论系统。②

另外，苟志效根据理论的重点与研究背景，认为可以将符号学划分为四个流派，③ 第一流派即结构主义符号学，代表人物有索绪尔、卡西尔、苏珊、列维·斯特劳斯、皮亚杰等；第二流派是分析哲学符号学，代表人物有皮尔斯、莫里斯、维特根斯坦等；第三个流派是俄苏符号学，代表人物主要是以洛特曼为中心的塔尔图－莫斯科学派的主要成员；最后一个流派是中国符号学。然而苟志效的文章在当时并没有详细指出中国符号学的主要学者有哪些，这或许与当时中国符号学才刚刚起步，还没有形成较有影响力的学者

---

① 参见王铭玉等：《现代语言符号学》，北京：商务印书馆，2013年版，第7页。
② 王铭玉，宋尧：《符号语言学》，上海：上海外语教育出版社，2005年版，第14页。
③ 苟志效：《符号学的由来及发展》，《宝鸡师院学报》，1993年第1期。

和学派的情况有关。中国符号学经过数十年的发展，目前已经形成了几个较大的研究中心，中国符号学研究也蒸蒸日上。

二、中国符号学的研究现状

中国最早关注符号学（现代意义的符号学）的学者是赵元任。赵毅衡先生研究指出，"符号学"这个中文词，是赵元任 1926 年在一篇题为"符号学大纲"的文章中提出来的，这篇文章刊登在他自己参与创刊的上海《科学》杂志上。"符号这东西是很老的了，但拿一切的符号当一种题目来研究它的种种性质跟用法的原则，这事情还没有人做过。"① 在赵元任看来，符号学不仅在中国没人做过，而且在世界上也还没有人做过。他说与"符号学"概念相近的词，可为 symbolics、symbology 或 symbolology，根据赵毅衡先生考证，赵元任独立于索绪尔或皮尔斯提出这门学科，应当是符号学的独立提出者。

有意思的是，中国学者在研究先秦名辩学时也曾经用到了"能指"与"所指"这样的概念，如章太炎于 1915 年出版的《章氏丛书》中收录的《齐物论释》，论及《庄子·齐物论》中"以指喻指之非指，不若以非指喻指之非指"时谓："上指谓所指者，即境。下指谓能指者，即识。"② 章氏学术融合了子学、佛学及西学，《齐物论释》初稿完成于 1910 年，于 1915 年收入《章氏丛书》出版，而索绪尔 1913 年逝世之后，其《普通语言学教程》至1916 年才由其学生根据听课笔记整理出版。章氏尽管吸收过西学，但是其"能指""所指"应属于自创概念，而且他的这两个概念与法相唯识学关系密切。

另一位中国四川籍学者伍非百于 1932 年脱稿的《中国古名家言》在阐释公孙龙子的《指物论》的时候，曾说："指为'能指'，物为'所指'。"③也用到了"能指""所指"概念，据李先焜先生估测，伍非百生前不大可能读过索绪尔的《普通语言学教程》，但是其创造性的"能指""所指"却与索绪尔的 signifiant 与 sigifie 的中译相同，可谓有异曲同工之妙，当然两者的含义终究不是完全一样的，但是伍非百的解释对当代学者的启示却是巨

---

① 参见赵毅衡：《中国符号学六十年》，《四川大学学报》（哲社版），2012 年第 1 期，第 5 页。
② 章太炎：《章太炎全集（六）》，上海：上海人民出版社，1986 年版，第 78 页。
③ 伍非百：《中国古名家言》，成都：四川大学出版社，2009 年版，第 537 页。

大的。①

当代中国较早参与国际符号学大会并推动中国符号学研究的先驱有李幼蒸和李先焜等学者。20 世纪 80 年代中后期，随着"文化热"的迅速升温，国内学界对符号学的兴趣陡增，各界学者开始将其应用于不同学科之中，为符号学在中国的发展做了一个良好开端。如 1988 年 1 月，李幼蒸、赵毅衡、张智庭等在北京召开了"京津地区符号学讨论会"，这是中国符号学界的第一次集会。1989 年中国逻辑学符号学专业委员会成立（归属中国逻辑学会），1994 年中国语言与符号学研究会在苏州大学成立（归属中国比较文学学会），这两个学会对促进中国传统符号学研究有较大推动作用。

当代符号学发展的另一件具有重要意义的事情便是旅欧学者赵毅衡先生回国定居教学。赵毅衡先生长期沉浸于形式文化论中，先后出版过《新批评——一种形式主义文论》（中国社会科学出版社 1986）、《"新批评"文集》（中国社会科学出版社 1988）、《文学符号学》（中国文联出版公司 1990）、《苦恼的叙述者——中国小说的叙述形式与中国文化》（北京十月文艺出版社 1994）、《当说者被说的时候：比较叙述学导论》（中国人民大学出版社 1998）、《符号学文学论文集》（百花文艺出版社 2004）等著作。他在厚重的前期积累基础之上，于 2011 年在南京大学出版社推出了《符号学原理与推演》（南京大学出版社 2011 年初版，2012 年修订版更名为《符号学》）一书，引起学界广泛关注，并于 2008 年在四川大学成立"符号学－传媒学研究中心"，提出符号学研究人类、非人类的一切表意行为，尤其注意文化表意行为；传媒学研究人类如何运用符号进行社会信息交流，注重传媒过程的发生、发展的规律以及传媒与人和社会的关系，而这两门学科在理论和实践上紧密关联，② 其研究重心在文化与传媒方面，对拓展符号学研究的锋面意义重大。由赵毅衡先生领衔的中国符号学西部学派迅速崛起，带动了一大批有志从事符号学研究的青年学子，并卓有成效地推出了一系列成果，如"中国符号学丛书""符号学开拓丛书"等，引起了海内外学者的关注并获得了好评。

正是因为中国符号学研究发展迅速，并赢得了国外学者的尊重与好评，才会有 2011 年第 11 届国际符号学大会（IASS）移师中国，在南京师范大

---

① 李先焜：《语言、符号与逻辑》，武汉：湖北人民出版社，2006 年版，第 420~421 页。
② http://www.semiotics.net.cn/about.asp

学召开的标志性事件。为什么这样说呢？可以先回顾一下丁尔苏在其《符号学研究：中国与西方》一文中曾经提到的一个事实。1986 年美国符号学界的领军人物西比奥克编辑出版了一本题为《符号学领域》的文集，介绍了包括日本、苏联、印度等国在内的 27 个国家的符号学研究状况，但是其中唯独没有提到中国；西比奥克认为中国"缺乏足够的符号学机构和研究活动"。① 两相对比，可见中国符号学研究已迅速崛起并得到国际符号学界的承认。经过数十年的发展，特别是全国各地先后兴起符号学研究和建立研究中心热潮，说明中国符号学正蓬勃发展，并大步迈向世界。

总体说来，当代中国的符号学研究虽然起步较晚，但是其研究起点却相对较高，而且在较短的时间内开始迎头赶上国外研究潮流，据王铭玉、宋尧分析，这除了有中国学者对外国同行研究成果消化吸收较快这一因素之外，还有一个非常重要的原因，也即我国文化传统本身就具有极为丰富的符号学内涵，中国符号学研究根植于这种文化背景之下，因此从起步开始就显示出与众不同的勃勃生机。② 中国文化传统中蕴含的丰富符号学内涵，是符号学研究能够迅速在中国对接吸收，并迅速发展的一大内在动因，系统探讨中国传统文化中的符号学内涵，自然也是当代中国学者的责任，笔者的这部青涩的论著也是在这个方面的初步探索。

在上文我们分析中国当代符号学研究现状时指出，当代中国符号学正以极其迅猛的速度发展着，仅以 2012 年中国符号学研究现状为例：据统计，在中国知网上，2012 年以"符号"为主题的文献有一万多篇，以"符号学"为主题的文章有 691 篇，即全年大概每天出产 30 篇以"符号"为主题的论文，2 篇以"符号学"为主题的文章。③ 这个数据确切地告诉我们当代中国的符号学研究正高速发展着。诚然，数量不能代表质量，多并不等于好，但是相当的数量必然也会体现出一定的质量。更为重要的是，相当的数量能说明一定的问题，即关注研究符号学的人越来越多，举凡文学、艺术、经济、法学、教育、民族、宗教、理学、工学、医学等学科都涉及符号学问题，符号学作为一种共通的方法论正越来越多地受到各个学科的重视，特别是在人文社科领域，所以符号学甚至被誉为社会—人文学科的公分母，文科中的

① 参见丁尔苏：《符号学与跨文化研究》，上海：复旦大学出版社，2011 年版，第 8 页。
② 参见王铭玉、宋尧：《符号语言学》，上海：上海外语教育出版社，2005 年版，第 68 页。
③ 饶广祥：《2012 年中国符号学发展报告》，《符号与传媒》，2013 年第 1 期。

数学。

　　笔者认为，中国当下符号学受到如此之重视，并不是一个偶然的学术现象，也决不仅仅是几个知名学者推动的结果，这一切应与中国当代社会文化转型密切相关。中国社会正处在急剧转型之中，各种新思想、新的价值观念等层出不穷，文化大潮蜂涌而来，借用赵毅衡先生的话说就是我们的文化已经由传统的窄幅文化转化为宽幅文化，文化符号泛滥成灾，由此造成了"选择悖论"（paradox of choice）。① 面对这样一系列的问题，人们迫切需要学理上的深度观照，特别是哲学高度的审视和人文层面的关怀，符号学作为一种研究意义的跨学科的方法论自然受到了人们的欢迎与重视。这将在下一章的讨论中进一步印证。

三、先秦社会及其学术思潮

　　东亚大陆文明大约发轫于距今 4000 年左右的夏朝，至商朝则正式跨入文明的大门之内，特别是公元前 13 世纪的盘庚迁殷，结束了以往的迁徙游牧生活，开始定居，创建城邦，殷都遗留下来的甲骨文、青铜器等，给我们提供了早期文明社会的范本。总体说来，夏商二代，为后来的周代文明的发展奠定了良好的基础。孔子曾经也直言到："殷因于夏礼，所损益，可知也；周因于殷礼，所损益，可知也。其或继周者，虽百世，可知也。"（《论语·为政》）在孔子看来，商朝沿袭了夏朝的礼仪制度，周朝因袭了商朝的礼仪制度，当然这些并不是全盘吸收，而是有所选择，各个王朝为了自己的统治利益对传统文化进行增删损益在所难免。据孔子的另一段对话的记载来看："夏礼，吾能言之，杞不足征也；殷礼，吾能言之，宋不足征也。文献不足故也。足，则吾能征之矣。"（《论语·八佾》）可见在孔子所处的西周末年，夏商时代的礼仪制度还有人能够知晓，比如孔丘本人就能言夏礼、殷礼，可惜的是文献不足，不能引来证明孔丘的转述了。

　　周取代殷商之后，周公对传统礼乐文明进行了系统修订，并形成了一整套礼乐文化符号系统，这套系统对中华文化特征的塑形意义重大。周公在前代文化的基础之上，根据时代的需要制礼作乐，巩固了西周时期的统治。同时他创建的礼乐文化系统也是儒家文化诞生的土壤，孔子的儒家礼乐文化正

---

　　① 赵毅衡：《符号学原理与推演》，南京：南京大学出版社，2011 年版，第 164 页，第 377～379 页。

是在吸收周公礼乐文化的基础之上创建的。"周公对于礼乐的改造，适应了西周一统局面的形成及领主封建社会的建立；而孔子的对于礼乐的再改造，为后来的地主封建社会的建立及秦始皇统一帝国的形成打下了精神及某些方面的物质基础。"① 至于孔子礼乐文化对封建社会的建立及秦始皇一统帝国的形成产生的影响，我们会在后面分析儒家符号思想的时候进行剖析。这里要谈的是另外一个问题，即周公建立的礼乐文化系统在西周后期及东周遭到破坏的社会现实，也即西周后期开始出现的礼乐法度失衡的问题，这也促成了后来诸子百家兴起和百家争鸣的文化景观。

关于周公制礼作乐的记载，《左传》和《礼记》等古籍文献皆有记载，如《左传》文公十八年季文子曾曰"先君周公制周礼"，②《礼记·明堂位》有云："武王崩，成王幼弱，周公践天子之位，以治天下。六年，朝诸侯于明堂，制礼作乐，颁度量，而天下大服。"③《史记·周本纪》也曾记载周公"既绌殷命，袭淮夷，归在丰，作周官。兴正礼乐，度制于是改，而民和睦，颂声兴"。④ 周公制定的礼乐文化并不是一系列的娱乐礼仪，而是将古代宗教礼乐文化加以扩展，推广到人事领域中，古礼不仅仅是祭祀仪式，且注入了政治内容，转化为大一统王朝的政治性礼仪制度，这一转变被谢谦先生称之为古代宗教礼乐的政治化。⑤ 而这种礼乐文化的政治化也正是维系西周宗法统治的基本制度，"其基本精神则在于别尊卑、序贵贱，即在区分等级之差的前提下纳天下与一统，以使建立在宗法政治基础之上的大一统王朝长治久安"⑥。可见礼乐文化的落脚点还是在于现实社会的政治统治的稳定性和长久性，这一分析可谓切中肯綮。然而到了西周后期，周公精心为其家族统治制定的礼乐文化却遭到了破坏，此前的"礼乐征伐自天子出"转化为"礼乐征伐自诸侯出"，这一转变使得对西周礼乐文化推崇不已的孔子痛心疾首，《论语·季氏》中曾记载：

孔子曰："天下有道，则礼乐征伐自天子出；天下无道，则礼乐征

---

① 杨向奎：《宗周社会与礼乐文明》，北京：人民出版社，1992 年版，第 229 页。
② 杨伯峻：《春秋左传注》，北京：中华书局，1990 年版，第 633 页。
③ 王文锦：《礼记译解》，北京：中华书局 2001 年版，第 437 页。
④ 司马迁：《史记》，北京：中华书局，1982 年版，第 133 页。
⑤ 参见谢谦：《古代宗教与礼乐文化》，成都：四川人民出版社，1996 年版，第 86 页。
⑥ 谢谦：《古代宗教与礼乐文化》，成都：四川人民出版社，1996 年版，第 92 页。

伐自诸侯出。自诸侯出，盖十世希不失矣；自大夫出，五世希不失矣；
陪臣执国命，三世希不失矣。天下有道，则政不在大夫。天下有道，则
庶人不议。"

在这里孔子直言：如果制礼作乐出自天子则是天下太平的象征，如果出
自诸侯，那么反映出来的必定是社会的昏乱。所谓"礼乐征伐自天子出"其
实就是天子对诸侯拥有生杀予夺的最高统治权力，比如周成王"伐诛武庚、
管叔，放蔡叔"①；周夷王时有人在王的面前进了谗言，于是周王烹杀了齐
哀公，"哀公时，纪侯谮之周，周烹哀公而立其弟静，是为胡公"②；周宣王
时，鲁国出现了弑君的政治事件："懿公九年，懿公兄括之子伯御与鲁人攻
弑懿公，而立伯御为君。伯御即位十一年，周宣王伐鲁，杀其君伯御，而问
鲁公子能道顺诸侯者，以为鲁后。"③ 通过这些历史事件我们看出，从周朝
建立到周宣王时期，周天子通过政治化的礼乐文化还能有效控制诸侯，但是
自周宣王时期始，诸侯已经开始不听话了，"自是后，诸侯多叛王命"④，也
即传统的礼乐文化系统不能再有效约束诸侯了。当然这一方面是随着经济的
发展，诸侯士大夫势力崛起而对周天子的权威形成挑战；另一方面是因为周
朝最高统治者的失德，导致诸侯及天下民众对传统礼乐文化失去了应有的尊
重。而由此带来的恶果即是"礼乐征伐自诸侯出"，特别是到了东周的春秋
时期，周天子驾驭不了诸侯，反被诸侯所制。如《左传·桓公五年》记载：
"王夺郑伯政，郑伯不朝。秋，王以诸侯伐郑，郑伯御之。王为中军；
……战于繻葛……王卒乱，郑师合以攻之，王卒大败。祝聃射王中肩，王亦
能军。"⑤ 周郑交恶，周桓王率军伐郑，结果打了败仗，自己反而被郑国的
祝聃射了一箭，情形很是狼狈，周天子的威严也自此丧失殆尽了。至周襄王
时甚至出现了诸侯召集天子的怪事："十七年，襄王告急于晋，晋文公纳王
而诛叔带。襄王乃赐晋文公珪鬯弓矢，为伯，以河内地与晋。二十年，晋文
公召襄王，襄王会之河阳、践土，诸侯毕朝，书讳曰'天王狩于河阳'。"⑥

① 司马迁：《史记》，北京：中华书局，1982 年版，第 132 页。
② 司马迁：《史记》，北京：中华书局，1982 年版，第 1481 页。
③ 司马迁：《史记》，北京：中华书局，1982 年版，第 1527～1528 页。
④ 司马迁：《史记》，北京：中华书局，1982 年版，第 1528 页。
⑤ 杨伯峻：《春秋左传注》，北京：中华书局，1990 年版，第 104～106 页。
⑥ 司马迁：《史记》，北京：北京：中华书局，1982 年版，第 154 页。

在西周礼乐政治文化兴盛的时候，是周天子召集诸侯，此时却出现了相反的现象，即诸侯召集天子，这样不好解释，所以推崇周礼的孔子也说"以臣召君，不可以训"①，当然这种历史的发展也不是个人的能力能够阻挡的。至鲁宣公三年（周定王元年），南方崛起的楚国，甚至对中原王权产生了觊觎之心，"楚子伐陆浑之戎，遂至于洛，观兵于周疆。定王使王孙满劳楚子。楚子问鼎之大小轻重焉"。② 这即是历史上有名的"问鼎"的典故，楚庄王问鼎的目的实际上就是对周王朝政治权力的窥视，这次问鼎事件虽然被王孙满"在德不在鼎"的巧妙回答应对过去，但是王孙满也承认现实的无奈："周德虽衰，天命未改，鼎之轻重，未可问也。"③ 周王朝已经衰微，只是百足之虫死而不僵，但由于周人信奉的天命观尚未改变，所以这个王朝在形式上还将存在下去。

随着周礼系统崩溃，政治伦理化的周乐系统也逐渐紊乱。我们知道，先秦赋诗用乐是有严格的界限区别的，比如天子用《颂》，两君相见用《大雅》，诸侯宴饮士大夫用《小雅》，另外根据当时乐制，有堂上堂下之分，堂上重在用人声，所以升歌、音乐之用是有等级制度的，不能随便乱用，而自笙歌以下则是没有阶级的，士大夫至诸侯可以通用。鲁国是个特例，破例允许用天子之乐，"成王以周公为有勋劳于天下，是以封周公于曲阜，地方七百里，革车千乘，命鲁公世世祀周公以天子之礼乐"④。当周天子的威仪能够臣服诸侯卿大夫的时候，礼乐等级是很分明的，反过来说，礼乐等级文化是为了维护周天子的权威而设的，如果有僭越礼乐，无礼于君者，必然要受到处罚，"见无礼于其君者，诛之如鹰鹯之逐鸟雀也"⑤ 即是明证。但是随着地主阶级经济势力的发展和封建制度的衰落，西周传统礼乐文化符号系统受到了严重的挑战，如《论语·八佾》中孔子批评季氏："八佾舞于庭，是可忍也，孰不可忍也！"季氏僭用天子舞乐，让孔子痛心疾首，又如"三家者以《雍》彻。子曰：'相维辟公，天子穆穆'，奚取于三家之堂"？（同上）我们知道《诗经·周颂·雍》中有云："有来雝雝，至止肃肃。相维辟公，天子穆穆。"颂乐本是天子之乐，歌词也是赞颂天子威仪的，但是季孙、叔

———————————
① 杨伯峻：《春秋左传注》，北京：中华书局，1990 年版，第 473 页。
② 杨伯峻：《春秋左传注》，北京：中华书局，1990 年版，第 669 页。
③ 杨伯峻：《春秋左传注》，北京：中华书局，1990 年版，第 672 页。
④ 王文锦：《礼记译解》，北京：中华书局 2001 年版，第 437 页。
⑤ 杨伯峻：《春秋左传注》，北京：中华书局，1990 年版，第 633 页。

孙和仲孙都僭用了，可见当时的礼乐文化符号系统已经开始崩溃，无法继续维系传统社会的统治秩序。到了战国时代，这种礼崩乐坏的政治局面就更为严重了，如清代学者顾炎武分析指出的：

> 如春秋时犹尊礼重信，而七国则绝不言礼与信矣。春秋时犹宗周王，而七国则绝不言王矣。春秋时犹严祭祀，重聘享，而七国则无其事矣。春秋时犹论宗姓氏族，而七国则无一言及之矣。春秋时犹宴会赋诗，而七国则不闻矣。春秋时犹有赴告策书，而七国则无有矣。邦无定交，士无定主，此皆变于一百三十三年之间。史之阙文，而后人可以意推者也。不待始皇之并天下，而文武之道尽矣。①

春秋礼崩乐坏已经开始，但是尤有尊崇者，如齐桓公，还曾提出的"尊王攘夷"的口号。至战国，则礼崩乐坏真正大行天下，从西周建国开始逐步建立起来的统治秩序濒于瓦解。与此相应的是私学的兴盛，乃至形成了诸子百家并流争先的局面，较有名者，如儒、墨、道、法诸家，都对礼崩乐坏的社会现实提出了自己的政治学术见解。他们分别从自身的阶级文化立场出发，或参与社会实践，或著书立说，都是为了陈述自己的观点主张，他们的落脚点也都是一样的，也即如何应对这一礼崩乐坏的社会现实。而当时社会现实中最突出的问题即是传统的文化符号系统遭到破坏，文化秩序受到极大的挑战。如周公制定的礼乐文化符号系统，伴随着周王室的衰微，已经不再能够强有力地维系世道人心；通过礼仪文化系统区分身份、地位、等级的差异有效性也趋于紊乱，各种越礼、僭礼的现象时有发生。新的社会阶层、社会思想、文化意义等层出不穷，旧的文化符号与新的意义不能有效对接，于是先秦诸子也就自然产生了对符号与意义的兴趣。如符号学家莫里斯言："符号研究兴趣最高的时期是在普遍进行社会变革时期这一点是有启发的，如孔子时期，或希腊衰落时期……在这样的时期，人们借以生活在一起的符号开始丧失了他们的明晰性和说服力，而适合于改变了的社会的新符号还没有产生。人们之间的交往不再是轻易地联系，因为新出现的意义同旧的意义相抵触。语言归于无效，文化象征成了问题，因为这些都不复能够被认为是理所当然的东西。当符号不再好好为人服务的时候，人们就有意识地注意起

---

① 顾炎武：《日知录集释》，黄汝成集释，上海：上海古籍出版社，2006 年版，第 749 页。

符号来。"① 因为新的意义与传统的意义之间出现了隔阂，语言交流、文化象征等都成了问题，所以人们必须对这样一些属于现代符号学研究范畴的问题展开思辨，尽管那时还根本没有一门叫"符号学"的学科，但这并不妨碍我们中国的先哲对符号与意义问题的思索。也许正是因为如此，当代学者才毫不吝惜地将"古代中国最早的一批符号学家"的美名送给了惠施、公孙龙、荀子及韩非等人。② 先秦哲人对易象问题的思索、对名实问题的辩论、对言意问题的探究等，无不包蕴着丰富的符号学思想，钩沉探析中国传统符号思想史对于当代学者来说，自然是责无旁贷的事情。

四、本书的研究方法与构想

由于本书研究的对象是中国先秦典籍文化中的符号学思想，集中于易学符号思想、孔孟儒家符号思想、老庄道家符号思想、名墨符号思想以及法家刑名法术之学的符号思想等。在研究方法上，必须采用阐释学、符号学以及文化人类学的一些基本方法，对先秦文化原典中蕴含的符号思想进行多维透视。用符号学的观点来看，人是符号的动物，人类所有的表意活动的集合构成了人类的文化，这样就为文化研究提供了更为广阔的视域。

首先，本书面对的是中国传统文化典籍中蕴含的符号思想，因此需要用阐释学的方法，将研究对象中存在的意义关系转移到我们的经验世界中来，使中国传统符号思想的意义在解释中得以阐明，而用符号学的方法对古代文化典籍进行阐释，这种阐释本身就是我们对现实的一种关怀。

其次，还需借助文化人类学的研究方法。中国先哲们的学说总是或隐或显地通过常识化、生活化、制度化的方式进入普通民众的思想世界，然后内化为人民的生活准则，对人的各种表意活动起到规范指导作用，如礼乐文化符号。中国传统符号思想研究不仅着眼于传统符号学思想，将研究对象中存在的意义关系转移到我们的经验世界中来，而且由于中国传统符号思想的意义和当今中国文化发展关系密切，因此如何将传统符号学思想资源应用到当今的文化建设发展之中，使之成为影响或者引导人们表意活动的行为准则，这一点也很重要，这必然需要运用一些文化人类学的研究方法。具体而言，

---

① ［美］莫里斯：《开放的自我》，定扬译，徐怀启校，上海：上海人民出版社，1985 年版，第 45 页。

② 荀志效，沈永有，袁铎著：《中国古代符号思想纲要》，西安：三秦出版社，1995 年版，第 1 页。

主要分为以下五个主体部分。试分述之。

首先，要对中国符号思想起源的原点，也即易学符号思想进行一次系统的透视，考察初民是如何通过观物取象发明并运用符号的，以及初民对符号系统的建构问题，其符号阐释的元语言问题和拟物取象的方法给中国古代文学创作及释义理论带来的影响等。

其二，要对儒家经典中蕴含的符号思想进行理论阐发。儒家符号学思想主要见存于《论语》《孟子》《荀子》及"三礼"等文化典籍之中，其关注的重点是伦理秩序及道德规约。特别注重儒家学说中的名实论、礼仪符号、礼乐文化符号中蕴含的符号思想，包括这种符号思想对中国古代社会产生的影响，对民族文化性格的塑造产生的作用以及对中国文学阐释学方面的影响等，本书将逐一对其进行剖析，发掘儒家符号思想及其现实意义。

第三，要对道家典籍中的符号思想进行阐发。道家穿透了符号的本质以及符号系统对人的束缚，接近解构立场。老庄从哲学高度洞悉了各类文化的"符号"本质，其"无名"符号思想对破除当今符号崇拜、数字化崇拜具有指导意义；老庄黜名薄礼思想对缓解现实人生中人们对自我意义的期待与焦虑问题也有启示意义，其言说方式对中国文学符号系统的建构也产生了影响等，对此，本文也都将作一次透视。

其四，要研究名墨二家典籍中的符号思想。名墨两家的符号学思想主要残存于《墨子》《尹文子》《公孙龙子》等典籍之中，在《庄子·天下》篇等其他诸子著作中也残存了一些。墨家围绕礼乐文化符号与儒家展开论辩，同时注重对符号理论的探讨，如"墨经"部分；名家符号思想虽然主要从逻辑哲学的高度对指物关系进行思辨，但亦不乏现实人生关怀。本部分首先对名墨学术关系进行梳理，然后分析阐发名墨诸子的符号思想。

其五，要探讨法家理论著作中的符号思想。法家符号思想见存于《管子》《商君书》《韩非子》等典籍之中，以《韩非子》为集大成者。韩非子继承了荀子人性恶的观点，认为趋利避害为人之本能，因此要规范人的符号表意活动，仅靠"礼"还不够，必须用外在暴力的"法"来维系，并在此基础上提出了一整套刑名法术之学。因此本部分首先对法家的学术渊源流变及主要符号思想进行梳理和理论阐释，从儒到法，这一符号思想流变的历史轨迹也需要作一次清理。

此外，在对易学、儒家、道家、名墨符号思想进行分析研究时，同时注意对其当代研究现状进行梳理，以期为将来的研究者提供一条较为清晰的研

究脉络，供同好参考，进而继续扩大深入对先秦符号思想的研究。

总而言之，中国传统符号思想资源丰富，如易学符号思想、孔孟儒家的符号思想、老庄道家符号思想、名墨二家的符号思想、法家的符号思想等，对中国文化精神与人格塑造都产生了极其深远的影响，因此如何用文化符号学理论对传统符号学思想资源进行现代阐释，建构中国符号学传统，是一项艰巨而有意义的工作。这一研究就笔者所见，目前似尚未有人系统清理过，把这一课题深入化、系统化本身就有相当大的难度。中国传统符号思想中有个一以贯之的主题，即对社会现实特别是社会秩序的关注，这与上一节提到的西周王朝统治秩序失衡关系密切。先秦诸子百家在阐发自家学说的同时都有其现实的针对性，即礼崩乐坏的社会现实，各家都期望自己的学术思想能够为世所用，让自己的学说起到救治社会、安定人心的作用。沟通古今，激活中国传统礼仪伦理符号中的有益因子，为当今的文化建设起到指引作用，需要学术识鉴能力和理论阐释能力。发掘中国符号思想，对发展中国传统学术、促进中西学术对话、提升中国文化自信力、建构和谐社会等方面都有重要意义，也具有理论的科学性与实际的可行性。

对先秦符号思想进行研究，必须将史料还原到当时的历史文化语境之中，将对先秦符号思想方法的考察置于其赖以生存的历史文化背景下，进行历史的分析与文化的阐释。而不能简单地将先秦的一些形名之辨、物我之辨、言意之辨等拿来与西方符号学概念进行粗浅的比附，以图证明西方符号学中国古已有之的假象。诚然，东学西学，心理攸同，中西在符号学思想中确有其共性，但是中国传统符号学思想的特征必须被揭示出来。因此，要在现代符号学视域下审视中国先秦的符号思想，在方法上，我们要立足中国文化语境，与现代西方符号学的观念方法进行比较，而不是比附。比较是一种平行关系，可以见出异同特色，比附则纯粹以外律中，一些中国有而外国没有的，可能在比附中因为国外没有而把我们自己有的也忽视掉了。

然而，这里又涉及另外一个问题，也即赵宪章先生提出来的"从符号学的立场与角度阐释中国文化"和"中国文化中的符号学思想"之不同的关系问题。"借用现代的西方的符号学观点和立场对传统文化进行阐释这是一回事，而你阐释中国文化中的符号学思想则是另外一回事。我认为如果把这两个问题搅在一起、搞不清楚的话，会出现一系列的问题。"① 赵先生曾深刻地指出了中国传统符号学研究的本末关系问题。从先秦符号思想研究这一具体研究领域出发，以笔者之见，阐发先秦典籍文化中蕴藏的符号学思想乃是本，如先秦先民的言意之辨、意象之思、形名之辨、物我之思等，这些都是中国特色的符号学思想记录，其中蕴含的中国特色的符号思想必须得到较为恰当的阐发，当然要做到这些必须运用符号学的理论及方法。符号学不仅是一门探讨意义的学问，也是一种方法论。赵毅衡先生在《符号学文学论文集·前言》中就曾对作为学科和方法论的符号学进行了辨析，指出作为学科的符号学主要研究人类社会使用符号的基本规律，或者从使用符号的方式入手研究社会文化等②（如本书第五章即是从荀子、韩非使用符号的方式入手来研究当时的符号思想及社会变革）；王铭玉先生在《现代语言符号学》中曾明确指出，符号学以共同的方法论导向为特征，为当今人文社会科学提供精确的概念体系和有效的分析工具，如其提到的语言符号学的一些方法论，诸如结构主义的态度、二元对立的研究方法、常体和变体的二分观念、组合和聚合的二维思想以及皮尔斯等人提出的符号学三分法原理等，③尽管他的这些方法是针对语言符号学提出的，但其实大部分也都适用于中国传统文化符号学思想研究。因此，我们或许可以这样说，先秦符号思想研究，其实是用现代符号学的理论方法对先秦文化典籍中蕴含的符号思想、使用的符号学方法进行分析阐释，探析先哲们使用符号的方式、规律，对符号表意的哲学思辨以及其中所含的符号学方法等，借此阐发中国优秀传统文化，促进中西学术交流对话。

中国传统文化历久弥新，其中一个重要原因即在于一代又一代学者对经典的不断阐释。持续的关照，让经典在不同的时代都具有"现实意义"，这种努力也是中华文化绵长不衰的原动力！

---

① 符号学论坛：《〈当代中国文化现状与发展的符号学研究〉开题研讨会专家意见》，http://www. semiotics. net. cn/index. php/view/index/news/4078，2014 年 5 月 1 日浏览。

② 赵毅衡：《符号学文学论文集》，天津：百花文艺出版社，2004 年版，第 3 页。

③ 王铭玉等：《现代语言符号学》，北京：商务印书馆，2013 年版，第 19～37 页。

第一章　易学符号思想

《周易》被认为是中国古代最古老、最难理解也最神秘的一部书，甚至被誉为是东方的"圣经"。[①] 两千多年来，一直居于群经之首，现存最早的目录学著作《汉书·艺文志》将易类排在"六艺略"之首，此后诸多目录学著作基本沿袭了这一传统，以迄清代大型目录学著作《四库全书总目》，易类依然雄踞群经首位。排列次序的先后本身就包含着一种地位轻重的意义在里面，由此亦可见出易学在古代经籍中的地位。历代注易解易的人也不胜其多，古人在注解《周易》的时候又往往把自己的思想借解易之名注入其中，结果使得易学成为一门无所不包的大学问。如四库馆臣在评论易学资料时就曾经指出："《易》道广大，无所不包，旁及天文、地理、乐律、兵法、韵学、算术，以逮方外之炉火，皆可援《易》以为说，而好异者又援以入《易》，故《易》说愈繁。"[②] 现在回过头来反观《周易》，不能为诸多解说所迷惑。借用现代符号学理论，可以看出，易经其实是初民观物取象后，通过一套符号系统以简驭繁、把握世界的方式；而易传则是对易经系统的哲学阐释，其间也包含了丰富的符号思想。古代无所不包的易学其实可以被视为中国符号思想的源头。

第一节　观物取象：初民符号思想的诞生

《周易》因其卜筮之书和儒家经典的双重身份而一直披着神秘的面纱，特别是其卦象符号，一直为人们视若天书。但是，当我们"从符号与意义的关系去看周易，六十四卦符号的神秘性也就消除了，它同周易文字部分一

---

① 张政烺著，李零等整理：《张政烺论易丛稿》，北京：中华书局，2011 年版，第 2 页。
② 纪昀等：《四库全书总目》，北京：中华书局，1997 年版，第 3 页。

样，都是用来表达某种意义的符号"①。也许是因为年代久远，一部分符号携带的意义在流传中丢失了，而后人为了探寻卦象符号的意义，又在不断地发掘创造，"十翼"应该就是战国至汉代学者们不断总结出的符号意义，如李镜池先生言："这里有不同时期的历史资料和编著者的生活经验、人生哲学。"② 由于卦辞、爻辞年代久远，特别是诸多设卦的语境没有记录下来，加大了对其卦象符号的阐释难度，"《左传》载筮成季与穆子之生之辞，若只载筮者之辞而不及故事背景，则这些筮辞，恐怕永远没有人理会得出他们是怎么一回事。易卦、爻辞，就是卜官所记载的。其中许多为我们所不容易了解的缘故，就因为我们只见筮辞而没有见到筮辞的背景"③。从符号学的角度来看，所谓筮辞的背景也即是筮辞生长运用的语境，是筮辞运用到占卜中的主客观条件，由于我们不了解初民们是如何创制使用这些卦象卦辞符号的，故而很难确定其意义。所以尽管《周易》的卦辞、爻辞以及《易传》都是文字记载，是一种规约符，但是由于其符号编制语境的缺失，其意指内涵还是难以定于一尊，有很大的解释空间，当然，这也给历代注易、解易的学者提供了方便之门。

一、《周易》其书

关于"周易"一词的意思，自古以来就没有统一的意见，对于"周"字和"易"字的解释也各有不同。于"周"字而言，归纳起来，主要有两种观点：其一认为周易为周代之易，以此与夏代之易"连山"、商代之易"归藏"相别。《周礼·春官·宗伯》曾言大卜"掌《三易》之法，一曰《连山》，二曰《归藏》，三曰《周易》。其经卦皆八，其别皆六十有四"④。按照这个说法，《连山》《归藏》《周易》皆属"三易"，为占卜的不同名词形式。其二认为周易乃是周流变化之易，周乃是周普、周遍之义，也即是上文引《四库全书总目》所说的"《易》道广大，无所不包"之意，如《周易正义·论三代〈易〉名》援引郑玄注云："《周易》者，言易道周普，无所不备。"⑤

关于"易"的含义，也有两种主要观点：其一是以日月为易，易是取阴

① 俞宣孟：《意义、符号与周易》，《上海社会科学院学术季刊》，1990年第4期。
② 李镜池：《周易探源》，北京：中华书局，1978年版，第4页。
③ 李镜池：《周易探源》，北京：中华书局，1978年版，第421页。
④ 李学勤主编：《十三经注疏·周礼注疏》，北京：北京大学出版社，1999年版，第637页。
⑤ 李学勤主编：《十三经注疏·周易正义》，北京：北京大学出版社，1999年版，第8页。

阳之象；其二是认为易为蜥易，取变化之象。现在从《周易》的主要内容来看，确实包含着变化的思想，如《乾》卦从第一爻"潜龙勿用"到第六爻"亢龙有悔"，其实就是讲到了一个事物变化发展的全部过程。当事物处在萌生阶段，因其力量还不够强大，故而需要潜藏自保，经过一定的积蓄之后，才可以开始活动变化。至九四爻则是跃跃欲试，到九五爻就已经达到极致、顶峰，然后又开始走下坡路，也就最后一爻所言"亢龙有悔"。一卦之内，吉凶祸福不是一成不变的，而是相互转化的。如王弼所言："夫卦者，时也；爻者，适时之变也。夫时有否泰，故用有行藏；卦有大小，故辞有险易。一时之制，可反而用也；一时之吉，可反而凶也。"① 不仅一卦之内有变化，卦与卦之间也是有变化的，比如《泰》卦与《否》卦，《既济》卦与《未济》卦等，皆有相关变化转换的关系。

现存《周易》一书，主要分为易经、易传两大部分。易经主要由六十四卦、卦画、卦名、卦辞、三百八十四爻辞组成（另因《乾》《坤》两卦分别多出"用九""用六"文辞，故爻辞实际上是三百八十六则）；易传主要由《彖辞》上下篇、《象辞》上下篇、《系辞》上下篇、《文言》《系卦》《说卦》《杂卦》十篇组成，合称"十翼"。《彖辞》部分主要解释六十四卦的卦名、卦义及卦辞；《象辞》部分主要解释六十四卦的卦名、卦义及爻辞；《系辞》部分乃是对易经的通论，总结了易经部分的基本思想；《文言》部分专论《乾》《坤》两卦的卦辞、爻辞的基本思想；《系卦》部分是对六十四卦排列组合顺序的说明；《说卦》部分乃是记述八卦所象征的各类事务及其基本原理、变化等；《杂卦》在于说明各卦之间的关系。②

关于《周易》的成书时间问题，被视作易学史上的斯芬克斯之谜，迄无定论。笔者较为同意易经成书于殷周之际的看法。传说卦辞为文王作，爻辞为周公作，当然这只是传说，没有确证，但这至少反映出卦爻辞等不是成于

① 王弼著，楼宇烈校释：《王弼集校释》，北京：中华书局1980年版，第604页。
② 《杂卦》部分，学界曾经认为其排列杂乱无序，故名"杂"。今人廖名春在《〈易传〉概论》中认为《杂卦》是以卦象对举见义的形式揭示《周易》六十四卦卦德的一篇专论，其将六十四卦分为三十二组，其中乾与坤、小过与中孚、离与坎、大过与颐四组卦为相错关系，其余皆为相综关系。这样《杂卦》部分就是用"错综其义"的方法编排了六十四卦的顺序，其主要解释方法乃是"以异相明"，用揭示两卦之间的对立关系来凸显其各自的意义，而《杂卦》的主要范畴则是"刚"与"柔"，乾坤对立，预示着万物刚柔消长之间的联系。总而言之，《杂卦》实际上是一篇以反对为内在结构形式、以刚柔思想为主线的解易的专论。参见廖名春《〈周易〉经传与易学史新论》，济南：齐鲁书社，2001年版，第344～347页。这一论点也得到了易学家金景芳、吕绍纲等学者的肯定。参见金景芳、吕绍纲：《周易全解》，上海古籍出版社2005年版，第623～627页。

一人之手，而是经过不断积累发展的过程，当是对诸多占卜之辞的记录整理而成；易传传说为孔子所作，但也没有确证，从古今学者的分析可知，易传也不是出自同一人之手，而应出自儒家后学多人之手，大约在战国后期至秦汉之际才结集成书。

《周易》起源于占卜，这是无可争议的事实，但是被后人誉为中华文化的"源头活水"，认为对中华文化的发展起到决定性作用的"大道之源"等，这是不是有点过分夸大了这部书的影响？答案当然是否定的。《左传·成公十三年》刘子言："国之大事，在祀与戎。"[①] 祭祀和战争，都是国家大事，而这些都是需要经过占卜问卦的，也即是说，殷周时代的占卜不是像现在的算命只问个人前途利益，而是关乎国家安危的大事。"而对国家的兴亡吉凶的解释、预测，显然同对历史上的经验、事例的了解以及对统治者应如何治国的看法分不开。负责作出这种解释的筮官，实际上也就是当时最了解历史和对统治者应如何治国持有一套看法的思想家。因此，记录占筮的结果，对吉凶加以解释的筮辞，就具有了历史文献和思想文献的重要意义，其中包含着从漫长的历史中得来的某些有价值的思想、智慧。"[②] 笔者认为刘纲纪先生的这条解释是符合情理的。《左传·定公四年》有关于"祝、宗、卜、史"的记载[③]，这些官职有不同的分工，据学者分析，"祝"的文化任务主要是代表祭者向神致辞，具有关于神的历史知识；"宗"的文化任务在于管理宗庙祭礼等事务，拥有氏族宗法等方面的历史知识；"卜"是掌管观兆、视筮一类的宗教事件，具有天人合一的宇宙观念及哲学知识；"史"主要掌管文书，观察天象，具有关于天人发展与传统的历史知识[④]。但是综观这些不同分工，实际上都具有史的知识和功能，而从先秦文献中"巫祝""巫史"常常连用的情况来看，祝、宗、卜、史的职能划分实际并没有那么清晰，而是互通的。或者说巫、祝、史按其性质来说，属于同一类人物，"史本是掌管记载的官，但也兼管着祭祀和卜筮等事；他们多是世官，又掌着典籍，知识愈富，所以上知天文，下知地理，中知人事，博观古今，能医卜星相，乃是当时贵族们最重要的顾问。他们会从天象和人事里看出吉凶的预兆，所以他

---

①　杨伯峻：《春秋左传注》，北京：中华书局，1990年版，第861页。
②　刘纲纪：《周易美学》，武汉：武汉大学出版社，2006年版，第2页。
③　杨伯峻：《春秋左传注》，北京：中华书局，1990年版，第1536页。
④　侯外庐：《中国古代思想学说史》，沈阳：辽宁教育出版社，1998年版，第34页。

们既是智囊，又是预言家"①。也即是说，占筮者和史官等在当时都属于有文化的对历史比较了解的知识分子阶层，他们对占筮的记录和评判自然具有思想文献方面的意义。后人在编纂易经部分时，又是经过精挑细选，仔细排列的，于是易经部分就逐渐变得系统化、条理化了。

随着易学研究的深入发展，特别是《周易·十翼》的形成发展，它逐步由卜筮学研究领域移入哲学文化学领域。关于这一点，《周易折中》也有比较允当的评述："卦爻之辞，本位卜筮者断吉凶，而因以训戒。至《彖》《象》《文言》之作，始因其吉凶训戒之意，而推说其义理以明之。"② 此言有一定的道理，易之起初，为占筮之书，但其中又包含先民的历史文化观念以及一些朴素的辩证思想，如事物的发展变化、阴阳对立统一等，特别是后期《文言》《象辞》《彖辞》等易传部分的相关理论阐发，使得易学义理化、哲学化，而古人在阐释易经的时候，也将自己的世界观念、哲学思想等熔铸其中，这样形成的《周易》一书，其内容性质就逐渐发生了变化，从占筮之书发展成为哲学著作。

于此，四库馆臣亦有精辟的总结："圣人觉世牖民，大抵因事以寓教：《诗》寓于风谣，《礼》寓于节文，《尚书》《春秋》寓于史，而《易》则寓于卜筮。故《易》之为书，推天道以明人事者也。"③ 圣人因事寓教，《易》教寓于卜筮之中，通过推演天道以发明人事，后世道家主要继承了易学的天道思想，儒家则继承了其人事思想，一分为二，交流互补，成为影响中国文化思想的源头活水。

二、观物取象

《周易》的符号系统应该是先民们在持续的观察世界、体察人生的过程中，在不断地积累经验、总结规律中，在反复的思考、深入的打磨中，在长期的增删损益中逐渐形成的，它是中国数代先民集体智慧的结晶，当然这其中也不排除像传说中的伏羲、文王、周公、孔子等圣人大贤的带有总结性的改造完善。那么，《周易》的这套符号系统又是怎样在不断的抽象、归纳中形成的呢？《系辞》上说"圣人设卦观象"，对此，唐人孔颖达的解释是"圣

---

① 童书业：《春秋史》，北京：中华书局，2006年版，第125页。
② 李光地：《周易折中》，北京：九州出版社，2002年版，第17页。
③ 纪昀等：《四库全书总目》，北京：中华书局，1997年版，第3页。

人设画其卦之时，莫不瞻观物象，法其物象，然后设之"①，也即是说，这些卦画之象乃是通过瞻观、取法物象而成。这个解释准确与否呢？还是回到《系辞》上面来，"圣人有以见天下之赜，而拟诸其形容，象其物宜，是故谓之象"②。这是《系辞》对"象"的形成过程的解释，所谓"赜"，朱熹的解释较为允当，也即"杂乱"之意③，盖圣人见天下万事万物纷繁复杂，于是用卦形来比拟其形态，象征事物的性状，于是产生了卦象。《系辞》的这个解释是较为可取的，它实际上透露出先民开始抽象符号思维的这一过程，如王铭玉所言："人类经过了漫长的岁月才自觉摆脱了实物性操作的束缚，进展到用符号思维的符号操作。"④ 这看似简单，实际上展现出的是先民抽象思维进步的一大跨越式发展，卦象的形成，正体现了先民执简驭繁抽象符号思维能力的提高。

对卦象来源创制的解释，最具体生动的还是来自《系辞》下中的解说："古者包牺氏之王天下也，仰则观象于天，俯则观法于地，观鸟兽之文，与地之宜，近取诸身，远取诸物，于是始作八卦，以通神明之德，以类万物之情。"⑤ 这里谈到了两个非常重要的概念，即"观象"和"取法"。龚鹏程曾经分析指出："观象，是指视觉对物象和天象之观察。取法，是指观察后对'象'之所以如此理解以及效仿。法，既指象之原理，亦指人的行动。取象的对象，则天地间一切事物，无所不包。"⑥ 按照《周易正义》的注疏所言，观象于天，观法于地，可见卦象取象之大；而观鸟兽之文，与地之宜，则是体现了卦象的取法精细入微，这样事无巨细，皆纳入卦象之中。所谓"近取诸身"。《周易正义》认为是耳、目、鼻、口之属，而"远取诸物"则是风、雷、山、泽之类，这样事物不论远近，皆可取法。当然取象并不是简单地描画一个"象"，它还必须将人类的主观意识灌注入所取之象中，如丹尼·卡瓦拉罗所言："直接的物质存在并没有赋予其意义。要获得某种确定的意义，

① 李学勤主编：《十三经注疏·周易正义》，北京：北京大学出版社，1999年版，第261页。
② 李学勤主编：《十三经注疏·周易正义》，北京：北京大学出版社，1999年版，第274～275页。
③ 朱熹：《周易本义》，上海：上海古籍出版社，1987年版，第59页。关于"赜"作杂乱讲的解释，现代学者高亨《周易大传今注》（清华大学出版社2010年版，第392页）、金景芳、吕绍纲《周易全解》（上海古籍出版社2005年版，第533页）中都基本上采用了朱著，认为其解释较为合理。
④ 王铭玉：《语言符号学》，北京：高等教育出版社，2004年版，第5页。
⑤ 李学勤主编：《十三经注疏·周易正义》，北京：北京大学出版社，1999年版，第298页。
⑥ 龚鹏程：《文化符号学导论》，北京：北京大学出版社，2005年版，第23页。

就必须赋予人、动物和物体以象征意味。只有把有生命和无生命的栖居者都转换为象征性的实体，社会与文化才能理解这个世界——即使只是尝试性的、暂时性的理解。"① 以下，笔者将结合《周易》文本内容，对《周易》观物取象的抽象符号思维形式过程作一剖析。

第一、观象于天。先民在观察自然、体察世界的时候，首先面对的即是玄远幽眇、可望而不可即之"天"。来自"天"的象包括哪些内容呢？清人李道平《周易集解纂疏》援引东汉荀爽注："震巽为雷风，离坎为日月也。"李氏疏曰："谓风雷日月在天，故'观象于天'。"② 实际上，在《周易》中，不论卦辞、爻辞、《经》《传》《象》《象》，模拟"天"象的比比皆是。

如《乾》卦九五"飞龙在天"，《乾·象辞》云："大哉乾元，万物资始，乃统天。云行雨施，品物流形。大明终始，六位时成。时乘六龙以御天。"象辞乃是为解释卦辞而作的，按照一般的情况，其顺序为先解卦名，再释卦辞，通过解释卦名来阐释一卦之义，其主要依据为卦象、卦德和卦体。这里云"大哉乾元，万物资始，乃统天"，就是指出《乾》卦的取象乃是天，因为天上云行雨施，所以才会有地上的万物生长流动。《屯·象辞》云："雷雨之动满盈，天造草昧。"从《屯》的卦象（☳）上来看，震（☳）下坎（☵）上，震为雷象，坎为水象，"坎"在"震"的活动下，最终会下雨，所以雷雨将会降临，大地受到滋润，于是有百草丰茂之象。又如《需·象辞》上："云上于天，需。"《需》卦（☰）乾（☰）下坎（☵）上，乾为天，坎为云，云在天上，尚未成雨，因此还需等待，用卦象"云上于天"来喻等待之意。再如《小畜》卦辞中的"密云不雨，自我西郊"，也是对天象的观察，天上彤云密布，一副山雨欲来的气势，用这句卦辞来解释《小畜》卦，畜者蓄积也，用天上之密云不雨来象事物酝酿、蓄积力量。《离·象辞》"日月丽乎天"，《系卦》言"离者，丽也"，"丽"为附着之意，观象者观察到日月附着于广阔深邃的天际之上，故用日月丽乎天这个象来释"离"。《贲·象辞》云："观乎天文，以查时变，观乎人文，以化成天下。"李道平《周易集解纂疏》引虞翻解释云："日月星辰为'天文'也。"③ 所谓观乎天文即是观察日月星辰诸天象，这段象辞所言即是，观察天上日月星辰的运行，借此来考察

① ［英］丹尼·卡瓦拉罗：《文化理论关键词》，张卫东，张生，赵顺宏译，南京：江苏人民出版社，2006 年版，第 3 页。
② 李道平：《周易集解纂疏》，北京：中华书局，1994 年版，第 621 页。
③ 李道平：《周易集解纂疏》，北京：中华书局，1994 年版，第 246 页。

春夏秋冬四时变化的情况；关乎人文中的礼仪尊卑等级秩序，然后教化天下百姓，成其礼俗，日月星辰乃天文，礼仪文化为人文，而"贲"即是纹饰，这里其实是借天文与人文之象来释"贲"卦。再如《丰·彖辞》云："日中则昃，月盈则食，天地盈虚，与时消息。"占卦者观察天象中的日月圆缺消长变化，乃至整个天地都是如此，同时，《丰》卦六二"日中见斗"，九三"日中见沫"，也是取于天象。最后，《小过》卦六五："密云不雨，自我西郊。"取象与前文《小畜》相同，以彤云密布大雨欲来象事物之积累酝酿过程。

第二、观法于地。与高旷玄远的天空相对应的是广袤无垠的大地，先民生活在大地上，大地生生不息，滋养万物，与他们的生活如此贴近，所以观法于地，向大地取象，自然也必不可少。

如《坤》初六："履霜，坚冰至。"阴阳消息、暑往寒来，大地之上已经出现霜花，寒冰必将到来，这里讲述了一个由微而显的发展过程，但是这个道理并不是直说的，而是用象来喻之，同时，《坤》六二"直、方、大"，也是取象于大地。依据易学家李镜池的解释："直、方、大：这是对大地的一种粗浅的认识，认为大地是平直、四方、辽阔的。"①《坤》六三云："含章，可贞。"依照李镜池的解释，也是对大地的观察，大地充满文彩，山河秀美，物产丰富，这当然是好事，可见《坤》卦诸多卦辞多是观象取法于地。再如《蒙·彖辞》曰："蒙，山下有险，险而止，蒙。"《蒙》（☶）卦坎（☵）下艮（☶）上，坎为水，艮为山，看到山下有险，于是停滞不前，也搞不清山下的具体情况，这就是"蒙"。同时《蒙·象辞》曰："山下出泉，蒙。"泉水从山下流泻而出，也是取法于地。又如《泰》上六："城复于隍。"李道平《周易集解纂疏》引虞翻注云："坤为积土。隍，城下沟。无水称'隍'，有水称'池'。"② 复者，覆也，倾倒的意思，"城复于隍"意为护城河干涸，城墙倒塌；《泰》卦发展至此，已经出现颓式，昭示着下一卦"否"式的到来，取象"城复于隍"实际上是喻指由好转坏，由安转危。又如《离·象辞》云："百谷草木丽乎土。"如前文所言，离者丽也，丽即是附丽的意思，观象者考察大地，百谷草木无不附丽于大地之上。《井》卦初六："井泥不食，旧井无禽。"九二："井谷射鲋，瓮敝漏。"九五："井洌寒泉食。"这也

---

① 李镜池：《周易通义》，北京：中华书局，1981 年版，第 6 页。
② 李道平：《周易集解纂疏》，北京：中华书局，1994 年版，第 172 页。

是对地上之物——井的取象。井有水井、陷阱等，水井是吃水用的，陷阱乃是捕猎用的，水井坏了，充满污泥，其水不能饮；捕猎的陷阱毁弃不用，不能捕杀猎物。此二物皆废而不用，取象于此，大概喻指那些弃而不用的人或物。而"井谷射鲋，瓮敝漏"，意为向井中射杀小鱼，结果反而将汲水用的罐子打破了，取此象大抵喻指做事要选择合适的条件。最后"冽寒泉食"，井水清冽，可以食用，这其实是指六四爻所讲的重修井壁之上产生的结果，用井水好吃喻指好的事物或者事情转向好的方面。此外，《师·象辞》："地中有水，师。"《比·象辞》曰："地上有水，比。"《涣·象辞》曰："风行水上，涣。"《节·象辞》曰："泽上有水，节是。"《中孚·象》曰："泽上有风，中孚。"也都是对地上之物的取象。

第三、鸟兽之文。鸟兽即指各种飞禽走兽，"文"字，《说文·文部》的解释是"错画也"，色彩交错，即是鸟兽动物的花纹或纹饰，这里实际上用"鸟兽之文"来说明取象于各种飞禽走兽，并且观察细致入微。试以《周易》卦爻辞等取象来做一分析。

先来看《大壮》卦上六："羝羊触藩，不能退，不能遂。"一只公羊角卡在篱笆之上，前进不能，后退不得，这一取象用来比喻处于进退维谷的境地。再看《明夷》卦初九："明夷于飞，垂其翼。"据张政烺整理的马王堆帛书六十四卦所言，此处当为"垂其左翼"[①]；悲鸣之鸟，左翼受伤，这个象不是好兆头。又如《夬》卦九五："苋陆夬夬中行。"看到一只羊在路上欢快地奔跑，亦进行占卦，这个取象应该是自由舒畅的，所以后面的断辞是"无咎"。再如《渐》卦初六"鸿渐于干"，六二"鸿渐于磐"，九三"鸿渐于陆"，六四"鸿渐于木"，九五"鸿渐于陵"，观象者观察到水鸟分别栖息于山涧、水涯之畔、高平之地、树木之上，这一系列的镜头，可以看出观象者观物取象时的细致深入。又如《中孚》卦九二："鸣鹤在阴，其子和之。"老鹤在树荫下鸣叫，其子也在和鸣。《小过》卦辞"飞鸟遗之音"，观象者发现一只鸟儿从天空飞过，其鸣叫声久久不绝，盘桓耳际。而《未济》卦卦辞"小狐汔济，濡其尾"，是说小狐狸渡水，尾巴打湿了，观察细致，取象入微。可以看出，《周易》的取象确实大至天地风云雷电，小及打湿的狐狸尾巴、栖息的水鸟等，都一一落入观象者的法眼，并成为取象的对象。

第四、近取诸身。关于"身"这个字，诸多注疏的解释皆为"身体"。

---

① 张政烺：《张政烺论易丛稿》，北京：中华书局，2011年版，第113页。

诚然，先民仰观俯察天地的过程中，当然不会忘记对自己身体的考察，甚至可以说，身体乃是他们最为熟悉的一部分。今人方丽萍女士通过对《易经》中出现的全部身体词汇进行翔实的排列比较，发现它们仅仅限于某些身体部位，而且这些部位又恰恰是古代刑罚的施刑部位，进而证明"近取诸身"系上古刑罚的反映，反映了上古刑罚的威慑力，也是《易经》忧患意识的部分来源之一，[①] 这一论点是较为可取的。但是，我们在解释"近取诸身"时往往忘记了这句话还有一句互文性的语境"远取诸物"，这里"远"与"近"是相对的，远取诸物，意即在取象时曾取法过远处之物象，那么近处之物象，是否就弃之不用了呢？从《周易》的取象来源来看，显然不是的。那么，这个"近取诸身"的身，也就不仅为"身体"之身，还应包括身边生活中就近的一些物象。明乎此，我们再来看近取诸身的取象来源情况。

先看《乾》九三："君子终日乾乾，夕惕若厉，无咎。"《乾·象辞》："天行健，君子以自强不息。"古之君子当是贵族，或者有身份地位的人，这个卦取象一位勤勉的君子，用其喻指自强不息的品性，实是取象于人。又如《坤》六五："黄裳，元吉。"这里"黄裳"一词，历代注疏中也有不同的解释，而高亨的《周易古经今注》中援引七例证明黄裳乃是古人心中的吉祥之服，这一爻用黄裳来兆示吉祥[②]，而"黄裳"也即是取象身边之物。再如《屯》六二："屯如邅如，乘马班如。匪寇，婚媾。"一群人骑着马徘徊不前，显然不是抢劫的，而是娶亲的马车队伍；《屯》上六："乘马班如，泣血涟如。"娶亲成功，新娘子哭的泪人一般；同理，《贲》卦六四："贲如皤如，白马翰如。匪寇，婚媾。"骄阳似火、白马奔腾，马上之人也不是劫匪，而是去娶亲的队伍，这几个爻辞都是取象于观象者亲历的生活。再看《蒙》初六："发蒙，利用刑人，用说桎梏。"上九："击蒙，不利为寇，利御寇。"取象于刑人（受过刑罚的奴隶）、盗寇等，其象也是对生活的近取而来的。再如《需卦》从初九到上六分别为"需于郊""需于沙""需于泥""需于血""需于酒食入于穴，有不速之客三人来，敬之终吉"，讲述了旅人出行，在郊外淋雨，后又不慎掉入沙洲中、陷入泥泞中，投宿不慎，遭遇打劫者，满身鲜血岀逃，后又遇到好心人，提供酒食款待，最后投宿还是遇到了好人，这一卦基本上都是取象于行人，取象的"镜头"是由远而近的。《履》卦辞：

---

① 方丽萍：《"近取诸身"正义》，《青海师范大学学报》，2010 年第 1 期。
② 高亨：《周易古经今注》，北京：中华书局，1984 年版，第 168 页。

"履虎尾，不咥人。"不小心踩到了老虎尾巴，但幸运的是没有被老虎吃掉，取象于人的生活，而喻指险而不凶的情况。《泰》九二："包荒，用冯河，不遐遗。"借用空匏瓜的浮力作为腰舟来渡河，不至于掉入水中，这也是取象于生活。

又如《噬嗑》卦，卦辞"噬嗑，亨"，孔颖达疏曰："噬，啮也；嗑，合也。物在于口，则隔其上下，若啮去其物，上下乃合而得'亨'也。此卦之名，假借口象以为义，以喻刑法也。"① 明确指出这个卦象及卦辞以齿牙相咬为象，并以此来喻刑法，属于"近取诸身"中的取诸身体部分，而其爻辞也确实是刑罚的反映，初九"屦校灭趾"，六二"噬肤灭鼻"，是说一个奴隶犯错受罚，带着枷锁，割去了脚趾，还有一个奴隶越其分吃肉，也受到了割鼻子的处罚，这是取象于身体。《剥》卦六四："剥床以肤，凶。"击打床时伤及身体，《周易集解纂疏》引王肃注云："床剥尽以及人身，为败滋深，害莫甚焉。"② 用此象来喻指祸害丛生。《颐》卦卦辞："观颐，自求口实。""颐"即为面颊，观颐，即是看面容气色，考察一个部落国家人民生活情况，看看人民脸上的气色就可以知道，由此"颐"成为一个符号。《夬》卦初九"壮于前趾"，九三"壮于頄"，九四"臀无肤，其行次且"，壮假借为戕，伤的意思，这几爻分别伤害了前趾、颧骨、臀部。《困》卦九五："劓刖，困于赤绂，乃徐有说。"一人被俘，被割鼻刖足，后找机会逃脱了。《艮》卦从初六到上九，由下至上分别论及人的脚趾、腿部、腰部、胸腹部、头部，这是取象于身体。

再如《离》卦九三："日昃之离，不鼓缶而歌，则大耋之嗟。"九四："突如，其来如，焚如，死如，弃如。"六五："出涕沱若，戚嗟若。"黄昏遭遇敌人偷袭，男女老少齐上阵迎敌，但是不敌突如其来的敌人，敌人烧杀抢掠，战后一片狼藉，幸存下来的人泪雨滂沱、悲戚不已。我们知道，黄河流域的先民在很早的时候就进入农耕时代，但是经常受到北方游牧民族的攻击，这一卦中几个爻象的取象大抵就是当时黄河流域人们的一个生活片段。《解》卦上六："公用射隼于高墉之上，获之。"贵族在高高的城墙上面射到了一只鹰，并且抓获了，这是取象于生活，以有所获喻指吉祥。

此外，尚有《震》卦卦辞："震来虩虩，笑言哑哑，震惊百里，不丧匕

---

① 李学勤主编：《十三经注疏·周易正义》，北京：北京大学出版社，1999年版，第100页。
② 李道平：《周易集解纂疏》，北京：中华书局，1994年版，第257页。

邕。"雷电来自于天，轰鸣而下，震耳欲聋，然而有人恐惧不安，有人言笑自若，有人镇定如常、喝酒自如；这是取象于生活。《归妹》卦上六："女承筐，无实，士刲羊，无血。"这里记录的是劳动生活的场景，男孩子在剪羊毛，女孩子拿着筐子承接，也是取象于生活。《既济》卦六四："繻有衣袽。"取象于衣饰，寒衣破烂不堪，日子不好过，以此象喻指不安。

第五、远取诸物。在前文中我们分析过，"近取诸身，远取诸物"乃是互文见义，人们在近取诸身而不足时，必然要将取象的目光投向远近不同的生活物象，以此来扩大取象的范围，丰富表意的内容。

如《坤》上六："龙战于野，其血玄黄。"《泰》卦初九："拔茅茹，以其汇。"王弼注云："茅之为物，拔其根而相牵引者也。"[1] 意思大抵类似谚语拔出萝卜带出泥，其观察可谓细致。《大畜》卦九三"良马逐，利艰贞"，六四"童牛之牿"，六五"豶豕之牙"，分别讲马匹交配繁殖、给牛角上套（防止触伤人，亦可防止折断牛角）、给野猪拔牙（防止伤人）之事，都是取诸身边之物。《大过》卦九二"枯杨生稊"，九五"枯杨生华"，枯老的杨树开始发芽开花、枯木逢春，以此喻指新生。《姤》卦九五："以杞包瓜，含章，有陨自天。"杞树上长着文采斐然的匏瓜，成熟的匏瓜落了下来，这是瓜熟蒂落的写照。《革》初九："巩用黄牛之革。"用黄牛皮喻坚固，也是取象于物。

综括上面我们细致排比分析的《周易》卦辞、爻辞、彖辞、象辞等取象情况，我们可以看出其取象范围十分广泛，囊括天地、远取近拟，尤为著者，为"观法于地"和"近取诸身"之象。盖先民生活于大地之上，对自己及其身体、生活最为熟稔，故而取象尤多。

此外，取象涉及的具体内容也十分广泛。据陈道生《重论八卦的起源——结绳、八卦、二进法、易图的新探讨》的排比勾勒，其取象的内容涉及人伦方面，如父母、长男、长女、中男、中女、少男、少女、妾等；人体方面，如首、腹、足、股、耳、目、手、指、口等；方向方面，如东方、东南、南方、西南、西方、西北、北方、东北等；物类方面，自然之物如天、地、风、雷、水、火、山、泽等，动物方面如马、牛、龙、鸡、豕、雉、鳖、狗、鼠、羊等，植物方面如木果、木、苍筤竹、萑苇等，颜色方面如大赤、玄黄、白、赤，性质方面如健、顺、动、入、进退、陷、丽、止、说

---

① 王弼著，楼宇烈校释：《王弼集校释》，北京：中华书局，1980 年版，第 276 页。

（悦）等；此外还有形状方面、矿物质方面、气候方面、器物方面、农作方面、贸易方面、水利方面、气味方面、疾病方面、武器方面、交通方面乃至神秘文化方面等，不胜其多。"看了上面分析的这些情形，八卦代表的这些与日常生活有关的许多观念，可以使我们明了它的产生，不外为了'沟通思想'与'传递经验'的二个目的。可知当初的所以流传，原是为了它具有文字的功用。"① 八卦作为一种"沟通思想""传递经验"的符号，在当初是有类似文字的功用的，这一分析可谓切中肯綮，但是我们要追问的是，八卦既然具有类文字的性质，为何要取象，而不是在传递思想经验中直接诉诸文字或者发展成文字呢？试看下节。

三、得意忘象

美国学者鲁道夫·阿恩海姆在《视觉思维》中讲到这样一个故事：一位父亲带着四岁的儿子去刚落成的学校礼堂看壁画，儿子说他看到的是一列火车，而父亲则认为这不是一列真正的火车，因为在他看来，"车轨"代表着未来，"火车"代表着国家的联合统一；但是儿子还是坚持这就是一辆火车。而在阿恩海姆看来，这对父子之间产生这一争论，主要原因在于这里的"火车"并不是一个"专职"的符号，因为它看上去首先是铁路交通的一个组成部分，而作为一个符号去表示一种意义，则只是它的"业余"或"兼职"工作，而不是它的"正式"工作。所以他研究指出：

> 当人们用相当于写实的意象作为"符号"使用时，它可以为某种概念的结构骨架赋予血肉之躯，以一种逼真的形象把意义传达出来，这种逼真的形象也正是人们所希望看到的东西。但是，从另一个角度来看，这种意象也许是无效的，因为由它们再现的物体无论如何也只能是一种"兼职"符号。②

通过这个分析我们可以看出，《周易》取象于天地万物人伦日用之写实意象，可以将其要传达的概念思想变得丰满，以一种直观的形象将意义传达

① 黄寿祺、张善文编：《周易研究论文集》（第一辑），北京：北京师范大学出版社，1987年版，第71页。
② ［美］阿恩海姆：《视觉思维》，滕守尧译，北京：光明日报出版社，1986年版，第221页。

出来。人们看到的是象，但是重点是寄寓在象中的意，然而并不是所有接受者都这样机敏，很可能有人执迷于象而不能得意，就像阿恩海姆故事中的那个四岁的小孩，他只能看到火车之象，而不能得出"国家联合统一"之意。也正是因为这个原因，古人在观象设卦时不断变换所取之象，以防止象之意被拘泥坐实。对此，钱锺书的《管锥编》中有较为翔实的分析，认为易之象是为了取譬明理，只要能将理传递出来，并不拘泥于某个单一个固定的象；这亦如同庄子文章之譬喻连篇，其目的乃是"防读者之囿于一喻而生执着也……喻夥象殊，则妙悟胜义不至为一喻一象所专擅而僭夺"[①]。如前文所引《乾·彖辞》云："大哉乾元，万物资始，乃统天。"这里用天象来喻乾，但不能说乾就是天，乾即是健，"天行健，君子以自强不息"（《乾·象辞》）。天具有"健"的性质，所以以天象喻乾之意。然而具有健这一性质的事物不止于天，《说卦》中指出："乾为天，为圆，为君，为父，为玉，为金，为寒，为冰，为大赤，为良马，为老马，为瘠马，为驳马，为木果。"这些事物皆有健的性质，都可以喻乾，但它们并不就是乾，它们只是用来传递乾的意义而取的象，用钱锺书的比喻来说就是："是故《易》之象，义理寄宿之蓬庐也，药饵以止过客之旅亭也。"[②] 因此象的作用在于把意传递出来，并多方取象，乃是为了能让接收者不拘泥于象的本身，同时也能更加圆融灵活地传递出象之意。但是不管取的象多么丰富，这些象必须用语言符号表达出来，一如八卦符号、设象所用的卦辞、爻辞、象辞等。因此我们可以看出，这里面其实有一个"言（卦符、卦辞、爻辞之属）—象—意"的结构。王弼《周易略例·明象》云："夫象者，出意者也。言者，明象者也。尽意莫若象，尽象莫若言。言生于象，故可寻言以观象；象生于意，故可寻象以观意。意以象尽，象以言著。故言者所以明象，得象而忘言；象者所以存意，得意而忘象……存言者，非得象者也；存象者，非得意者也。象生于意而存象焉，则所存者乃非其象也；言生于象而存言焉，则所存者乃非其言也。然则，忘象者，乃得意者也；忘言者，乃得象者也。得意在忘象，得象在忘言。……义苟在敬，何必马乎？类苟在顺，何必牛乎？爻苟合顺，何必坤乃为牛？义苟应健，何必乾乃为马？"[③] 象是为了传递意义的，而言则是为了

---

① 钱锺书：《管锥编》，北京：生活·读书·新知三联书店，2008 年版，第 22 页。
② 钱锺书：《管锥编》，北京：生活·读书·新知三联书店，2008 年版，第 23 页。
③ 王弼著，楼宇烈校释：《王弼集校释》，北京：中华书局，1980 年版，第 609 页。

明象的，要想有效传递意义，莫若取象，而要明象则必须借助语言，读者从语言（卦辞爻辞等）中去了解象，再从象中寻求其喻指的意义。得象忘言、得意忘象，其落脚点在于得意，所以王弼直接指出，只要得意，何必拘泥于其象是牛是马。由此，我们可以用以下图式显示这样一种关系：

言—象—意

乾—天—健

这里所言之"象"，有"实象"和"假象"之分，《周易正义》云："实象者，若'地上有水，比也'，'地中生木，升'也，皆非虚，故言实也。假象者，若'天在山中'，'风自火出'，如此之类，实无此象，假而为义，故谓之假也。有实象、假象，皆以义示人，总谓之'象'也。"[①]《周易》之取象，有来源于实际者，有生发于想象者，这些最后都是用思维建构起来的"象"，其作用即是"以义示人"，传递给人们某种意义。而"言—象—意"这种模式，实际上就是《周易》的基本结构，诚如龚鹏程所言：

> 这"言—意—象"的关系，可说是《易经》构成的基本原理。它要说的道理（意），都不是直接用语言来说明，而是采卦爻方式，拟象物宜的，故是"立象以尽意"。整个《易经》就是一套立象尽意的系统，因此《系辞下传》说："是故易者象也。"[②]

通过对上文的总结，我们可以看出，观物取象、因象明意其实有这样一个过程，如下图1—1所示：

---

① 李学勤主编：《十三经注疏·周易正义》，北京：北京大学出版社，1999年版，第11页。
② 龚鹏程：《文化符号学导论》，北京：北京大学出版社，2005年版，第75页。

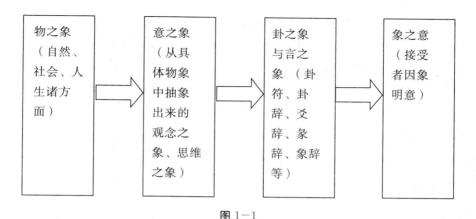

图 1-1

从这一过程我们可以看出，从物之象到意之象，客体对象经过思维加工，再到卦之象与言之象，逐步完成了其符号化的过程，当其符号化之后，又经过占筮者的不断加工改进，最终完善成一个易学符号系统（详见第二节）。占卦之人在占卜的时候，得到了卦象与卦爻辞，然后依照其系统元语言（详见第三节），来阐述义理、推测吉凶，如黄寿祺言："六十四卦的卦形、爻形，以及相应的卦辞、爻辞，均为特定形式的'象征'：前者依赖卦爻符号的暗示，后者借助卦爻文字的描述——两者相互依存，融会贯通，共同喻示诸卦诸爻的象征义理。"[①] 也正是因为易之初乃是占筮之用，故而不能用语言文字坐实，相反，所设之象可作多方解读，是一种"兼职"符号，而不是拘泥于某一具体方面的"专职"符号。如上文引《坤》初六"履霜，坚冰至"，讲述了一个事物由微而显的发展过程，不同的占筮者可以从这一象之中读出不同的意义，如防微杜渐、积蓄力量、见微知著等。

最后，大概因为易本为占筮之书，所以《周易正义》解释为八卦象征万物，其可通神明之德，类万物之情。相较诸多解说而言，笔者以为今人高亨对这一问题的阐释似乎更为可取："包牺画八卦，对性质有相同点的事物，则以同一卦形式表示之，以会通天地万物之神妙明显之性质……包牺画八卦对情况不同之物，则以不同之卦形代表之，以区分天地万物之情况。"[②] 不管八卦是不是包牺（即伏羲氏）所画，它通过对纷繁事物抽象出一般的性质特征，然后用卦象表示，并且对性状不同的事物也采用了不同的卦形，这实

---

① 黄寿祺，张善文：《周易译注》，上海：上海古籍出版社，2001 年，第 21 页。
② 高亨：《周易大传今注》，北京：清华大学出版社，2010 年版，第 419 页。

际上是通过对符号能指的区分，间接区分了所指。从现象学的角度来看："个别纯粹现象并不能满足我们的意向。一个个地把握零碎的现象，既无必要，也无可能。它会使现象学陷入绝境。只有本质直观的抽象，才能给现象学带来拯救。因此，现象学的根本任务在于：在各种不同的实在内容和变动不居定的意向内容中直接直观地把握其中不变的本质，把握其中的本质要素和它们之间的联系。"① 从这个角度来看，八经卦其实就是八种性质的本质直观，也即是《说卦》所阐述的："乾，健也。坤，顺也。震，动也。巽，入也。坎，陷也。离，丽也。艮，止也。兑，说也。"天地万物，纷繁复杂、不能穷尽，而对万物本质直观的抽象中，把握其不变的本质，如"健""顺""动"等，然后把握事物之间的联系，才算真正做到了执简驭繁、挂一象万。因此，我们可以说，易学符号思想的诞生，确实是人类思想史上伟大的跨越。先民在仰观俯察的过程中，建构了意义生发传递接收的方式，并且构建了具有中国特色的意义言说方式。

第二节　拟议变化：符号系统的初步建构

如前文所言，先民的符号思想基本蕴含在易经之中，因为被奉为儒家经典，所以称之为"经"，或简称为《易》。它本是我国最早的卜筮之书，这种卜筮据说是用火炙烤动物甲骨，根据烧裂的纹理预测吉凶，或是用蓍草按照一定的规则排列组合，得出某卦，然后根据《易经》里面的卦辞、爻辞来判断祸福的。这种古老的征占预测方式在中外文化史上都存在过。据说美索不达米亚人占卜也是以命题形式从某种可观察或在场之物中推出隐蔽或不在场之物的暗示模式，而古希腊人的占卜符号则被认为是神与人之间沟通的工具。② 《周易》是经过不断加工整理而成的，其前面有《连山》《归藏》。《连山》相传为夏代所作，《归藏》相传为商代所创，《周易》则相传为周代所作。《周易》起先只有卦辞、爻辞，战国时，以解释《周易》的《易传》成书，包括《文言》《系卦》《说卦》《杂卦》《象》上下、《象》上下、《系辞》上下，合称"十翼"。西汉时，《周易》与《易传》合二为一，称之为《易

---

① ［德］埃德蒙德·胡塞尔：《现象学的观念》，倪梁康译，上海：上海译文出版，1986 年版，第 14 页。

② ［法］保罗·利科著，周劲松、赵毅衡译：《劳特利奇符号学指南》，南京：南京大学出版社，2013 年版，第 13～15 页。

经》或《易》。

《周易》以阴阳为基本元素，用"—"与"- -"两个符号来，借此来排列组合八种基本图像，分别为"☰"乾卦、"☷"坤卦、"☳"震卦、"☴"巽卦、"☵"坎卦、"☲"离卦、"☶"艮卦、"☱"兑卦、分别象征天、地、雷、风、水、火、山、泽八种自然现象，两卦重合，组成六十四卦，象征天地万物。《周易》中的符号是高度抽象化的符号。《周易》以阴阳两种符号组成八卦，由八卦到六十四卦，反映了先人执简驭繁的抽象思维能力。《周易》作为一部占筮之书，是通过拟物取象，来判断吉凶的。"圣人有以见天下之赜，而拟诸其形容，象其物宜，是故谓之象。圣人有以见天下之动，而观其会通，以行其典礼，系辞焉以断其吉凶，是故谓之爻。"（《周易·系辞上》）"象"是"拟诸其形容""象其物宜"形成，故而这种符号与其对象之间的联系并非是任意的，而是一种像似关系。因为天下万物纷纭复杂，变动不居，故而用《易》卦来比拟其形态，象其物宜，观察其会通之处，推行社会典章制度，断其吉凶。总之，其目的在于上通天理、下顺人情，是以拟物取象、化成天下。周易作为一个符号系统，自然有其结构意义。首先是整体性，也即是说每一卦都是从卦象整体上来考虑其意义的，而不仅仅是根据其中具体的爻象来考虑吉凶祸福，如《随》卦，其断辞曰"元亨，利贞，无咎"，这就是对整个卦象的占断评价而得出的结果，而不是根据下面的每一爻得出的。其次是转换性，即是每一卦都是通过阴阳二爻排列组合而成，爻象的转换产生不同的卦象，由是产生不同的意义。第三是自我调整性，由于周易是观象取意，图像为像似符或者指示符，其形象性强、表意模糊，所以灵活性大，能不断融入新的意义内容。其蕴含的符号思想，可以从以下三个方面进行解析。

首先，从语形学角度来看，《易》的阴阳符号有其排列组合规律："是故《易》有大极，是生两仪。两仪生四象。四象生八卦。"（《周易·系辞上》）此即介绍了《易》的符号生成规律，宇宙本体为一，分而为二，是为天地，即是阴阳二爻；天地生四时，根据筮法，得少阳、老阳、少阴、老阴四种爻象征四时，八卦即是由此四种爻构成，即是"四象生八卦。""昔者圣人之作《易》也，将以顺性命之理，是以立天之道曰阴与阳，立地之道曰柔与刚，立人之道曰仁与义。兼三才而两之，故《易》六画而成卦。"（周易·说卦）一卦由六画组成，上两爻象天，中两爻象人，下两爻象地，此为一卦六爻的生成原理。八卦重为六十四卦，也有其组合规律。"八卦成列，象在其中矣。

因而重之，爻在其中矣。刚柔相推，变在其中矣。"(《周易·系辞下》）八卦符号象征天、地、雷、风、水、火、山、泽等物，根据阴阳相交原理，合为六十四卦。六十四卦的排列也是有原则的，这集中反映在《序卦》之中："有天地，然后万物生焉。盈天地之间者唯万物，故受之以《屯》。屯者，盈也。屯者，物之始生也。物生必蒙，故受之以《蒙》。"(《周易·序卦》）因为有天地，才能化生万物，故而《易经》以《乾》《坤》两卦为始；充盈天地之间者为万物，所以继之以《屯》卦，屯即是盈。《说文·中部》言"屯"云："象草木之初生。屯然而难。从中贯一。一，地也。尾曲。"屯字有草木初生时困难之状，故有初生之义，所以接下来即是《蒙》卦，"蒙"即是萌生。《系卦》着重解释了《易经》六十四卦的排列顺序，为研究《周易》语形学的重点。

其次，从语义学角度来看，《易》是拟物取象、象征万物，用阴阳两种符号排列组合来表示万事万物的。符号与其对象的关联具有一定的理据性，《周易·系辞下》言："古者包牺氏之王天下也，仰则观象于天，俯则观法于地，观鸟兽之文与地之宜，近取诸身，远取诸物，于是始作八卦，以通神明之德，以类万物之情。"这是说包牺氏创立八卦时，乃是观察天地、鸟兽、草木、人身等象，然后以八卦象之。由此可见，八卦乃是天地万物的符号象征，它充分总结了各类事物的特征，对性质相同的事物用同一卦形式来表示。古人通过对天地万物的观察、分析、总结，最后制出八个符号，代表八类物质（详见上文）。《周易·说卦》进一步对这八种物质进行引申，如"乾为马，坤为牛，震为龙，巽为鸡，坎为豕，离为雉，艮为狗，兑为羊"，即是解释这八种符号所象征的动物；"乾为首，坤为腹，震为足，巽为股，坎为耳，离为目，艮为手，兑为口"，即是解释八卦所象人之肢体器官。推而广之，凡是具有刚劲性质的事物都可以用"乾"来象之。"乾为天，为圆，为君，为父，为玉，为金，为寒，为冰，为大赤，为良马，为老马，为瘠马，为驳马，为木果。"可见《周易》中的符号，其解释项非常丰富，很容易无限衍义，跳过对象直指解释项。

最后，从语用学角度来看，《周易》作为一部占筮之书，不同的卦象、每一爻所处的位置等，都对现实人生有着某种指示作用。《周易·系辞上》指出："圣人设卦观象系辞焉，而明吉凶。刚柔相推而生变化。"阴爻、阳爻激荡变化，组成不同的卦象，然后根据卦爻象来判定吉凶。《周易》在古代是用来指导日常生活的，有明确的语用学作用。首先，从卦位上来看，六十四卦由八经卦排列组合而成，如《屯》卦（䷂），上卦为坎（☵），下卦为震（☳），震为雷，坎为水，雷行雨降，这种雷雨交加的情况，是不利于出行的，故"勿用有攸往"；同时在雷雨交加之下，万物开始复生，因为万物的生长需要"雷以动之，雨以润之"（《周易·说卦》），从万物复生推及人开始建功立业，所以《屯》卦"利建侯"。所以占卜到《屯》卦，其指示意义有二："勿用有攸往"与"利建侯"。其次，从爻位来看，每一卦由六爻组成，一、三、五为阳位，二、四、六为阴位，如果阴阳二爻，各得其位，是为"当位"，其指示意义则是大吉；反之，如果阴阳二爻居位不当，是为"不当位"，其指示意义则是不吉。如《既济》卦（䷾），上为坎卦（☵），下为离卦（☲），从中可见初九、九三、九五皆阳爻居阳位，六二、六四、上六为阴爻，皆居阴位，阴阳二爻各当其位，故而"既济"，言事情顺利成功。反之，《未济》（䷿）一卦，下为坎卦（☵），上为离卦（☲），阴阳二爻皆不当位，故而"未济"，即是事情不会成功，不吉利。总之，无论是阴爻还是阳爻，总是在一卦之内，按照其所处的位置来判定其意义，并进而得出吉凶祸福之意。《周易》的卦义，则正是根据阴阳二爻所处的语境来分析得出的，这正是符号的语用学特征，即考察符号与符号使用者之间的关系，结合具体的人、时、地来考虑符号指谓与意义问题。

第三节　位中时当：易学符号学的元语言

《周易》作为一个具有独特自身结构的系统，其在解释时必须要有一套元语言作为解释的符码。所谓"元语言"，即是"符码的集合。符号常常以集团的方式起作用。讨论解释的问题，往往称为元语言问题，而不称为'符码问题'。元语言是理解任何符号文本必不可少的，任何符号表意行为，只要被当作意义传播，就都必须有相应的元语言来提供解释的符码。意义的存在条件，就是可以用另一种符号体系（例如另一种语言）来解释。元语言是文本完成意义表达的关键"[①]。易经部分，通过卦象、卦辞、爻辞、断辞的组合，形成一个系统，这个系统具有揭示规律、预测吉凶、占卜祸福的作用。占筮者在占筮的时候，如果要得出卦象，并依照卦爻辞对此卦进行解

---

①　胡易容、赵毅衡：《符号学—传媒学词典》，南京：南京大学出版社，2012 年版，第 253～254 页。

释、预测，那么这个解释必须要有相应的元语言来进行转换，传达出所占之卦的意义。

《系辞》上在论述八卦的产生作用时云："是故《易》有太极，是生两仪。两仪生四象，四象生八卦。八卦定吉凶，吉凶生大业。""太极"即是太一，指至大的浑然一体的宇宙世界，"两仪"即是阴（⚋）阳（⚊）交替运动变化的两大法则，两仪经过排列组合形成少阴（⚎）、少阳（⚍）、老阴（⚏）、老阳（⚌），四相再与两仪中阴阳画符排列组合，于是形成八卦，即乾卦（☰）、坤卦（☷）、震卦（☳）、巽卦（☴）、坎卦（☵）、离卦（☲）、艮卦（☶）、兑卦（☱），而八卦再进行排列组合就形成了今天所见的六十四卦。占筮者依据六十四卦来判定吉凶祸福，借此趋利避害，成就大业。关于六十四卦的排列顺序，《系卦》《杂卦》之中也多有反覆，其理不可尽弃，易学家刘大钧研究指出《系辞》中的这些说法还是具有一定的道理的[①]。对于古人"观象系辞"的说法也不能全然抛弃，因为卦象来源于占筮及生活中的经验积累，本身具有一定的思想文献价值。系辞属于现存最早的对易经进行阐释的文字资料，从时间上来说，最靠近易经产生的时代，其可靠性自然大于后世诸多易学家的阐释。最值得注意的是，不论经传，在说明易理的时候，都非常注意位、中、时、当这几个方面的问题，用它们来作为解释易经的符号，而"元语言功能的目的，在于指出接收者所不理解的那些符号的意义"[②]，通过梳检《周易》中的相关论述，我们可以说，它们实际上就是《周易》的主要元语言。

一、元语言"位"

英国语言学家 Lyons 在《语义学》（*Semantics*）一书中对于语境与语义的关系进行了深入探讨，指出语境变量对语义的产生和理解发挥着重要作用，而语境变量主要有以下六种情况："1. 参与者扮演的角色（role）和地位（status）；2. 参与者所处的时空位置；3. 交际的正式程度；4. 交际得以实现的媒介（medium）；5. 交谈话题（subject－matter）以及说话者对该话题所采取的态度；6. 话题涉及范围（province）或领域（domain）。"[③]

---

① 参见刘大钧：《周易概论》。成都：巴蜀书社，2010 年版，第 22 页。
② ［法］皮埃尔·吉罗：《符号学概论》，怀宇译，成都：四川人民出版社，1988 年版，第 6 页。
③ 朱永生：《语境动态研究》，北京：北京大学出版社，2005 年版，第 13～16 页。

意义的产生和接收都是在一定的语境中进行的，语境变量对意义的生产、传播、理解都起着重要作用。这里 Lyons 就专门谈到了语义生成与时空位置的关系问题，也即参与者所处的时空位置对语义的产生和理解发挥着重要作用。而中国先民在观物取象设卦的时候，也是非常重视卦位与意义的关系的，如《渐》卦鸿的位置不断变化，生成的意义也各不相同；《夬》卦讲人体受伤的部位变化兆示的意义也不同；《艮》卦从人体下部向上部取象，不同的身体部位也有不同的意义。无论是空间位置还是人体部位，都重视时空位置对意义的生产和传播、解释、接受。易传在解释易经的过程中，也是十分精细地将蕴藏于易经中的这种空间与意义的关系拈示出来了，如其论"位"即是。

《周易·说卦》在解说八卦象征事物的时候，指出："昔者圣人之作《易》也，将以顺性命之理。是以立天之道曰阴与阳，立地之道曰柔与刚，立人之道曰仁与义。兼三才而两之，故《易》六画而成卦。分阴分阳，迭用柔刚，故《易》六位而成章。"这里提到了两个重要的概念，即是"三才"与"六位"。复卦自下而上，两爻为一组，依次分为三组，分别对应地、人、天，而六位则是指每一爻在复卦中所处的位置。以《乾》卦（☰）为例：

> 初九：潜龙，勿用。
> 九二：见龙在田，利见大人。
> 九三：君子终日乾乾，夕惕若厉，无咎。
> 九四：或跃在渊，无咎。
> 九五：飞龙在天，利见大人。
> 上九：亢龙，有悔。

从下至上，第一、二爻为"地位"阶段，所以"潜龙，勿用"，隐藏于地下；"见龙在田，利见大人"，活动于地表。第三、四爻位"人位"阶段，"君子终日乾乾，夕惕若厉，无咎"，这是说君子乃是指有一定地位的人，他们要有所作为，尚需勤勉努力，保持清醒警惕的头脑；发展至九四之后，"或跃在渊"，即是龙跃于海，有一番天地可以干事业，经过前面的努力之后，将有所作为。第五爻和上爻属于"天位"阶段，所以九五爻乃是"飞龙在天"，象征帝王之位；最后一爻，上九已无处可进，因为已经达到了极致，故而"亢龙，有悔"。这里的三才之说，实际上把一个复卦分为三大部分，

即是地、人、天三大位，其所处空间位置不同，行事方法也各异。按照《周易》的义例，除"三才"之位外，更为重要的是卦位与爻位，其空间组合位置不同，在阐释时，可以得出不同的意义。

如果以每一爻来论，则更为具体，每一爻居一位，六爻代表着事物六种不同的位置处境，其相应的采取行事对策也各不相同。同样以我们熟知的《乾》卦为例，结合小说《三国演义》中刘备的事业发展过程，先来做一个较为生动具体的例说。

刘备出道之时，织丝贩履，为无名小辈，后遇关、张，见其皆功夫过人，与之义结金兰，以为左膀右臂。在黄巾军起事期间，颇立战功，惜之遭白衣之鄙，屈居县宰之职，遭督邮勒索，唯唯诺诺，此皆潜龙勿用之时也。曹操青梅煮酒之时，操纵论龙之学问，其云："龙能大能小，能升能隐；大则兴云吐雾，小则隐介藏形；升则飞腾于宇宙之间，隐则潜伏于波涛之内。方今春深，龙乘时变化，犹人得志而纵横四海。龙之为物，可比世之英雄。玄德久历四方，必知当世英雄。请试指言之。"刘备遍数天下英雄，皆被否之。操云："今天下英雄，惟使君与操耳！"可怜刘皇叔韬光养晦之策竟然早被孟德识破，一时战战兢兢，吓得筷子落地，只因当时刘备羽翼未丰，寄身曹营，如履薄冰，种菜织席，小心谨慎，此皆潜龙勿用之策也。

后刘备借攻打袁术为名，逃出许都，庆幸异常，自云："吾乃笼中鸟、网中鱼，此一行如鱼入大海、鸟上青霄，不受笼网之羁绊也！"真可谓蛟龙挣开枷锁矣，操之谋士程昱亦云："此放龙入海，纵虎归山也。"刘备初为安喜尉时，施德与民，"与民秋毫无犯，民皆感化"；后投靠刘表，得新野小县以安身，勤勉执政，民谚云"新野牧，刘皇叔，自到此，民丰足"。此皆龙之在田，利见大人之谓。

刘备借诸葛亮之谋，取得荆襄之地，愈加勤勉，人心益附，时诸葛亮云，曹操挟天子以令诸侯，抢占天时于前；孙权据江东得地利之便；刘备需中得人和。此期间刘备政敌大患北有曹操，南有孙权，立足尚未稳定。故终日乾乾，朝夕警惕，施德与民，得人和之利，虽有险，亦无大患矣。此即"君子终日乾乾，夕惕若厉。无咎"之谓。

曹操大宴铜雀台，忽闻报"东吴使华歆表奏刘备为荆州牧，孙权以妹嫁刘备，汉上九郡大半已属备矣"，不觉大惊失色，手忙脚乱，落笔于地。程昱大为不解，操言："刘备，人中之龙也，生平未尝得水。今得荆州，是困龙入大海矣。孤安得不动心哉！"此则正是言刘备"或跃在渊"的情景。

刘备最终夺取了西川，于曹丕称帝次年，也登基坐殿，做起皇帝来，终于"飞龙在天"。

孙刘联盟破裂，东吴计杀关羽，刘备大怒，欲起两川兵马，出川为关羽报仇雪恨。赵云上谏指出应该舍吴伐魏，魏乃国家公敌，吴乃帝王私仇。刘备勃然大怒，念及旧情，没有治罪。学士秦宓亦上奏请求罢兵，刘备大怒欲杀之，智囊诸葛亮亦上奏请求免除其罪。然而此时的刘备已经不是"潜龙勿用"时候的刘备了，竟然把诸葛亮的表章丢在地上，曰："朕意已决，无得再谏！"再无三顾茅庐时之虔诚恭敬。蜀、吴军队对峙于猇亭，僵持不下，天气炎热，移兵山林，依山傍水，扎寨七百里，犯兵家之大忌。"众官苦谏，先主不从。"马良建议把阵形图送给诸葛亮审查，备言："朕亦颇知兵法，何必又问丞相？"可见早将昔日倚重孔明之事忘怀，其骄横益发升级。结果被陆逊一把大火，烧得丢盔卸甲，逃往白帝城，羞愤而死，这就是"亢龙有悔"的写照。

以上，我们之所以不厌其烦地转述了一个人皆耳熟能详的三国故事，主要是为了生动形象地解释爻位变化及象征意义。诚如黄寿祺等人对于爻位变化意义的总结："初位象征事物发端萌芽，主于潜藏勿用；二位象征事物崭露头角，主于适当进取；三位象征事物功业小成，主于慎行防凶；四位象征事物新进高层，主于警惕审时；五位象征事物圆满成功，主于处盛戒盈；上位象征事物发展终尽，主于穷极必反。"① 比照上文所述刘备的人生历程，不是非常形象吗？

再来谈卦位。所谓"卦位"，按照近人高亨所言："卦位者，别卦所重之两经卦之位置也。两经卦重为一别卦，总是一经卦在上，一经卦在下，故六十四卦皆是上下之位也。"② 我们知道，周易六十四卦为八经卦排列组合而成，而所有的排列组合都是一上一下的形式。如《蒙》卦（䷃）由一经卦坎（☵）和一经卦艮（☶）组成，坎下艮上；又如《无妄》卦（䷘），由一经卦震（☳）和一经卦乾（☰）组合而成，震下乾上。六十四卦皆是如此组合而成，因此，"每卦之两经卦各有其卦象与卦位。卦象与卦位相结合，乃构成卦象之整体，卦位属于卦象，卦象包括卦位。《彖传》《象传》以卦象卦位者

①　黄寿祺、张善文：《周易译注》，上海：上海古籍出版社，2001年，第42页。
②　高亨：《周易大传今注》，北京：清华大学出版社，2010年版，第17页。

解经习见，《系辞》《系卦》《杂卦》亦偶有之"①。可见以卦位解易确实在《周易》中非常普遍，这也是我们将其视为元语言的一大原因。

按照八卦组合原理，太极生阴阳两仪，八经卦由阴阳二爻排列组合而成。乾卦乃是纯阳之卦，坤卦为纯阴之卦，此外，震、坎、艮亦属于阳卦（《说卦》言：震一索而得男，故谓之长男；坎再索而得男，故谓之中男；艮三索而得男，故谓之少男），巽、离、兑属于阴卦（《说卦》言：巽一索而得女，故谓之长女；离再索而得女，故谓之中女；兑三索而得女，故谓之少女）。一般说来，阴卦处于下方，阳卦处于上方，这样就比较吉利，相反，就不是很吉利。当然这样简单概括有时是解释不通的，所以高亨根据易传义例将其缕分六种：

第一、异卦相重为上下之位，也即重卦是由不同经卦组合而成的，这样两经卦象征的事物乃是上下关系。如《蒙》卦（䷃），下坎（☵）上艮（☶）组成，坎为水，艮为山，山在上，水在下，故《蒙·象辞》云"山下出泉，蒙"，泉即是水。

第二、异卦相重为内外之位，也即重卦是由不同经卦组合而成，经卦象征事物乃是内外关系，下卦为内卦，上卦为外卦。如《明夷》卦（䷣），内卦为离（☲），外卦为坤（☷）。《明夷·象辞》云"内文明而外柔顺"，因为离为文明之象，而坤为柔顺之象。

第三、异卦相重是前后之位，也即重卦是由不同经卦组合而成的，两经卦象征事物乃是前后关系，以上卦为前卦，下卦为后卦，两经卦为前后之位。如《需》卦（䷄），前卦为坎（☵），后卦为乾（☰），《需·象辞》云："险在前也，刚健而不陷。"因坎为险，乾为健，其象为险在前，健者处于险后，故而不会陷入穷困。

第四、异卦相重为平列之位，也即重卦为不同经卦组成，象两种平列关系的事物，于是上下两经卦为平列之位。如屯卦（䷂），上卦为坎（☵），下卦为震（☳）。《震·象辞》云："雷宇之动满盈。"震为雷，坎为水，雨亦是水，雷雨交加，即是并列关系。

第五、同卦相重为重复之位，也即是重卦是由两个相同的经卦组合而成，因为同一经卦象征事物相同，故而是重复关系，这种情况只有《乾》（☰）、《坤》（☷）、《震》（☳）、《巽》（☴）、《坎》（☵）、《离》（☲）、《艮》

① 高亨：《周易大传今注》，北京：清华大学出版社，2010年版，第17页。

40

（☴）、《兑》（☱）八卦，其中此类义例据高亨统计只有九条，如《巽·象辞》云"重巽以申命"，巽为风，易传以风比君之教命。《巽》上下皆巽，故此卦象象征君山重申教命，其位为重复之位。

第六、同卦相重而不分其位，也即一复卦为相同两经卦相重组合而成，象征一种事物，而且这个事物为一个整体，没有重复之意，据高亨统计这种义例只有六条。如《象辞》只释《乾》（☰）为天，《坤》（☷）为地等。①

再来看爻位，爻位有阳位与阴位之分。所谓阳位，即是六十四卦中，初爻、三爻、五爻所处的位置，因为一、三、五为奇数，奇数为阳；阴位则是指二、四、六爻所处的位置，二、四、六为偶数，故为阴位。《周易·说卦》云："分阴分阳，迭用刚柔，故《易》六位而成章。"一般说来，阴爻（－－）处于阴位比较好，阳爻（—）处于阳位比较好。在六十四卦之中，除了《乾》（☰）、《坤》（☷）为纯阳或者纯阴之爻的组合之外，其余各卦皆是阴阳爻交替组合而成。这个时候，就会出现阳爻居阳位、阴爻居阴位和阴爻居阳位、阳爻居阴位的不同情况。因为属性不同，所居位置有别，故而会出现吉、凶、悔、吝之类的情况。

阳爻、阴爻各得其位者，以《既济》卦（䷾）最为切合。此卦初爻、三爻、五爻都是阳爻，而且居于阳位，二爻、四爻、上爻皆为阴爻，居于阴位。另外，从卦位的角度来看，《既济》卦（䷾）上卦为坎（☵），下卦为离（☲），坎为阳卦，离为阴卦，阴在下而阳居上，各卦符合其位，所以占辞云"利贞"。《既济·象辞》亦云"刚柔正而位当也"，意即阴阳刚柔各得其位。

阴阳爻各不得其位者，以《未济》卦（䷿）最为突出。这个卦象下为坎（☵），上为离（☲），从初六爻至上九爻，阴爻和阳爻的所处的位置刚好不在其位之上；另外从卦位上来看，也是阴卦居上，阳卦居下，这也不符合卦理，所以不是很好，卦名《未济》也是喻示着事情未成。所以不管卦位还是爻位，其实都是在探讨取象及其空间位置对于意义的影响作用。

但是阴阳爻与阴阳位的关系远没有这么简单，如上文引《既济》卦的断辞云"初吉终乱"，刚开始是吉利的，最终转化的结果却是不好的，为什么呢？《既济·象辞》云："'初吉'，柔得中也。'终'止则'乱'，其道穷也。"这里指出六二爻为阴爻，居于阴位，这个阴位刚好又是下卦的中位，所以吉

_____

① 以上义例部分参看高亨：《周易大传今注》，北京：清华大学出版社，2010年版，第17～19页。

利；九五为阳爻，居上卦之中位，九五为君之象，九五爻之上又有一个阴爻，如果以臣喻阴爻的话，那么臣下凌驾于君王之上，而且上六又处于一卦之尽头，没有退路，必将拼死一搏，如俗话所言"舍得一身剐，敢把皇帝拉下马"，这样对君王必将没有好处，所以"终乱"。由此我们可以看出，《周易》元语言除了"位"之外，还有"中"。"中"作为易学元语言，也是阐释卦象卦辞的重要元语言。

二、元语言"中"

"中"本是《周易》中的一个重要概念，不论经传，都出现了大量的"中"字。据笔者大略统计，易经部分"中"字共出现过 16 次之多，如《屯》六三："即鹿无虞，惟入于林中。"狩猎追鹿，入于林中，此处"中"为地理空间之位置。《讼》卦辞："有孚窒惕，中吉，终凶。"这是说俘获奴隶要小心看管，中间有一段时间没事，但后来奴隶还是趁人不备逃跑了，此处"中"为时间。《师》九二："在师中，吉，无咎，王三锡命。"师乃是军队，师中即中军，为主帅的位置，这里的"中"乃是一种身份地位上的位置；又，据今人金景芳、吕绍纲所言，统军作战的将帅受命于君王，在外作战，为指挥调度之需，有较强的专制之权，因此"在师中"的"中"应该理解为统帅与君王的关系。统帅在外，如果不能专制，则不能指挥部队作战取胜，如果过分专制，则失去了为下之道，因此在军队中行专制而得中道才能吉而无咎，唯其如此，才能受到"三锡命"的奖赏①，因此其将"中"解读为中道，或可备一说。

如果说"中"在易经中还只是一种时空乃至身份地位的观念的话，那么到了易传之中，"中"已经发展成一种阐释易经的元语言。据今人王明居统计，《彖辞》上出现"中"字 21 次，《彖辞》下出现"中"字 27 处，《象辞》上出现"中"字 28 处，《象辞》下出现"中"字 28 处，也即是说，仅在《彖辞》《象辞》之中，"中"字就出现了 104 次②，其频率不可谓不高。实际上，"中"也确实是阐释易学的一项重要元语言："中者，不偏不倚、无过不及之谓。"③由位置转变为程度上的适中、适度。

---

① 金景芳，吕绍纲：《周易全解》，上海：上海古籍出版社，2005 年版，第 91 页。

② 王明居：《叩寂寞而求音——〈周易〉符号美学》，合肥：安徽大学出版社，1999 年版，第 226~228 页。

③ 李光地：《周易折中》，北京：九州出版社，2002 年版，第 18 页。

"中"在《周易》中本指第二爻与第五爻的爻位。从卦位上来说，第二爻为下卦之中，第五爻为上卦之中，因此此二爻所处之位置亦称之为"中位"。如果阳爻居于中位，称之为"刚中"；如果是阴爻居于中位，则称之为"柔中"；假如阴爻居于第二位，阳爻居于第五位，二与五又分别为阴和阳，那么他们分别既得中位又得正位，则是大吉。兹略举几例以见一斑：

《蒙·彖辞》云："'初筮告'，以刚中也。"这里谈到"刚中"这个词，按照《蒙》卦（䷃）卦象来看，九二为阳爻居下卦之中位，阳爻居于中位，为"刚中"，在此象征人有刚健中正之德行。

《需·彖辞》云："《需》，'有孚，光亨，贞吉'，位乎天位，以正中也。"《需·象辞》云："'酒食贞吉'，以中正也。"从援引的卦辞判断，这是一个吉卦，得出吉卦这一意义的元语言即是"位乎天位，以正中也"。依照《需》卦（䷄）卦象，下乾上坎，乾为天，九五为阳爻，居于坎卦之中，为中位，既是阳爻又居于阳位，这样既中又正，即是"正中"也；又，九五为君王之位，此位又处于乾卦之上，象征人处于君王之位，而且正中恰当，依此元语言解释出来的意义即是吉象。

《比·彖辞》云："'原筮，元永贞，无咎'，以刚中也。"《比·象辞》："'显比'之吉，位正中也。"这里彖辞和象辞部分对"无咎"和"吉"的卦象判断进行了解释，其解释的依据分别是"以刚中也""位正中也"，按《比》卦（䷇）卦象，下坤上坎，上卦坎中间为阳爻，阳爻为刚，是为刚中，阳爻居于九五之位，是为正中，自然吉利。

《履·彖辞》云："'亨'，刚中正，履帝位而不疚，光明也。"依据《履》卦（䷉）卦象，下兑上乾，九五爻为阳爻，居上位之中，阳爻为刚，九五为君位，所以"刚中正"；上卦乾又是天象，九五爻居天之正位，也即是"履帝位"，居于帝王之位，又是"刚中正"之势，所以前途事业一片"光明"。

《同人·彖辞》云："'同人'，柔得位得中。"从《同人》（䷌）卦象来看，离下乾上，下卦为离，六二为阴爻，居下卦之中，阴爻居于中位，是为柔中。阴爻居第二的位置（阴位），符合其位，象征一个臣民的言行符合其身份地位。所以是"柔得位得中"，这样的态势自然比较好。

《大有·彖辞》云："'大有'，柔得尊位大中，而上下应之，曰'大有'。"按照《大有》卦（䷍）卦象，下乾上离，六五为阴爻，居上卦之中。如果仅仅从爻位的角度来看，六五为阴爻处于阳位之上，不是吉兆。但是从彖辞的判断来看，并不是这样的。下卦为乾，乾为天、为尊，六五爻以臣下处于尊位之上，但是因为是"中"位，而且，这个六五爻与下面的九二爻阴阳相应①，属于"上下应之"，故而能够"大有"。

《临·彖辞》云："《临》，刚浸而长，说而顺，刚中而应。"依照《临》卦（☷）卦象，兑下坤上，其地位二爻为阳爻，为刚；中二爻与上二爻皆是阴爻，为柔，故其象是"刚浸而长"。此外，依据《说卦》"兑，说也"，说即是悦；"坤，顺也"，坤即是顺，兑下坤上，所以"说（悦）而顺"。《临》卦九二为阳爻，居于下卦之中位；六五为阴爻，居于上卦之中位，刚中、柔中虽然不是得正，但是六五与九二阴阳刚好有应，故其卦象为吉。

根据以上我们列举的一些卦爻辞实例，我们可以看出作为位置的"中"成为判定意义的标准、准则，"中"演变成阐释卦象卦意的一项重要元语言，得中有时还可以补不得位之失，进而化险为夷，甚至取得好的结果。台湾学者高怀民在《先秦易学史》中也曾谈到，假如把位与时比作客观境遇的话，那么"中"则可以视作人的主观作为。"中"是人力能及之处，故而即使不得位、不适时，有时仍然吉利，因此其将"中"视作补充位、时之方②，这是有道理的。从"中"这一易学元语言，我们其实也可以看出先民对自然客观并不是一味服从的，对中的肯定实际上在一定程度上肯定了人的主观能动性的作用。人作为一种符号的动物，他在使用符号的时候，也要把握程度，使表意行为恰到好处，从而也肯定了自身的主体性特征。

三、元语言"时"

前面我们论及易学元语言"位""中"，其主要是从空间位置及人的主观能动性等角度出发来解释易经，传释卦、爻、象、辞之意的。我们知道，空间位置的变化发展，是在时间的流动之中完成的，先民在论及易理随空间位置变化而变化的问题之时，同时注意到了时间变化带来的影响，因为"意义

---

① "应"其实也是一种易学元语言，认为下卦与上卦在相对应的位置的爻有对应关系，也即是初爻与四爻，二爻与五爻，三爻与上爻有一种对应的关系。如果刚好是阴爻和阳爻对应，那就是"有应"；反之，如果是阴爻与阴爻或者阳爻与阳爻对应，那么就是"无应"。《易纬·乾凿度》云："乾坤相并俱生，物有阴阳，因而重之，故六画而成卦。三画已下为地，四画已上为天，物感以动，类相应也。易气从下生。动于地之下，则应于天之下；动于地之中，则应于天之中；动于地之上，则应于天之上。故初以四，二以五，三以上，此谓之应。"一般而言，有应为吉，无应为凶。应其实是对元语言"位"的一种补充，有时阴爻阳爻虽然不当位，但是上下能够相应，这时也可以是吉利的，如上文中的《大有》卦，六五以阴居于阳位，一般是不吉的，但是因为处于中位，同时与下面九二阳爻阴爻相应，故而吉。

② 高怀民：《先秦易学史》，桂林：广西师范大学出版社，2007年版，第127页。

在时间和空间中会发生变化"①。如《蒙》卦云："'亨'，以亨行时中也。"这里其实就是将"时"与"中"并行合用在一起了，也即是既符合其空间位置也适合特定时机。而实际上，任何意义的确定，必定有一个具体的时间和空间的交集。《周易》是讲变化的书，事物随着时间和空间的变化而变化，这是"变易"；变易是永恒的、绝对的，相对的是"不易"；不易即是在特定时空交集下的那个状态，如下图1—2所示：

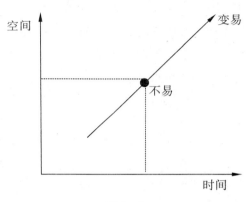

图1—2

只有在相对"不易"的情景下，我们才可能把握事物的性质。因此，所谓"时"，即是指易卦所处的时位背景②，根据这个特定的时位背景可以确定某一阶段的特定意义，预测其发展态势。实际上，基本上每一卦六爻的变化都可以视作事物在特定背景时间中的意义，并且兆示其将要发展变化的规律。所以王弼提出了卦随时变的观点：

> 夫卦者，时也；爻者，适时之变者也。时有否泰，故用有行藏；卦有小大，故辞有险易。一时之制，可反而用也；一时之吉，可反而凶也。故卦以反对，而爻亦皆变。……故名其卦，则吉凶从其类；存其

---

① ［英］丹尼·卡瓦拉罗著，张卫东，张生，赵顺宏译：《文化理论关键词》，南京：江苏人民出版社，2006年版，第26页。

② 当代学者李清良也曾指出："在中国文化中，时间性即是'时'。'时者，事之会也'，时间性就是发生特定事件所需条件之总和，这些条件本身即具体的事件。'时'即是'境'，意义事件发生之'时'即是语境，'时'论语境论完全对应。"（李清良：《中国阐释学》，长沙：湖南师范大学出版社，2001年版，第3页。）"时"不仅在《周易》中，而且在整个中国文化中，都是意义呈现、理解意义的必要条件。如果没有"时"，也即是语境，那么意义就不能得到确定。

时，则动静应其用。寻名以观其吉凶，举时以观其动静，则一体之变，由斯见矣。……吉凶有时，不可犯也；动静有适，不可过也。犯时之忌，罪不在大；失其所适，过不在深。……观爻思变，变斯尽矣。①

易经六十四卦，每一卦基本上都是象征着某一事物、现象、义理在一定背景下的产生、变化、发展的基本规律，伴随卦义而存在的这种背景称为"时"。因而，六十四卦可以象征六十四种大的语境，而三百八十四爻则是在这个"历史背景"下的各自发展阶段的规律现状。从符号学的角度而言，这其实就是一个符用学的问题："符用学是研究符号行为在什么样的实际环境条件下，在符号信息发送者与接收者什么样的关系中符号如何释义，会产生什么样的效果。"② 易经部分讲的虽然是抽象的道理，但是如前文分析，其表现形式为拟物取象，实际上是用实际环境条件下的"象"来喻示抽象的义理，观象者得意而忘象。而该如何释"象"，按照易传的义例，依据"时"来释象是常见之策。据高怀民统计，仅仅在六十四卦的象辞之中，特地标明"时"义的，就有 21 项之多③。因而我们可以肯定地说，"时"即是易学元语言之一大门类。准乎此，我们再来看《周易》中的依"时"解易的范例，由此再做一下具体的分析。

如《周易·文言》云："九三曰'君子终日乾乾，夕惕若厉，无咎'，何谓也？子曰：'君子进德修业。忠信所以进德也。修辞立其诚，所以居业也。知至至之，可与言几也。知终终之，可与存义也。是故居上位而不骄，在下位而不忧，故乾乾因其时而惕，虽危无咎矣。'"此处借孔子之言谈《乾》卦九三爻辞之意，认为君子进德修业、修辞立诚，知道自己的目标并且努力进取，因此可以与其探讨事物的发展变化之征兆、变化状态规律等，像他们这样的人能够居上位而不骄，居下位不忧愁，所以"乾乾因其时而惕，虽危无咎矣"，随时保持警惕，因而无害。由此可见，正是因为君子能够考察客观规律和变化之理，能够依照"时"行事，在不同的"语境"下因时而动，才有"无咎"之果。《周易·文言》部分论"时"的还有：

---

① 王弼著，楼宇烈校释：《王弼集校释》，北京：中华书局 1980 年版，第 604 页。
② 赵毅衡：《文学符号学》，北京：中国文联出版公司，1990 年版，第 71～72 页。
③ 高怀民：《先秦易学史》，桂林：广西师范大学出版社，2007 年版，第 122～123 页。

君子进德修业，欲及时也，故无咎。

"见龙在田"，时舍也。

"终日乾乾"，与时偕行。

夫"大人"者，与天地合其德，与日月合其明，与四时合其序，与鬼神合其吉凶，先天而天弗违，后天而奉天时。

坤道其顺乎，承天而时行。

其论皆是依照"时"来获取意义，寻找规律，判断吉凶，预测未来，以避免祸害，时即是其阐释易经的元语言。又如《周易·系辞》下云："《易》之为书也，原始要终，以为质也。六爻相杂，唯其时物也。"唐人孔颖达疏曰："物，事也。一卦之中，六爻交相杂错，唯各会其时，唯各举其事。"① 孔氏在此还举出了《屯》卦初九、九二两爻之时之事，其意在说明时与事乃是不可分割的，特定的时间必定有特定的事物与之对应。这里一方面肯定了不易的相对性，它其实是在特定时间下的实物性状的一种呈现；另一方面又揭示出要观象得意，必须将事物还原至一定的语境之中，在特定的语境下考察其意义。

判断事物的发展变化是否符合"时"的规律，有两大点需要注意，也即是趋时和失时。一般而言，趋时是吉兆，失时为凶兆。《周易·系辞》下："变通者，趣时者也。"趣时即是趋时，孔颖达疏指出，事物的变通，乃是趋向于当时时势的需要。② 如《蒙·彖辞》："《蒙》'亨'，以亨行，时中也。"因为适时而且处于中位，故而"亨"。又如《益·彖辞》："凡益之道，与时偕行。"高亨在注解时指出："益贵乎应时。天地对于万物，应时而益之。人对于人，亦宜应时而益之。"③

对"时"的论述最为集中地体现在《损·彖辞》之中："二簋可用享。二簋应有时，损刚益柔有时。损益盈虚，与时偕行。"这里具体而抽象地论述了"时"的问题。先从具体的享祀角度出发，指出"二簋"亦可用于享

---

① 李学勤主编：《十三经注疏·周易正义》，北京：北京大学出版社，1999年版，第316页。
② 李学勤主编：《十三经注疏·周易正义》，北京：北京大学出版社，1999年版，第295页。
③ 高亨：《周易大传今注》，北京：清华大学出版社，2010年版，第272页。

祀①，"二簋"乃是至约之礼，但是亦可用于亨祀，这就需要应乎时。如唐人孔颖达指出的"惟在损时应时行之，非时不可也"②，欲损必须看准时候，时机得当，当损则可损，当不可损则不可损，总之，以"时"为准。接下来，以抽象的"刚、柔"为例，指出"损刚益柔有时"，刚为健为多为有余，柔为顺为少为不足，损刚益柔，即是将有余之"刚"损之，以益不足之"柔"。然而不管是损还是益，也都必须依乎"时"，当损时才能损，当益时才能益，如果不合时宜，则不能随便损益。这里其实是将前面具体的亨祀损益进行了一度抽象，进入"损刚益柔"这样较有普遍意义的损益之中。最后，象辞进而指出"损益盈虚，与时偕行"，不管是损是益，是盈是虚，都必须与"时"保持一致，从刚柔到盈虚，由一度抽象到二度抽象，其化及领域更为普遍。如金景芳等所言："损益之外又言及盈虚，实际上是把损益应当有时的问题由人事方面扩展到自然界。前云'有时'，此云'与时偕行'，意在指出损益盈虚有时既是主体应遵循的准则，也是客体自身存在的客观规律。至此，时的问题就具有了最一般性的意义。"③从具体逐渐至抽象，从人事规律扩展到自然规律，这也符合仰观俯察、远观近取的取象规律。总而言之，事物的意义、损益盈虚的状况、发展变化规律等，都必须依时而行，设卦者将"时"隐藏于卦爻之中，解卦者如同剥笋，逐层分剥，展示出其内在规律。

四、元语言"当"

在意义交流传释过程中，语言是作为一种交流工具出现的，而语言交流中涉及的事物则被视作对象。假如讨论的对象就是语言，也即是用语言来讨论语言，那么这个时候就会出现作为对象的语言和作为工具的语言。一旦语言出现层级，作为讨论分析工具的语言即被视作元语言。实际上，任何符号文本，诸如宗教、礼仪、舞蹈、手势、绘画、体育等，只要被当作意义传播，那么就必须要有相应的元语言来提供解释的符码，元语言是文本完成意义表达的关键。④易经的卦象爻辞等，其意义需要在解释中得以呈现，解释

① 魏人王弼指出："二簋，质薄之器也。行损以信，虽二簋而可用享。"（见《王弼集校释》，北京：中华书局1980年版，第422页。）意即"二簋"是一种很薄的礼，虽然享祀时损去了很多繁文缛节之礼，但是必要的礼仪还是保持了，故而仅二簋也可用享。
② 李学勤主编：《十三经注疏·周易正义》，北京：北京大学出版社，1999年版，第172页。
③ 金景芳，吕绍纲：《周易全解》，上海：上海古籍出版社，2005年版，第325页。
④ 赵毅衡：《符号学原理与推演》，南京：南京大学出版社，2011年版，第228页。

易经的义例（以《周易·十翼》为中心）实际上就是易经的元语言集合。前面我们讨论的位、中、时等都是解释易经的一些主要元语言集合，现在我们再看一例——当。如果说位、中、时只是空间、程度、时间上对意义（运势规律、吉凶祸福等）的阐发的话，那么"当"其实是对前面元语言的一种价值评判，是一种更高级的元语言，或者称作"元元语言"。

在易传之中，"当"经常与"位"连用，对位的合理或者不合理进行评判。前文已述，位有高低之别、阴阳之分，对位的释义，其实有不同的元语言。顾炎武《日知录》中有"六爻言位"一节：

> 《易》传中言位者有二义。"列贵贱者存乎位"，五为君位，二、三、四、为臣位，故皆曰"同功而异位"。而初、上为无位之爻，譬之于人，"初"为未仕之人，"上"则隐沦之士，皆不为臣也。故《乾》之上曰"贵而无位"，《需》之上曰"不当位"。若以一卦之体言之，则皆谓之位，故曰"六位时成"，曰"《易》六位而成章"，是则卦爻之位非取象于人之位矣。此意已见于王弼《略例》，但必强彼合此，而谓初、上无阴阳定位，则不可通矣。《记》曰："夫言岂一端而已，夫各有所当也。"[1]

从顾氏所言来看，这里其实有两套语言系统，其一即人事语言系统其二为数位元语言系统，以人事语言系统而论，初爻和上爻乃是事物萌发之前以及事物隐沦之后的情况，故而无位；以人作比，乃是未仕之人和隐沦之人，故而没有位。以卦体而言，则从初爻至上爻，皆在数位之内，不能省略，不然无法记数。所以，这里其实运用了两套元语言在阐释卦位，即人事元语言系统和数位元语言系统。所用元语言不同，其阐释出来的意义自然也不相同。其实易传对易经使用的元语言多有不同，这也是许多人读《周易》时莫知所言的原因。要读懂这部神秘的书，必须将其元语言系统缕析出来，由是可以理解卦爻挂一象万、执简驭繁的符号特征。这也正如赵毅衡先生所言："任何对符号文本的解释努力，背后必须有元语言集合，文本并不具有独立的本体存在，文本面对解释才存在。这不是说每一次的解释元语言必须是完整的不变的。接收者在每一次解释时都提出一个临时性的元语言集合。"[2]

---

① 顾炎武：《日知录集释》，黄汝成集释，上海：上海古籍出版社，2006 年版，第 14 页。
② 胡易容，赵毅衡：《符号学—传媒学词典》，南京：南京大学出版社，2012 年版，第 254 页。

解卦之人，临时采用的元语言不同，其解释各异，得出的意义也各不相同。

以人事而论，地位低的"小人"如果居"九五"这样的君位，多是不吉；以阴阳而论，凡是阳爻居于阳位、阴爻居于阴位，这就属于阴阳当位，当位多生吉辞；反之，如果阴爻居于阳位，阳爻居于阴位，则多不吉之辞（可参见上文位、中部分）。经笔者统计，《周易·象辞》部分以"（正）当/不（未）当"位来阐释判断卦象者凡30次，其中"（正/得）当"者凡8次，"不（未）当"者凡22次，如下表1－1所示；《周易·象辞》中以"（正）当/不（未）当"位来阐释卦象者凡8次，其中"（正）当"者凡5次，"不（未）当"者凡3次，如下表1－2所示。

表1－1　象辞中的"当/不当"统计

不（未）当	（正/得）当
《需·象辞》上六："不速之客来，敬之终吉"，虽不当位，未大失也。 《师·象辞》六五："长子帅师"，以中行也。"弟子舆尸"，使不当也。 《履·象辞》六三：《象》曰："眇能视"，不足以有明也。"跛能履"，不足以与行也。"咥人之凶"，位不当也。 《否·象辞》六三："包羞"，位不当也。 《豫·象辞》六三："盱豫不悔"，位不当也。 《临·象辞》六三："甘临"，位不当也。 《噬嗑·象辞》六三："遇毒"，位不当也。 《大壮·象辞》六五："丧羊于易"，位不当也。 《晋·象辞》六四："鼫鼠贞厉"，位不当也。 《睽·象辞》六三："见舆曳"，位不当也。 《解·象辞》六四："解而拇"，未当位也。 《夬·象辞》九四："其行次且"，位不当也。 《萃·象辞》九四："大吉无咎"，位不当也。 《困·象辞》九四："来徐徐"，志在下也。虽不当位，有与也。 《困·象辞》上六："困于葛藟"，未当也。"动悔有悔"，吉行也。 《震·象辞》六三："震苏苏"，位不当也。 《归妹·象辞》六三："归妹以须"，未当也。 《丰·象辞》九四："丰其蔀"，位不当也。 《兑·象辞》六三："来兑之凶"，位不当也。 《中孚·象辞》六三："或鼓或罢"，位不当也。 《小过·象辞》九四："弗过遇之"，位不当也。 《未济·象辞》六三："未济征凶"，位不当也。	《履·象辞》九五：《象》曰："夬履贞厉"，位正当也。 《否·象辞》九五：《象》曰：大人之吉，位正当也。 《临·象辞》六四：《象》曰："至临无咎"，位当也。 《噬嗑·象辞》六五："贞厉无咎"，得当也。 《贲·象辞》六四：六四，当位疑也。"匪寇婚媾"，终无尤也。 《蹇·象辞》六四："往蹇来连"，当位实也。 《兑·象辞》九五："孚于剥"，位正当也。 《中孚·象辞》九五："有孚挛如"，位正当也。

表1-2　象辞中的"当/不当"统计

不（未）当	（正/得）当
《噬嗑·象辞》：柔得中而上行，虽不当位，利用狱也。 《归妹·象辞》："征凶"，位不当也。 《未济·象辞》：虽不当位，刚柔应也。	《遯·象辞》：刚当位而应，与时行也。 《蹇·象辞》：当位"贞吉"，以正邦也。 《革·象辞》：革而当，其悔乃亡。 《节·象辞》：说以行险，当位以节，中正以通。 《既济·象辞》：刚柔正而位当也。

　　根据上面的列表统计，我们可以发现，当/不当其实还是有规律可循的。先看象辞部分，阴爻居于阳位，多是不当，如《师》六五、《履》六三、《否》六三、《豫》六三、《临》六三、《噬嗑》六三、《大壮》六五、《睽》六三、《震》六三、《归妹》六三、《兑》六三、《中孚》六三、《未济》六三等皆是；阴爻居于阴位，多是得当，《临》六四、《贲》六四、《蹇》六四；阳爻居于阴位者，也是不当，如《夬》九四、《萃》九四、《困》九四、《丰》九四、《小过》九四；阳爻居于阳位，一般而言，多是吉辞，如《履》九五、《否》九五、《噬嗑》六五、《兑》九五、《中孚》九五等。当然也有特殊情况，如《需》上六、《晋》六四、《解》六四，皆是阴爻居于阴位，但是也有"不当"之处；《噬嗑》六五，阴爻居于阳位，竟然也是得当。规律性的，当然好理解，不是规律性的，其元语言又是怎样的集合呢？

　　先看《需》卦（☵）。其卦象为下乾上坎，象辞释上六说"虽不当位，未大失也"。按照常例，上六为阴爻居阴位，当是吉利的，但是这里明明写的是"不当位"，以致有人怀疑传文有误[①]。以笔者之见，其实这里不是传文有误，而是在释这一爻时同时采集了不同的元语言：上六，如果从人事的角度来考量，乃是无位之位，一如上文援引顾炎武之论；而从数位的元语言维度而言，上六又是一位，所以魏人王弼才会说"处无位之地，不当位者也"[②]，上六一爻，处在没有"地位"的第六爻的位置上，故而"不当位"。唐人孔颖达在《周易正义》中也谈到过这个难题，认为"《需》之一卦，须待难通，其于六爻，皆假他物之象以明人事，……《易》之诸爻之例，并皆放此"[③]。先是承认《需》卦乃是借象言人事，而我们前面分析过，从人事

----

①　高亨：《周易大传今注》，北京：清华大学出版社，2010年版，第80~82页。
②　王弼著，楼宇烈校释：《王弼集校释》，北京：中华书局，1980年版，第247页。
③　李学勤主编：《十三经注疏·周易正义》，北京：北京大学出版社，1999年版，第45页。

的元语言维度考察，初爻、上爻无位；从数位的角度而言，初爻、上爻又是有位的，所以，孔颖达的后面一句"《易》之诸爻之例，并皆放此"其实就是承认了易传不同的元语言在这个地方合用到一起，"并皆放此"了。也正是因为元语言在这里同时出现并被使用，才产生了"评价漩涡"。

再来看一例。《噬嗑·象辞》六五："'贞厉无咎'，得当也。"从卦象（☲）来看，下震上离，六五为阴爻，居于离卦之中位，根据前文对元语言"中"的分析，我们知道"得中"有时可以弥补时、位之不足。而这一点其实在《噬嗑·象辞》之中也有表露："柔得中而上行，虽不当位，利用狱也。"阴爻为柔，得居中位，虽然不当位，但是因为居中，此处之"中"的解释项亦可为处理适中、得当。因为人的主观努力，处理得当，所以"贞厉无咎"，进而"得当"。因而这里的元语言"当"，实际上可理解为元语言"中"的元元语言。

再来看一例象辞中的元语言"当"。《遯·象辞》："刚当位而应，与时行也。"《遯》卦卦象"☰"，下艮上乾，这里的"刚当位"乃是指九五爻。此爻为阳爻，阳爻为刚，阳爻居于阳位，故而"刚当位"；又此爻居于上卦之中位，下卦艮之中爻为阴爻，前面我们讲过，易传认为内卦与外卦有一种对应关系，这里九五爻与六二爻刚好阴阳呼应，故而"刚当位而应"；"时"也是一项易学元语言，时乃是意义产生的语境，"与时行也"其实就是依据时势判定意义、采取行动，这句必须与下句象辞连在一起解释："'小利贞'，浸而长也，《遯》之时，义大矣哉。"依据卦象，地位的初爻、二爻皆是阴爻，人位的三爻、四爻为阳爻，天位的五爻、六爻也是阳爻，阴为柔，阳为刚，柔浸而长，则刚渐而消；比之如人事，则是小人势力渐长，君子势力渐消，明哲保身，当遯则遯，如易学家尚秉和言："然而不能不遯者，时不可也，故曰与时行。遯太早则有过情之讥，如严光是也；太晚则不能遯，沉溺于小人之中，而不能免，如刘歆是也。"[1] 以东汉严光早遯和西汉刘歆不能遯之典故，来阐述遯需把握程度、合乎时势的道理，较为允当。由这一例我们可以看出元语言"当"和"位""时"等元语言可以合而连用，进而解释易经，得出一定的意义。

赵毅衡先生在《符号学原理与推演》中论及元语言时亦曾指出："元语言集合的任务是推出一个意义，元语言的任务不是取得唯一'正确'的意

---

① 尚秉和：《周易尚氏学》，北京：中华书局，1980 年版，第 160 页。

义。在一个元语言集合的压力之下产生的意义，是不是正解、有效解或误解？这些价值判断需要更高层次的元语言才能解决。"① 综合本节我们探讨的元语言位、中、时、当系列及其层级关系，位、中、时乃是一定意义产生的时空语境，而当则是这种时空语境下对意义的评判，因此我们似乎可以说当乃是超乎位、中、时之上的一种元元语言，它的存在乃是对前面元语言的价值判断。当然实际情况并不是如此简单，它们有时其实是互相交融在一起的，然而不管如何，缕析易学元语言，对于理解《周易》及其运用规律，都有重要意义。

第四节　立象尽意：文本意义建构与传释

《周易》对中国文化和文学都产生了深远的影响，对此陈良运先生在《周易与中国文学》一著中多有阐发。于诗歌而言，《周易》立象尽意的传统影响到诗歌的创作，借"象"言意成为古典诗歌创作的一大主潮，中国诗歌多像喻性文本，这也成为中国诗歌的一大特色，它使中国古典诗歌显得缥缈玲珑，意旨难以捉摸，而如何更好地传释古典诗歌中的意义，是中国历代解诗者不断探求的课题。诗歌文本在编码的过程中糅合了作者意图，但作者力图破除意图定点，产生无限衍义，而文本释义过程中则要求尽量靠近文本的意向性，由此形成一对矛盾。为了在释义中无限接近文本意向，中国古典诗学阐释者们一般尽力恢复历史语境与场合语境，并充分采集各种诗学元语言，让释义者的心理语境与文本意图语境水乳交融，达到文本释义中主客观相结合的目的，而这又与易学符号元语言在解易过程中的作用颇为相似。

一、诗歌编码的特征

现代符号学创始人索绪尔将人类的言语活动划分为语言和言语两个部分，语言是一个系统，言语是个人对语言的运用，文学文本则属于作家个体的言语活动。作家在语言系统内对言语进行编码，以表达其意旨，也就是说，文学文本是携带作家意图的符号集合。中国古代作家在进行诗文创作的时候，一般都是遵循精炼的原则，尽量以简约的言语表达丰富的思想情感，达到词约意丰的表达效果。如陆机《文赋》中所言"要辞达而理举，故无取

乎冗长"，而依前文所言，用"兼职"的像喻性符号则可以使之不落言筌。

在中国古代文学艺术中，诗歌应该是最适合言简意繁的审美标准的体裁。一首五言绝句，寥寥二十字，释义者见仁见智，可以产生无限衍义。这种艺术效果的取得，得益于诗人们对语言的变形，以形成一种特有的语言形式。如杜甫《秋兴八首》之八"香稻啄馀鹦鹉粒，碧梧栖老凤凰枝"，李贺的诗歌《秋来》有云"秋坟鬼唱鲍家诗，恨血千年土中碧"等。袁行霈指出："中国诗歌对语言的变形，在语音方面是建立格律以造成音乐美；在用词、造句方面表现为：改变词性、颠倒词序、省略句子成分，等等。各种变形都打破了人们所习惯的语言常规，取得新、巧、奇、警的效果；增加了语言的容量和弹性，取得了多义的效果；强化了语言的启示性，取得写意传神的效果。"[1] 这种效果就是我们所说的"诗性"，诗性是通过对语言的变形、打破语言常规而取得的，它把文本释义者的注意力引向符号文本本身，这种变形的言语及其产生的效果就是要让文本本身成为主导。

对于中国古典诗歌而言，为达到这种表达效果，古代诗人根据汉字这种方块表意文字，一字一音，一字一义，形、音、义结合的特征，进行组合，减少诗歌语言中间的连词、助词，尽力增加诗歌中意象的密度。意象越多，诗歌的容量也就越大，诗歌也就越发具有启示性，读者在进行解码的时候可供发挥的余地也就越大。而意象本身就是一个符号系统，所谓意象"是融入了主观情意的客观物象，或者是借助客观物象表现出来的主观情意"[2]。一种语言背景下的意象是在该语言文化系统内形成的，诗歌意象作为一种符号，它本身所携带的意义可以为读者所感知。如在中国古典诗歌意象群中，松竹代表了高洁，白云代表着悠闲，南浦代表着送别，青鸟鲤鱼代表书信，烽火天狼则是战争的象征，这些都是在中国语言文化背景下反复运用形成的，无论是编码者还是解码者都乐于遵循这样的元语言。如马致远的《天净沙·秋思》中的一句"枯藤老树昏鸦"，"昏鸦"即是一个意象符号，在中国文化语境下，我们可以做如下分析（见表1—3）：

---

① 袁行霈：《中国诗歌艺术研究》，北京：北京大学出版社，1996年版，第2页。
② 袁行霈：《中国诗歌艺术研究》，北京：北京大学出版社，1996年版，第53页。

表 1-3

傍晚归巢的乌鸦（能指）		游子渴望归家的心情（所指）
Hūn—yā（能指）	傍晚的乌鸦（所指）	

　　诗歌在总体上属于能指优先的符号文本，如果诗作的编码像科技说明文一样能指直指所指，符号文本与意义之间没有距离，那么诗作也就会失去了所谓的"诗性"。故而诗人在创作诗歌的时候，往往设象取义，力图破坏意图定点，产生无限衍义，如李商隐的《锦瑟》及无题诗等，形成了中国古代诗歌解释学中的经典，正像王士祯言"一篇锦瑟解人难"。

　　诗歌创作一旦完成，其信息主要由符码携带，但是符码一旦脱离了创作时的语境，成为单独的意义实体，那么不同的解释者在面对相同的诗歌文本的时候，由于其不同的时代背景、生活经历，他们在解释的过程中很可能会混入一些"噪音"，这个时候，信息的传释就可能出现偏差。但根据解释学的要求，贴近作者意图的解释才是符号文本的终极意义。恢复符号生成时的意图，也即是"客观意义"，是解释学不遗余力所追求的目标。所以赵毅衡先生指出"对发送者和接受者都有效的意义，必然是主客观的结合物"①。为弥补起见，接收者（受讯者）在解释诗歌符号文本的时候就要尽量参照发送者（发讯者）编码时的"语境"进行解译。诗歌是一种典型的语境依赖型文本，读者可以通过"语境"体会发送者的意图，如池上嘉彦编制的图 1-3 所示②：

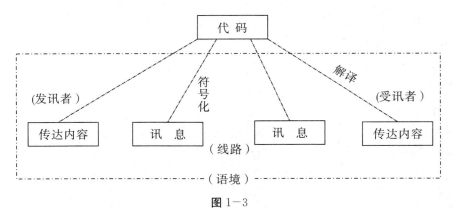

图 1-3

---

①　赵毅衡：《文学符号学》，北京：中国文联出版公司，1990 年版，第 88~89 页。
②　［日］池上嘉彦：《符号学入门》，张晓云译，北京：国际文化出版公司，1985 年版，第 26 页。

通过符码（代码）传递讯息必须在一定的语境内进行，无论是发送者还是接收者，都要参照语境才能将符码（代码）所传递的讯息解译出来。对于诗歌解释来说，通行的有效方法是尽力还原符号编码时的"语境"，通过对语境的复原，并辅之以读者的主观能动性，这样的解释才是"主客观结合"的产物。在诗歌释义过程中，这种语境还原主要有两种，即历史语境的还原和场合语境的还原，而主观能动性的参与即是用"以意逆志"的解释学方法，让释义者的心理语境与文本意图语境实现有机交融，达到最佳阐释效果。

二、历史语境的建构

任何符码都是在一定的社会文化背景下编制的，不论是客观现实世界还是人的主观精神世界，人类都能够将其进行编码，而且主观精神世界一般说来是现实世界的投射，如中国道教中的玉皇大帝以及整个道教神祇体系，其实都是按照古代中国现实世界虚构想象而产生的。如果没有人间的帝王权力谱系，那么道教神话谱系也许是另外一个样子，所以符码编制的历史文化语境对解释符码意义重大。因此人们在阅读诗歌文本的时候，总是要尽量厘清文本的作者生平及时代背景，以期在特定历史语境下寻找其符号意图。这在古典歌释义方法中，一个重要的方法就是借用诗人的传记、年谱还原其历史语境。

所谓传记一般纪传传主的生平大事，作总括性概述；而年谱相对来说则要详细具体得多，它一般以谱主为中心，以年月为经纬，较为全面细致地叙述谱主一生的事迹。年谱是杂糅了纪传与编年二体，并吸收了谱牒、年表、宗谱、传记、行状等文体的特征逐步发展而成的。传记和年谱是考索人物生平背景最有效的材料，"如果谱主是以诗人或文人身份被认知的话，那么年谱就有了作为文学作品的历史背景的意义"①。了解诗文编码的历史背景，特别符码编制者的背景，则可以更确切地对其诗文符码进行释义活动。古人的诗文是在一定的历史语境下创作的，欲传释古人的诗文必须了解他的时代背景，以及其生活的具体情境。此诚如章实斋所言："是则不知古人之世，不可妄论古人文辞也。知其世矣，不知古人之身处，亦不可以遽论其文

---

① 周裕锴：《中国古代阐释学研究》，上海：上海人民出版社，2003年版，第230页。

也。"① 只有结合古人身处的时代背景及人生处境，才可能正确诠释古人文辞内涵。仅仅了解诗文作者的时代背景还不够，还需考察其立言的具体语境："论古必恕，非宽容之谓也。……恕非宽容之谓者，能为古人设身而处地也。"② 欲正确传释出诗文符号所携带的意旨，必须考虑到作家创作的具体语境，而不能用"六经注我"的态度方法。所谓"为古人设身而处地"即是设身处地考察古人身处的创作具体语境、意旨对象等，借此正确传释出文本符号的意图，这一点将在下一节继续深入探讨。

在中国自汉代开始，作家传记就成为诗歌释义的重要参考因素，如《史记·屈原贾生列传》《宋书·谢灵运传论》等，"这类文人传记带有作家评传的性质。它们侧重创作主体的研究，更由于资料翔实，便于揭示有关背景，体现了知人论世的特长"③。正是因为作家传记能够起到知人论世的功效，故释义者乐于采用。但传记一般记录生平大事，作总括性概述，而年谱相对来说就要详细具体得多。"年谱比起那种简括的专传，更有助于知人论世之用。"④ 由此我们可以了解中国史传中诗文作家年谱传记发达之因由，这种诗歌阐释方法从符号学的角度来看，是为了释义中符号的意向性而设。诗人的传记年谱应用于诗歌释义之中，即是为了恢复诗歌文本产生的历史语境。

三、场合语境的重构

赵毅衡先生曾指出："对符指行为的意义起更直接影响的，不是整个世界，而是具体的场合语境（situational context）。"⑤ 诗歌符码的编制在整体上不能脱离当时的历史文化语境，如杜甫的诗史只能是安史之乱的历史语境，而不可能出现鸦片战争、太平天国运动这样的诗史场景。但是触动一个诗人具体创作的原因是什么，创作主体进地意向性投向符号行为之后，如何在解码中兼顾其符号意向，也是需要认真思考的问题。

梳检中国文献典籍，可以发现"注疏"之作浩如烟海，无论是儒家经典还是诸子百家的典籍，注疏皆多如牛毛，古典诗词也是如此。宋人有"千家注杜"之称，而这种注大多只是找出文典、疏通文义，对于文本符号意图的

---

① 章学诚著，叶瑛校注：《文史通义校注》，北京：中华书局，1985 年版，第 278~279 页。
② 章学诚著，叶瑛校注：《文史通义校注》，北京：中华书局，1985 年版，第 278 页。
③ 郭英德等：《中国古典文学研究史》，北京：中华书局，1995 年版，第 82 页。
④ 钱仲联：《梦苕盦论集》，北京：中华书局，1993 年版，第 169 页。
⑤ 赵毅衡：《文学符号学》，北京：中国文联出版公司，1990 年版，第 73 页。

发掘其意义似乎不是很大。通过对古代诗歌释义方式的考察，可以发现古代诗文评中的本事、纪事是考察诗歌意向性的具体方法。

所谓"本事"是指"一首作品的创作缘起或创作过程或与此相关的事实原委"①。本事一般揭示的是作品创作背后的一些事情，它往往交代出了作品创作的缘起或一些不为读者所知的细节。通过"本事"读者可以较方便地探求作者本意，如日本学者浅见洋二所云："文学作品的本文（text）是由某一特定作者以某一特定事件为背景而创作出来的。这里所说的'某一特定事件'，中国的文人们曾经叫它'本事'。'本事'用西方的文学批评术语来说，也就是语境（context）。中国唐宋时期有一个非常普遍的观点，那就是认为每一个作品背后，都有一个支撑它、围绕它的语境存在，即本文背负着'本事'。在这种观点的支配下，中国的文人们在阅读作品时，总要一边读，一边联想作品背后的'本事'。甚至还要根据'本事'，去探索作者通过作品想要表现的真正意图，即'本意'（intention）。"② 以"本事"来追溯文学作品创作的原初意义，始于晚唐孟棨《本事诗》，孟棨《本事诗序》自言其目的曰：

> 诗者，情动于中而形于言。故怨思悲愁，常多感慨。抒怀佳作，讽刺雅言，虽著于群书，盈厨溢阁，其间触事兴咏，尤所钟情，不有发挥，孰明厥义？因采为《本事诗》，凡七题，犹四始也。③

可见其撰书本旨是提供有关诗歌作品创作的具体背景，以便了解作品具体含义。《本事诗》记载了诸多唐诗创作的背景故事，如顾况红叶题诗、崔护门墙题诗的故事等，这些"本事"不一定确切，但在古人看来它们对诗歌释义中还原诗歌意向性有一定的帮助。孟棨以开以"本事"论诗之先，后有五代署名处常子、宋代聂奉先、清代徐釚等人关于本事诗的续作。此外以"纪事"命名的著作也时常保存着诸多"本事"，如南宋计有功的《唐诗纪事》，清人厉鹗的《宋诗纪事》，清末陈田有《明诗纪事》，近代还有陈衍的《元诗纪事》《辽诗纪事》《金诗纪事》，邓之诚的《清诗纪事初编》等，而钱仲联主编的《清诗纪事》更是洋洋大观。纪事之作，浩如烟海。"纪事"的

---

① 李剑亮：《宋词诠释学论稿》，北京：人民文学出版社，2006年版，第33页。
② ［日］浅见洋二：《关于诗与"本事"、"本意"以及"诗谶"——论中国古代文学作品接受过程中的本文与语境的关系》，项楚主编《新国学·第四卷》，成都：巴蜀书社，2002年版，第1页。
③ 孟棨等：《本事诗·本事词》，上海：古典文学出版社，1957年版，第3页。

目的之一便是"记载作家某作品的创作背景及相关的人、事、地，意在因事明诗"①。即还原诗歌创作时的具体因由，也即何人、何时、何地发生了何事。这四个基本要素是诗歌文本编制时的场合语境，通过对场合语境的还原则可以考索作者意图。如宋人陆游的著名词作《钗头凤》，据陈鹄的《耆旧续闻》与周密的《齐东野语》记载，这首词是陆游叙写与发妻唐婉儿被迫离婚的凄凉爱情故事的，这首词的"本意"也因其本事一直这样阐释着。但是据吴熊和先生考证，这首词其实是陆游壮志未酬后在蜀中成都纵情诗酒、裘马轻狂时发生的一段情事，与唐婉儿无涉。② 本事一经改变，词作"本意"也就大变。因此诗歌的创作的"本事"直接关涉到诗歌文本符号的"本意"，其关系密切。这也就是在进行诗歌释义的时候，读者为什么需要了解作者的创作背景及相关信息，因为诗歌符号文本的生成具体因由与其文本意图关系密切，而要在文本释义中正确传释出文本意向，必须参考场合语境，对场合语境的重构是文本释义传达文本意向性的关键步骤。

四、语境的交融对接

在索绪尔在提出符号二元关系理论的同时，美国符号学家皮尔斯将符号划分为再现体、对象及解释项三个部分。所谓再现体即是在某一方面能够代表另一事物的东西，而对象即是再现体所代表的那个"另一事物"，解释项即是符号使用者或者接收者对再现体所传达的关于对象的讯息，应该说符号解释项是符号接收者根据自己的知识背景及所处的语境对符号意义作出的解释。那么怎样才能使符号发送的意图与符号解释者的释义相符，也即是说该如何使符号的解释项靠近符号发送者的意图趋向，让释义者的心理语境与文本意图语境有机交融呢？这个问题值得思考。

诗歌文本在创作的时候，从理论上讲，诗人总应该有一定的发送意图，他应该要传达一定的情感，高兴还是悲伤，得意还是失落，诗人会选择一定的符号意象，将他的意图传达出来。读者在释义的时候，不可避免地会带上自己的期待视野，与符号文本进行融合，得出一定的解释项。在中国诗歌的释义过程中，以意逆志是经常使用的释义方法。"以意逆志"是孟子提出的，现代学者一般认为"意"为读者之意，而"志"则是作者之"志"（详见第

---

① 刘明今：《中国古代文学理论体系：方法论》，上海：复旦大学出版社，2000年版，第57页。
② 吴熊和：《唐宋词通论》，北京：商务印书馆，2003年版，第439~446页。

二章第四节），也即是符号发送者通过符型所传达的解释项。也即是说，所谓以意逆志其实是读者根据符型去寻找解释项的过程。

对诗歌作品释义，读者不可避免地会带上自己的主观意识的烙印，这是释义者的心理语境，而诗歌文本在编制的时候也会打上发送者的意图语境，读者充分发挥自己的主观能动性，在对诗歌释义时尽量让心理语境与意图语境交融，这样解释项则可能偏向文本发送的意向；如果只注重释义者的心理语境，将会产生穿凿附会的弊病。如常州词派张惠言在解释温庭筠的《菩萨蛮·小山重叠》时，指出：

> 此感士不遇也。篇法仿佛长门赋，而用节节逆叙。此章从梦晓后，领起"懒起"二字，含后文情事，"照花"四句，离骚初服之意。①

从这首词作本身来看，它写了一位贵妇人早上起床后，不愿意梳妆打扮，慵慵懒懒的样子。张惠言结合自己的寒士身份，在科举和名利场中苦苦挣扎、货而不售的凄凉人生，与词作中的女主人没有人赏识、无心装扮有相同的心理基础，故而得出了"离骚初服"的释义。但是我们综观全词，其实只是写了一个贵妇人早上起来无心梳妆以及看到成双成对的鹧鸪而触景伤情的故事，很难窥测出其他的文本意图，故而谢章铤曾经批评张惠言说："恐古人可起，未必任受也。"② 四库馆臣在批评千家注杜时也曾指出这样的弊病：

> 夫忠君爱国，君子之心，感事忧时，风人之旨，杜诗所以高于诸家者，固在于是。然集中根本不过数十首耳。咏月以比肃宗，咏萤而以为比李辅国，则诗家无景物矣。谓纨绔下服比小人，谓儒冠上服比君子，则诗家无字句矣。③

杜诗中有感事忧时的作品，这种作品可以根据其诗歌文本提供的痕迹进行发掘，如果意图语境不是很明晰，那么就需要参照其他的语境来进行释义了，如历史语境和场合语境，再配合诗人主观之"意"去迎取作者之志。

---

① 唐圭璋：《词话丛编》，北京：中华书局，1986 年版，第 1609 页。
② 唐圭璋：《词话丛编》，北京：中华书局，1986 年版，第 3486 页。
③ 纪昀等：《四库全书总目》，北京：中华书局，1997 年版，第 1997 页。

　　诗歌是对语言符号运用的艺术，特别是中国古典诗歌，有音乐、韵律、意象等，构成了一个绚丽多彩的符号世界，读者该如何通过符型，也即是格律、意象等去寻找符型传达的意向呢？于意象而言，一个民族的诗歌意象群一般有其基本所指，将其放入这个民族诗歌元语言中是不难解决的。不仅如此，在分析诗歌意象符号的时候，还要注意其意象的设色问题，不同的色彩会传达出符号发送者不同的意图，如李贺诗歌中的"冷红""寒绿"等。在"红""绿"这种热烈的充满生命力的色彩前着上冷、寒等字，其文本意向就发生了转变，给人一种冷艳凄迷的感觉，这种解释项也许就是作者力图通过符型传达出来的意向。于节奏韵律而言，则需要掌握中国古典诗歌音韵格律这套元语言，如夏承焘在分析李清照《声声慢》中的"梧桐更兼细雨，到黄昏，点点滴滴。这次第，怎一个愁字了得！"时，指出"二十多个字里，舌音、齿音交相重叠，是有意以这种声调来表达她心中的忧郁和怅惘"①。"忧郁和怅惘"这种解释项的得出，即是根据中国古典诗词音韵学的元语言得出来的。一般说来，如果诗歌韵位稀松、排列均匀，其传达的情感较为舒缓、愉悦；而韵位密集或者不断转韵，其传达的情感则较为急促紧张。而四声平仄的错综使用，也可以表达出喜、怒、哀、乐的不同情感。欲了解个中奥秘，须把握诗歌音韵学的元语言，只有掌握了这种元语言，才能更好传释出诗作的意向。

　　总之，中国诗歌在进行符码编制时，往往喜欢观物取象，立象尽意。相对于具体的，清晰度较高的，因而表意更为确定的图像媒介符号而言，通过语言符号创造出的意象符号则更具有"兼职"符号的特性，其"诗性"也更强；而诗歌释义则需要尽力恢复符号编制时的意图意义，形成二律背反。为了解决这种矛盾，在诗歌释义过程中，古代诗歌释义者一般尽力恢复诗歌符号编制时的历史语境，如借用传记、年谱考索文本的时代背景，进而确定其历史语境。而诗歌符码编制的缘起及意旨则需要根据场合语境来考索，如对本事和纪事的钩沉稽考即是为了再现编码时的场合语境。还原了历史语境与场合语境之后，诗歌释义尚需释义者的心理语境与文本意图语境的有机交融，这种主客结合的模式才可能接近文本的意向性，如古典诗歌解释中的以意逆志法就对诗歌符号的释义性问题进行了有效的探索。但是任何一种方法都不可能是万能的，各种方法都有利有弊，在诗歌释义过程中我们也不可能

---

　　① 夏承焘：《唐宋词欣赏》，北京：北京出版社，2002 年版，第 79 页。

仅仅采用一种方法，而要尽可能融合诸多方法，对诗歌意义进行发掘，达到主观与客观有机融合的释义效果，这样才能较为准确地传释出诗歌的符号意义。

第五节　回望反思：易学符号思想之总结

易学符号思想研究是随着中国符号学研究升温而出现的易学研究门类。易经通过拟物取象、观象设辞而具有丰富的符号思想，而《周易》本身也是一个系统完备的符号系统。通过对《周易》的符号学解析，我们可以去除其神秘面纱，还原其真实面目。纵观学界对易学符号的研究，主要从四个方面展开，即易学符号思想研究、《周易》的语言符号学研究、《周易》的符号美学研究、《周易》的身体符号学研究。易学符号思想研究不是为了以中国的易学印证西方的符号学，而是为了挖掘中国文化符号精神，为我所用，更好地促进中西学术交流与对话。

在东方，中国的易学在很早以前就在充分利用符号、探索符号与人类表意活动的关系。《周易》包涵着丰富的符号思想，但从现代符号学的角度审视易学符号思想的历史并不悠久。梳理易学符号研究史，则是为了今后更好从事易学符号研究。

一、易学符号思想研究的现状

国外研究易学符号思想一般是从阴阳二爻符号入手的，如莱布尼茨与黑格尔对易经中阴爻、阳爻符号思想的探求，但是这些并非现代意义上的易学符号学研究。对《周易》符号系统进行过初步探析的西方符号学家当数吉罗，他曾经在研究占卜时指出中国的易经是在结构上最有逻辑和最抽象的系统[1]。现代符号学的诞生是 20 世纪后的事情，而真正把符号学引入国内进行讨论还是 20 世纪 80 年代后的事情[2]，以"周易""符号"为主题通过CNKI 检索，我们可以发现从 1980 至 1989 年，共有论文 35 篇左右；从1990 至 1999 年，共有论文 102 篇；从 2000 至 2011 年，共有论文 362 篇。当然这中间有诸多并不都是周易符号学研究的论文，如果以"周易""符号

---

① 皮埃尔·吉罗：《符号学概论》，怀宇译，成都：四川人民出版社，1988 年版，第 77 页。
② 赵毅衡：《中国符号学六十年》，《四川大学学报》，2012 年第 1 期。

学"为检索词，1980 至 2011 年间则只有 29 篇论文。数据不能说明质量，但是数据还是可以反映出一些问题，即易学符号学思想研究逐渐升温，特别是自 2000 年以来，周易符号学研究逐渐成为热门。对易学符号学的研究主要集中在以下几个方面。

　　首先是易学符号思想研究。较早对周易符号进行分析的是陈良运先生，其《论〈周易〉的符号象征》一文考察了易经象征符号的形成过程，即化自然具象为观念符号，由观念符号组合出表示吉凶祸福的卦象，再由卦象生发出各种精神意义而"定大业"①。陈氏进一步指出这种象征符号的多义性、可变性及辩证性等特征。尽管陈氏对《周易》象征符号意义进行了探索，但是他所谓的"符号"并不是严格意义上符号学中的"符号"。而赵晓生的《〈周易〉符号·音乐》则是真正意义上的运用符号学理论对《周易》与音乐符号的一次检阅，论者从皮尔斯的符号定义"某种对某人来说在某一方面或以某种能力代表某一事物的东西"出发，结合易经中"两仪生四象，四象生八卦"，指出八卦正是古人从自然现象中总结出来的一套符号系统，并指出《周易》符号能够以阴阳哲学为基础成为控制音乐结构符号的媒介，八卦与音乐之间存在着同构②。对易学符号思想进行系统探索的尚推俞宣孟的《意义、符号与周易》一文，这应该是第一篇从符号学角度对《周易》的符号特征与思想进行阐发的论文。该文从符号特点与意义的关系入手，分析了周易卦象符号的特点及其表达功能，得出意义在先、符号形式在后的结论，认为符号形式对理解意义内容有补足的作用③。此后对易学符号学思想探究的文章逐渐多了起来。如何建南的《莱布尼茨、黑格尔和〈易经〉符号系统》对易学符号思想的海外研究进行梳理，并对易学与现代结构主义符号学的关系进行了阐述，指出易经符号系统具有整体性、转换性与自调性，这些特征完全满足现代结构主义符号系统。④ 叶海平的《论〈周易〉的两套符号系统》则进一步对易经的符号系统进行了深入分析，指出《周易》具有象数和语言（文字）这两套不同的符号系统，他们分别用抽象符号和语言文字来表达客观事物的变化发展。⑤ 李晗蕾的《〈周易〉与符号学》对《周易》对符号性、

---

① 陈良运：《论〈周易〉的符号象征》，《哲学研究》，1988 年第 3 期。
② 赵晓生：《〈周易〉、符号、音乐》，《中国音乐》，1988 年第 2 期。
③ 俞宣孟：《意义、符号与周易》，《上海社会科学院学术季刊》，1990 年第 4 期。
④ 何建南：《莱布尼茨、黑格尔和〈易经〉符号系统》，《江西社会科学》，1995 第 12 期。
⑤ 叶海平：《论〈周易〉的两套符号系统》，《云南学术探索》，1997 年第 6 期。

修辞系统及文本模式进行了系统总结。张斌峰被誉为是目前国内专事周易符号学思想研究的少数专业学者之一，据悉他曾以"易符号学思想研究"为题申请获得国家教委95人文社科重点项目，并作为课题负责人完成相关论文十余篇，且计划出版专著《〈易〉的符号世界》。① 徐瑞的博士论文《〈周易〉符号结构论》也是一部系统运用结构主义符号学方法研究《周易》符号思想的论著②。由上我们可以看出易学符号思想研究逐渐由单打散篇走向系统集中，易学符号思想逐步为学界所重视。

其次是《周易》的语言符号学研究。现代符号学的创始人索绪尔与皮尔斯分别从语言学与逻辑学角度出发研析符号学，这也影响到当代中国符号学研究的格局分布，国内从事符号学研究的学者大多为研究语言学或者逻辑学出身的学者，因此在语言学、逻辑学方面对易学的符号思想研究得比较充分。周文英先生的《〈易〉的符号学性质》是从语言符号学对《周易》进行研究的一篇较早的论文，该文亦常为符号学界所称引，论文通过对《周易》数字卦向符号卦的转化的梳理入手，指出随着易卦的逐步符号化，易学也由占筮之学转变为一种符号学，然后对《易传》的符号学性质从语义学（含语用学）、语形学的角度进行了阐发③，开易学语言符号学研究之先河。从语言符号学角度对《周易》符号学思想进行系统探析的当属李先焜先生，在《论〈周易〉的符号学思想》一文中，其对《周易》的语义学与语用学进行了探讨。文章认为《周易》的语义学思想主要包括以下五个方面：其一，"象"的理论，文章指出易经的"象"当为卦画符号所指谓的对象，而八卦符号兼有图像符号与象征符号两种性质；其二，"方以类聚，物以群分"的分类理论；其三，"开而当名，辨物证言"的定义理论；其四，"彰往察来，显微阐幽"论；其五，"言不尽意"论。在《周易》语用学上，作者指出六十四卦的卦义与该卦出现的语境关系密切，《周易》的语用学具体体现在"时"的概念、"言行"观及修辞理论三个方面④。李先焜先生在参编陈宗明、黄华新主编的《符号学导论》中对《周易》的语形学进行了阐发，弥补了其上述论文中的不足。其认为在先秦文献中，只有《周易》具有明显的语

① 参见徐瑞：《〈周易〉符号结构论》，山东大学2010届博士论文。
② 补注：这部分文字在写作时徐文尚未正式出版，完稿之后获悉徐文已于2013年由上海科学技术文献出版社正式出版，题名修订为《〈周易〉符号学概论》。
③ 周文英：《〈易〉的符号学性质》，《哲学动态》，1994年增刊。
④ 李先焜：《论〈周易〉的符号学思想》，《湖北大学学报》，2004年第6期。

形结构系统，但是这个语形系统并不完善，大抵是因为卦爻符号始终未能从具体语义中抽象出来①。李先焜在其 2006 年出版的《语言符号与逻辑》一著中对其易学符号学研究进行了系统总结，并以"'周易'中的符号学思想"为题对易经的语形学、语义学及语用学进行了系统研究。② 这种从语言符号学角度对易学进行研究的现象一直在持续升温，如张晓芒的《中国古代逻辑方法论的源头——〈周易〉逻辑方法论探析》（《周易研究》2006 年第 5 期）一文即是倡导从语义学语法学角度继续探讨《周易》卦象与卦名、卦名与卦辞、卦辞与爻辞、爻辞与爻辞之间的关系，以及各个卦象之间的关系与演化规律等。张斌峰的《试论〈周易〉研究的符号学转向》一文认为《周易》的符号系统是语形学、语义学与语用学完美统一的杰作，探索周易符号学思想，是适应当代人文社会科学符号学转向的积极选择。当代《周易》研究的符号学转向的重心要在继续完善周易符号系统的语形学与语义学的基础之上，着重转向周易语用学的建构，使周易的符号学研究始终能够配合中华文化的创新之"大用"，从而突显其人文情境中的人文之用的语用学特征③。

　　第三是《周易》的符号美学研究。对易学的符号美学思想研究也是易学符号学研究的热点问题之一，无论是论著还是论文都相对较多。论文方面有李舜臣等人的《〈周易〉的"象"思维》，认为易经的思维符号是"象"，它有三种思维形式，即"见乃谓之象"的直观表象思维、"称名也小、取类也大"的象征思维和"立象以尽意"的意象思维。④ 孟庆丽则对《周易》的言义观进行了探索，指出《周易》的言义观核心是"立象以尽意"，这种观念对中国古代美学思想有重要意义。⑤ 吴海伦也论述了《周易》"观物取象"的"观"在中国传统审美方式中所具有的美学意义。⑥ 张乾元的《〈周易〉"称名取类"的美学意义》也是这方面的研究论文。⑦ 而陈碧的博士论文《〈周易〉的象数美学思想研究》则是对周易卦象的符号美学作的深入系统探

① 陈宗明，黄华新：《符号学导论》，郑州：河南人民出版社，2004 年版，第 320～323 页。
② 李先焜：《语言、符号与逻辑》，武汉：湖北人民出版社，2006 年版，第 354～371 页。
③ 刘大钧：《大易集奥》，上海：上海古籍出版社，2004 年版，第 130～154 页。
④ 李舜臣，欧阳江琳：《〈周易〉的"象"思维》，《赣南师范学院学报》，2000 年第 1 期。
⑤ 孟庆丽：《"言不尽意"与"立象以尽意"——〈周易〉的言义观探微》，《辽宁大学学报》，2003 年第 4 期。
⑥ 吴海伦：《论〈周易〉的〈观〉与审美》，《辽宁大学学报》，2004 年第 3 期。
⑦ 张乾元：《〈周易〉"称名取类"的美学意义》，第十届全国易学与科学学术研讨会论文集，2008 年 7 月 1 日。

讨。① 对《周易》符号美学思想进行系统探讨的还有两本比较重要的专著，分别是王明居先生的《叩寂寞而求音——〈周易〉符号美学》② 与刘刚纪先生的《〈周易〉美学》③。王著用十二章的篇幅对易学的符号美学进行了揭秘，对易学符号美学的系统、范畴、逻辑、意象、生命意识以及中和论等进行了全面阐述，层层剖析，逐层揭示其美学思想；刘著认为如果卦象除去占卜的迷信色彩，通过《易传》的阐发已经成为具有哲学性与艺术性的符号，这种符号与现代符号学是相通的，《周易》的艺术符号是对事物结构、关系、功能的再现，含有深远的美学意蕴。从易学符号美学研究我们可以看出无论是研究范围的广度还是深度都极为可观，研究得比较充分。

第四是《周易》身体符号学研究。《周易》阴阳八卦符号的来源是什么，这个问题一直有争议，如有以钱玄同、郭沫若为代表的男根女阴说，以高亨为代表的一节之竹、二节之竹说，以乌恩溥为代表的日象月象说，以刘钰为代表的土圭测影说，以屈万里为代表的龟卜说，以陈道生为代表的结绳说，以陈道德为主的远古刻画符号说等，④ 这其中又以男根女阴说影响较大。《周易·系辞下》云："古者包牺氏之王天下也，仰则观象于天，俯则观法于地，观鸟兽之文与地之宜，近取诸身，远取诸物，于是始作八卦，以通神明之德，以类万物之情。"易经的创作者通过仰观俯察，模拟万物，反观自身，创造了八卦符号，这种"近取诸身"也成为身体符号易学的直接根据。而近年来以张再林先生为代表的学者对《周易》身体符号的研究是一个新的亮点。张先生近年专注于中国古代的身体哲学研究，于 2005 年始分别发表系列相关论文，如《作为"身体哲学"的中国古代哲学》（载《人文杂志》，2005 年第 2 期）、《中国古代宇宙论的身体性》（载《西北大学学报》，2006 年第 4 期）等，于 2008 年出版了专著《作为身体哲学的中国古代哲学》（中国社会科学出版社 2008 年版），并于 2010 年左右先后发表了数篇文章探析易学身体符号学思想，如《焦循象数易中"互文"的符号学思想》（载《社会科学辑刊》2010 第 6 期）、《中国古代身体美学的蕴涵与特征》（载《河北学刊》2010 年第 2 期）、《中医"身体符号"系统的特征及其意义》（载《学术月刊》2010 年第 10 期）以及《作为身体符号系统的〈周易〉》等，在学

① 陈碧：《〈周易〉的象数美学思想研究》，武汉大学 2005 届博士论文。
② 王明居：《叩寂寞而求音——〈周易〉符号美学》，合肥：安徽大学出版社，1999 年版。
③ 刘刚纪：《〈周易〉美学》，武汉：武汉大学出版社，1992 年初版，2006 年修订版。
④ 陈道德：《论卦爻符号的起源及〈周易〉的意义层面》，《哲学研究》，1992 年第 11 期。

界反响较大。张先生认为《周易》通过"近取诸身"的方式把宇宙万化看作是人自身生命的具体体现，从中我们得以直窥整个宇宙生命得以生成的隐秘①；《周易》的易象是中国古代文化的元符，通过分析指出该身体符号系统有别于西方科学式的意识符号系统，具有亲身性而非怯身性，具有符号的感情性而非思知性，具有符号的家族性而非个体或整体性。通过对《周易》的"易象"这一身体符号系统特征的揭示，有助于认识中华民族文化独特之处，同时能为学界克服人类符号学唯心主义的危机提供新的思想资源②。诚然张再林先生的身体易学符号学研究给《周易》符号学研究开辟了新的研究领域，功莫大焉。但是由于其立论的阴、阳二爻的来源系郭沫若的男根女阴的观点，这个论点本身存在着争议③，所以这种立论恐怕还需要更多的文献证明阴阳二爻及八卦的起源才能继续深入。

二、易学符号思想研究的反思

《周易》通过运用拟物取象、观象系辞等方法，创造了一个具有中国特色的符号系统，加之后人对卦象的不断阐释，使得易学不论是象数还是义理都具有丰富的符号思想，挖掘易学符号思想，对于弘扬中国传统学术文化、促进中西学术交流都是具有积极意义的事情。而通过上文对易学符号思想研究、《周易》语言符号学思想研究、《周易》符号美学研究及《周易》身体符号学研究等研究现状的梳理分析，我们可以看出易学符号思想与符号美学思想研究已经比较充分，而易学的语言符号学研究则尚需继续开拓，迄今对易学语义学、语用学及语形学进行研究的主要为李先焜先生，但是李先生涉及的一些议题还可以继续深入挖掘，如《周易》阴阳符号排列组合的方式与所标示的外在事物之间的关系，也即易学的语形学和语义学研究尚须开拓，诸如易经部分的编码规则及易传部分的解码元语言等；更须深入挖掘的恐怕还是易学语用学问题，如《周易》符号用来占卜的依据等。

学术研究的目的是为了求真，同时也是为了给现实社会提供精神资源和养料，语用学研究符号和使用者之间的关系，易学符号能为现实社会提供什

---

① 张再林：《中国古代身体美学的蕴涵与特征》，《河北学刊》，2010 年第 2 期。
② 张再林：《作为身体符号系统的〈周易〉》，《世界哲学》，2010 年第 4 期。
③ 如李镜池先生就不认同郭沫若的观点，认为阴、阳爻象是用蓍草占卜时的偶然发明（李镜池：《周易探源》第 63~64 页）；汪宁生认为八卦应是古代筮师举行筮法时使用的一种表数符号，既不属于文字，又与男女生殖无关。汪宁生：《八卦起源》，载《考古》1976 年第 4 期。

么样的人文精神资源，这恐怕是易学语用学研究者需要认真思考的问题。关于《周易》身体符号学研究，这是利用了人类学研究的思路和方法，它必将给易学符号学研究带来新的气象，但是研究必须回归文献本身，有一分材料说一分话，通过文献材料来阐述义理，得出的结论必将更令人信服。

符号学作为人文学科的公分母，或者说一种对话工具，将会有效促进中国传统文化与西方哲学文化观念之间的对话与沟通，这种沟通绝不是简单的比附，或者是为了提高民族自尊心、自信心，而简单造就出来的西方有而中国古亦有之的假象。中国学术有自己的话语系统，我们可以通过易学符号学的研究探析中国学术文化精神的独特风貌，如前文称引的张再林先生的《作为身体符号系统的〈周易〉》即是较为经典的个案，它并没有简单比附西方的符号学思想，而是通过对比探析中国符号学思想的精神特征，这种研究方法也值得学界反思借鉴。

第二章　孔孟儒家符号思想

　　赵毅衡先生曾经从符号学角度给意识形态下了一个贴切的定义，即意识形态是"一个文化评价的元语言"[①]，而孔孟儒家思想则自汉代以来一直是官方标榜的意识形态，依此，可以说儒家思想即是中国古代文化思想评价的元语言，绵延了几千年。而我们知道孔孟儒家在先秦只是诸子百家中的一家而已，司马谈的《论六家之要指》、班固的《汉书·艺文志》都只是将其列为先秦诸子中的一家，并无轩轾。但是汉以后儒家思想学说却升格为国家意识形态，定于一尊，个中奥秘，从符号学的角度观照，未尝不是一个可取的方向。

第一节　礼乐伦理：儒家符号思想的发源

　　中国文明的一大特征即在其具有连续性，其在发展过程中一直未曾中断；中国先秦时代的诸多思想学说也在后世的阐发之中，不断彰显其"现代性"意义。而对中国文化影响最为深远的应推儒家的政治伦理思想。从发生学的角度而言，儒家的政治伦理思想源于初民社会的礼俗约定，后由儒家先圣周公在夏商二代基础之上进行了有益增删，将礼乐文化符号政治化，成为维系西周社会统治的基本法则；随着西周统治阶层的衰颓和诸侯争霸的崛起，面对这样一个礼崩乐坏的社会现实，儒家先师孔子对周公的礼乐文化符号系统进行了一次自下而上的改革。与周公的"顶层设计"相反的是，孔子走的是从个体道德自律开始的底层路线，由下而上，由小及大，逐层推进，最终发展成为维系中华文化数千年的儒家伦理符号思想传统，以下试作一剖析。

---

　　① 赵毅衡：《符号学原理与推演》，南京：南京大学出版社，2011 年版，第 164 页，第 233 页。

一、社会约定：初民礼俗之起源

礼乐文化作为中华文明的一大特征，甚至被誉为中华文化的精髓所在，历代统治者也极其重视礼乐教化的社会功用，那么作为符号概念的"礼"究竟是从何而来的呢？学界迄今对这一问题似乎并没有形成统一的观点看法。据杨志刚研究总结，礼的起源至少有以下五种观点：其一即"风俗"说，认为礼起源于风俗习惯；其二即"人情"说，认为礼之起源来自人情；其三为"祭祀"说，认为礼起源于祭祀仪式；其四为"礼仪"说，认为礼起源于原始社会的种种礼仪；其五即"交往说"，认为礼起源于人类的原始交往。[①]显然这些论点的出发点和着眼点各不相同，由此形成了不同的起源论。

其实从符号学的角度来看，不论是"风俗""人情""祭祀""礼仪"还是"交往"，都是人类社会的符号表意的活动；而"符号学即意义学"，无论是意义的传递还是接收都需要用到符号，任何意义的传释必须借用符号才能实现。而意义是"符号使用者和解释者之间据以对符号的指涉进行编码和解释的一种既定秩序"[②]。人类的社会活动其实就是一个不断制造意义、规范意义而又受意义规约的过程。人类的一切活动都关乎符号，人之所以为人也在于他能制造并使用符号，所以德国哲学家卡希尔认为"应当把人定义为符号的动物"[③]，人既然是符号的动物，他创造符号、使用符号，都必须在一定的社会范围内进行，以约定俗成为基础。这一点索绪尔在谈论语言符号学时其实已经指出："一个社会所接受的任何表达手段，原则上都是以集体习惯，或者同样可以说，以约定俗成为基础的。"[④] 索绪尔在此还举出了中国古代朝觐帝王时的三跪九叩礼节，认为这些都是依照一定的规矩强制使用并约定俗成的。

因此，从符号学的角度来看，礼其实就是人的符号表意过程中逐渐约定俗成的一套仪式系统，而这套系统形成之后又规范制约着人的表意行为。由此关于礼的起源的各种观点就容易解释了。在"风俗"说上，如刘师培所言

---

① 杨志刚：《中国礼仪制度研究》，上海：华东师范大学出版社，2001年版，第4~6页。
② 俞建章、叶舒宪：《符号：语言与艺术》，上海：上海人民出版社，1988年版，第216页。
③ 卡希尔：《人论》，甘阳译，上海：上海译文出版，1985年版，第34页。
④ ［瑞士］索绪尔著，高明凯译：《普通语言学教程》，北京：商务印书馆，1980年版，第103页。

的"上古之时，礼源于俗"①，吕思勉的"礼原于俗，不求变俗，随时而异，随地而殊"②，都承认了礼来源人类社会约定俗成的一些习惯，而且这种习惯会随着时代和地区的变化而变化，并不是完全统一的。在"人情说"上，司马迁认为"缘人情而制礼"③，人是自然与社会的产物，有自己的喜怒哀乐之类的感情，"人函天地阴阳之气，有喜怒哀乐之情。天禀其性而不能节也，圣人能为之节而不能绝也，故象天地而制礼乐，所以通神明，立人伦，正情性，节万事者也"④。人类的感情需要抒发，但是不能没有节制，所以需要制定礼乐来规范这种情感的传达。关于"祭祀"说，最有代表的是王国维的《释礼》，认为繁体的"礼"字乃是"奉神人之事"的统称⑤，也即是祭祀天神、地祇、人鬼的一系列活动而形成的宗教仪式。这个在《礼记》中也有记载："夫礼之初，始诸饮食，其燔黍捭豚，污尊而抔饮，蒉桴而土鼓，犹若可以致其敬于鬼神。及其死也，升屋而号，告曰：'皋。某复。'然后饭腥而苴孰，故天望而地藏也。体魄则降，知气在上，故死者北首，生者南乡，皆从其初。"⑥ 这里讲到了礼在形成期的一些基本情况，如饮食活动是如何礼仪化的，丧葬仪式是如何形成的等。先民为了表达对神鬼的敬奉，于是有各种献祭的礼物和仪式，当其仪式程序约定固化之后，就成为一套祭祀的礼仪系统。关于"礼仪"说，如杨宽认为初民在社会活动中"常以具有象征意义的物品，连同一系列的象征性动作，构成种种仪式，用来表达自己的情感和愿望"⑦，当这种仪式在长期的社会活动中逐渐成为社会生活习惯之后，也就演变成礼，很显然这也是约定俗成的。而杨向奎的"交往"说，认为"礼"起源于人类社会原始的交往，原始社会的"礼尚往来"实际上是一种货物交易，到封建社会初期这种交换依然带有浓厚的"礼仪"性质，直到经周公、孔子等人的改造，"仪礼"中的商业性质才逐渐消去。⑧ 然而究其实质，"交往"说也是人类社会在物质交换中形成的一套仪式系统，成为人

① 刘师培：《古政原始论》，《刘师培全集》第2册，北京：中央党校出版社，1997年版，第54页。
② 吕思勉：《经子解题》，上海：华东师范大学出版社，1995年版，第45～46页。
③ 司马迁：《史记》，北京：中华书局，1982年版，第1157页。
④ 班固：《汉书》，北京：中华书局，1962年版，第1027页。
⑤ 王国维：《观堂集林》，石家庄：河北教育出版社，2003年版，第144页。
⑥ 王文锦：《礼记译解》，北京：中华书局，2001年版，第290页。
⑦ 杨宽：《古史新探》，北京：中华书局，1965年版，第234页。
⑧ 杨向奎：《礼的起源》，《孔子研究》，1986年创刊号。

类符号表意活动的一部分，只是后来随着时间的推移而失去了原初的仪式意义，携带上了另外的意义。而仪式，按照涂尔干的理解，即"社会群体定期用来巩固自己的手段。在仪式当中，因为集体、情绪、气氛等种种因素共同构造出道德和社会集体感"①。仪式本身就已经是在习俗的基础上形成的较为正式的行为，具有认同和规范意义。

总而言之，中国的礼制文化是以民间经验习俗、情感传达、祭祀活动、社交活动等为来源，经过长时间的仪式化、系统化过程之后，逐渐形成的一整套约定俗成的礼仪系统，这套礼仪系统反过来又规范制约着人类社会的表意活动。夏商时期，诸多基本礼仪仪式初步形成，这些也为后来周公的创制、孔子的改造打下了基础。

二、制礼作乐：周公礼乐之改造

清代学者章学诚在《文史通义·原道》中认为"自古圣人，皆学于众人"②，在章氏看来，君子学于贤人、贤人学于圣人、圣人学于众人。所谓众人也即是百姓，百姓群体在社会生活交流中逐渐形成一定的约定俗成的礼俗习惯，这是一种不自觉的约定；后经圣人加工改造，或额外注入一定的意义于其中，并将其仪式化、程序化。这种规范化的程序仪式在进行的时候就会传达出一定程度上固定的意义，将以前的"众人不知其然而然"变成"知其然"③，于是礼仪系统就正式形成了。笔者以为这个看法有一定的道理。而在章氏看来，周公就是这样的圣人。

历史典籍上不乏关于周公制作礼乐的记载，如《左传》记载文公十八年季文子曾曰"先君周公制周礼"④，《礼记·明堂位》言："昔殷纣乱天下，脯鬼侯以飨诸侯，是以周公相武王以伐纣。武王崩，成王幼弱，周公践天子之位，以治天下。六年，朝诸侯于明堂，制礼作乐，颁度量，而天下大服。"⑤殷纣王暴虐无道，周公辅佐其兄武王伐纣，取得天下，政权方建，而武王崩，其子成王年幼，由周公辅佐，在周公摄政期间，制定了各种礼乐制度，颁布了标准度量衡，天下咸服。另外《史记·周本纪》也有类似的记

---

① 罗惠翾：《从人类学视野看宗教仪式的社会功能》，《新疆师范大学学报》，2009年第1期。
② 章学诚著，叶瑛校注：《文史通义校注》，北京：中华书局，1985年版，第121页。
③ 章学诚著，叶瑛校注：《文史通义校注》，北京：中华书局，1985年版，第121页。
④ 杨伯峻：《春秋左传注》，北京：中华书局，1990年版，第633页。
⑤ 王文锦：《礼记译解》，北京：中华书局，2001年版，第436页。

载："既绌殷命，袭淮夷，归在丰，作《周官》。兴正礼乐，度制于是改，而民和睦，颂声兴。"① 这些都是有关周公制礼作乐的一些记载，史学家吕思勉在《先秦史·殷周兴亡下》中对此进行了考辨，认为这些基本相符的说法是可靠的。

这里我们要考虑的是另几个问题，即以周公为主的西周统治集团为何要制礼作乐？礼乐符号系统是如何政治化的？其意义何在？如前引材料可知，西周统治集团在击垮殷商之后，政权还没有建立牢固，武王随即就去世了，此时西周王朝其实是处于内忧外患交错复杂的情况。对外而言，殷商统治集团的一些残余势力当然不会甘心就这样失去政权，如武庚及东方淮河流域一带的殷商旧族；对内而言，武王驾崩，其子成王年轻缺乏资历威望，为了顾全大局，周公摄政代行政事，而嫉妒周公摄政甚至私下觊觎王位者不乏其人，如管叔、蔡叔之流。为稳固统治，周公亲自率军东征，平定叛乱，重定分封，"封建亲戚以蕃屏周"②，将一些亲戚及有功忠臣分派各地封土建侯，作为周室之藩篱屏障，保卫周室之安全。这主要是从国家模式、政治结构等领域采取的巩固政权的措施。

在思想文化和意识形态领域，以周公为主的西周初期的统治者也进行了相应的改革，其中最为重要、影响最为深远的就是制定礼乐文化系统，也正是这套文化系统，有效巩固了西周政权。当然周公制礼作乐并不是凭空独创，就像前文章学诚所言，圣人学于众人，他是在夏商礼俗文化的基础上进行了增删。这从孔子的谈话中也可看出："殷因于夏礼，所损益，可知也；周因于殷礼，所损益，可知也。其或继周者，虽百世，可知也。"（《论语·为政》）在孔子看来，殷朝沿袭了夏朝的礼仪制度，周朝沿袭了商朝的礼仪制度。当然这些并不是全盘吸收，而是有所选择，各个王朝为了自己的统治利益对传统文化进行增删损益是在所难免的。

周公制定的礼乐文化并不仅是调整规范的社交祭祀等礼仪仪式，而是将人的各种符号表意活动纳入一定的规范秩序，这其中，礼起到了调节人类社会内部各种行为规范和人际关系的作用。据史学家赵光贤的归纳，周礼的主要作用有五：一是"贵贱有等"，二是"长幼有序"，三是"朝廷有位"，四

---

① 司马迁：《史记》，北京：中华书局，1982年版，第133页。
② 杨伯峻：《春秋左传注》，北京：中华书局，1990年版，第420页。

是"男女有别"，五是"贫富轻重皆有称"①。从赵光贤对周礼功用的总结中我们可以看出，周公制作礼乐的首要功能，即是通过"礼"的仪式来区分长幼、身份、尊卑、等级、亲疏远近。从性别政治而言，女性必须服从男性，而且这种等级秩序是不可逾越的，否则就是僭礼乱制，将会受到处罚；于统治阶层而言，掌握政权的贵族在朝廷也有相应的等级职位，而且这种职位可以通过宗法制进行世袭；最后还肯定了贫富分差、贵贱等级的合理性，这实际上肯定了整套礼乐文化符号系统作为日常生活和社会生活元语言的政治合法性。

以周公为代表的西周统治阶层制定的礼乐文化系统，大到国土区划、官吏职掌、乡遂自治，乃至田制、兵制、城郭道路宫室之制等，小到衣服、饮食、医药以及各种生活仪俗等，都有明确的规定秩序，可谓事无巨细。而贯穿其中的一条主线即是等级差异，也就是说，各种礼仪规章制度的差异，标志的是身份、地位、尊卑、等级秩序的差异。整个礼乐文化其实可以视作一套区别性等级符号体系，也即索绪尔所说的"语言"；而人们的各种具体活动则可视作"言语"，言语实践必须符合这种强制性的语言规约。这也可以理解为一套非常严格的指示符号系统，其解释项即人们存在的等级性差异。而这套强制性的符号系统所起到的作用就是将等级化的思想观念通过固化为符号的方式加以推广，让其为众人所理解、接受以及掌握并遵从。如此周公其实就是将礼乐文化符号系统政治化了。这一转变被谢谦先生称之为古代宗教礼乐的政治化，也即是将古代宗教礼乐文化加以扩展，推广到人事领域中。此时古礼不仅仅是祭祀仪式，且被注入了政治内容，转化为大一统王朝的政治性礼仪制度；而这种礼乐文化的政治化也正是维系西周宗法统治的基本制度，"其基本精神则在于别尊卑、序贵贱，即在区分等级之差的前提下纳天下于一统，以使建立在宗法政治基础之上的大一统王朝长治久安"②。礼乐文化的落脚点在于维系社会稳定，保证某些人在等级体系中永久性的高位置，并给予这种权位继承性以社会观念上的合法性。这一分析可谓切中肯綮，礼乐是一种权力符号系统，制礼作乐为的是整饬社会，于上层统治者而言这其实是一种社会统治管理的方法。

据史料记载，周公摄政七年之后，政权渐稳，于是还政于成王，并在此

---

① 参见赵光贤：《周代社会辨析》，北京：人民出版社，1980年版，第99页。

② 谢谦：《古代宗教与礼乐文化》，成都：四川人民出版社，1996年版，第92页。

基础上形成了传位嫡长子的一套宗法制度。"立适以长不以贤，立子以贵不以长"①，这种制度的确立，有效解决了此前混乱不一的权力继承权问题，"于是周人传子之制亦因而确定"②，它不仅解决了权力继承权问题，同时也通过血缘关系来区分亲疏远近，其能指形式即为丧服等一系列礼仪系统。由此可见，通过礼乐符号体系来整饬社会，成效显著，社会稳定有序。

自此，周代社会的三大支柱，也即是分封制、等级制和宗法制基本确立下来，这也是孔子所尊崇的理想社会模式和政治制度。这种模式的核心是以礼乐文化符号系统建立起来的等级制度。等级制度是维持统治秩序的根本，分封制和宗法制分别是国家建构的模式和权力继承的法则，它们作为两翼共同维护以等级为中心的西周政治制度，奠定了中国数千年的立国之基。

三、克己复礼：孔子礼乐之发展

如前文所言，周替殷商之后，周公对传统礼乐文明进行了系统修订，并形成了一整套礼乐文化符号系统，这于中国社会发展功莫大焉。"没有周公不会有武王灭殷后的一统天下；没有周公就没有儒家的历史渊源；没有儒家，中国传统文明可能是另一种精神状态。"③ 周公在前代文化的基础之上，根据时代的需要制礼作乐，巩固了西周时期的统治，同时他创建的礼乐文化系统也是儒家文化诞生的土壤，孔子的儒家礼乐文化正是在吸收周公礼乐文化的基础之上创建的。"周公对于礼乐的改造，适应了西周一统局面的形成及领主封建社会的建立；而孔子对于礼乐的再改造，为后来地主封建社会的建立及秦始皇统一帝国的形成打下了精神及某些方面的物质基础。"④ 那么被誉为素王的孔子是在什么背景下改造礼乐的呢？其学术为何能为大一统帝国打下基础？其意义又是什么？

由于封建经济的发展，诸侯实力的壮大，加之周天子昏庸失德，到了西周后期，周公精心制定的礼乐文化系统遭到了破坏，此前的"礼乐征伐自天子出"转化为"礼乐征伐自诸侯出"，传统的礼乐文化系统已经不能有效地约束诸侯了。随着周礼系统的崩溃，政治化的周乐系统也逐渐紊乱。如绪论所言，先秦赋诗用乐是有严格的界限区别的，比如天子用《颂》，两君相见

---

① 李学勤：《十三经注疏·春秋公羊传注疏》，北京：北京大学出版社，1999 年版，第 13 页。
② 钱穆：《国史大纲》，北京：商务印书馆，1996 年版，第 45 页。
③ 杨向奎：《宗周社会与礼乐文明》，北京：人民出版社，1992 年版，第 136 页。
④ 杨向奎：《宗周社会与礼乐文明》，北京：人民出版社，1992 年版，第 229 页。

用《大雅》，诸侯宴饮士大夫用《小雅》；另外根据当时乐制，有堂上堂下之分，堂上重在用人声，所以升歌、音乐之用是有等级制度的，不能随便乱用，而自笙歌以下则是没有阶级的，士大夫至诸侯可以通用。鲁国因为周公辅佐成王有功，故而破例允许用天子之乐。当周天子的威仪能够使诸侯卿大夫臣服的时候，礼乐等级是很分明的；反过来说，礼乐等级文化是为了维护周天子的权威而设的，如果有人僭越礼乐，无礼于君者，必然要受到处罚。

与此相应的是，随着学术重心的下移，逐渐形成了诸子百家并流争先的局面。诸子百家多对礼崩乐坏的社会现实开出了自己的救疗良方，因为出身立场的不同以及学术旨趣的差异，使得其思想学说也各不相同，甚至针锋相对，但终极目的却都是差不多的，即如何重整社会秩序。如论者所言："先秦诸子建构学术与乱世，研究学术并不是为了娱乐消遣，不是'为了知识而追求知识'，而是要解决现实人生和社会政治问题。玄远之思、高妙之论，都会落实到人间事物。"① 而当时社会现实中最突出的问题是传统的文化符号系统遭到破坏，文化秩序受到了极大的挑战。如周公制定的礼乐文化符号系统，伴随着周王室的衰微，已经不再能够强有力地维系世道人心；通过礼仪文化系统区分身份地位等级的差异有效性也趋于紊乱，各种越礼僭礼的现象时有发生，新的社会阶层、意义等层出不穷，旧有的文化符号与新的意义不能有效对接，于是先秦诸子也就自然产生了对符号与意义的研究兴趣。

如前文所引符号学家莫里斯之言，符号研究兴趣最高的时期是在普遍进行社会变革的时期，如孔子时期或希腊衰落时期，因为这时符号开始丧失了他们的明晰性和说服力，而适合于改变了的社会的新符号还没有产生，新旧意义之间也出现了抵触，文化象征成了问题；传统的符号系统不再好好为人服务的时候，人们就会有意识地注意起符号来。② 因为新的意义与传统的意义之间出现了隔阂，语言交流、文化象征等都成了问题，所以人们必须对这样一些属于现代符号学研究范畴的问题展开思辨，尽管那时还根本没有一门叫"符号学"的学科，但这些并不妨碍先哲们对符号与意义问题进行思索。以孔子为代表的儒家就是对这种既定秩序失序做出卓有成效的理论思辨的第一批智者，并将由周公建立起来的一套礼乐文化符号系统加以社会化、伦理

---

① 陆玉林：《中国学术通史·先秦卷》，北京：人民出版社，2004年版，第1页。
② ［美］莫里斯著，定扬译，徐怀启校：《开放的自我》，上海：上海人民出版社，1985年版，第45页。

化，使之成为个体自觉遵守的一种内在道德伦理规范。孔子以礼为内容、以仁为内核，在新的社会环境下重构了自周公发展而来的周礼系统。

孔子一生服膺周礼，认同周礼，这些在论语中处处可见。如《论语·八佾》记载孔子说："周监于二代，郁郁乎文哉！吾从周。"《论语·述而》记载孔子老年时言："甚矣吾衰也！久矣吾不复梦见周公！"面对礼崩乐坏的社会现实，孔子周游列国，讲学布道，宣传他的礼学思想，但是当时的社会秩序已经紊乱，诸侯卿大夫都在发展自己的势力，都想争霸称雄，推翻现有的社会秩序，建立自己的统治王国，这与孔子倡导的观点恰好是相对的。孔子的礼学思想是恢复当时的社会秩序，实现君君、臣臣、父父、子子的政治理想，完善当时的社会政治体系，这与诸侯都想称王争霸的政治诉求是相异的，所以孔子的恢复周礼的主张不能见用。

周公和孔子都是后来儒家推崇的代表人物，但周公与孔子有一个重要的不同之处是周公一度是西周王朝的实际领导者。周公在推行周礼的时候，他有强有力的政治身份作为支撑，因此他可以采用"顶层设计"，由上向下逐层推进；但是孔子与他不同，他早孤家贫，为了生计，曾经出仕过一些地方的小官，而立之年后退出仕途，专心设教，五十岁后适逢鲁国阳虎之乱，鲁定公任孔子为中都宰，后为司寇，然而好景不长，他遭到鲁国实权派季桓子等人的排挤，只好去鲁适卫，开始了周游列国之旅，继续向诸侯兜售其恢复周礼的主张，但是不被见用，一度沦落凄惶如丧家之犬。[1] 孔子首先要说服具有一定的政治身份的人，通过他们才能自上而下推进，这在整个社会文化观念以及大语境已经发生转变的情况下，当然不是一件容易的事。因此，孔子并非不想"顶层设计"，而是这条路走不通。于是他新开了一条底层路线，如论者所言："孔子是针对其身处时代的社会秩序面临崩溃的危机，而提倡恢复周礼，但他在对这套秩序进行伦理化、意识形态化时，同时给周礼注入了一些新的内容——孔子反省秩序之背后有一理据或成立之根据，这便是人的道德自觉，即'仁'。"[2] 孔子既然不能由上而下推行周礼，就只能靠"仁"——个体道德的自觉来维护周礼，也即通过比较温柔的"教化"的方式来实现。据杨伯峻统计，《论语》中论及"仁"共109次，其中为道德标

---

① 参见司马迁：《史记》，北京：中华书局，1982年版，第1921页。
② 郑永健：《"克己复礼"的争论》，香港：《哲思》，1999年第3期。

准的有 105 次①，如子张曾问仁于孔子，孔子认为能实行恭、宽、信、敏、惠五种品德就是仁（《论语·阳货》）；孔子的学生有若认为孝弟乃是"仁之本"（《论语·学而》），孝是一种重要的道德修养，《论语》中 19 次论及孝②，在孔子看来，行孝首先在于"无违"（《论语·为政》），也即是不要违背礼节，当然形式上的礼节是不够的，重要的是发自内心的"敬"，而不是表面的"能养""弟子服其劳""有酒食，先生馔"（《论语·为政》），如果"为礼不敬"（《论语·八佾》），也就无甚可观了。由此可见，孝、敬都是仁的品格，而要在礼崩乐坏的政治环境下推行周礼，也就必须注重个体道德的自觉，用"仁"来复"礼"：

> 颜渊问仁。子曰："克己复礼为仁。一日克己复礼，天下归仁焉。为仁由己，而由人乎哉？"颜渊曰："请问其目。"子曰："非礼勿视，非礼勿听，非礼勿言，非礼勿动。"（《论语·颜渊》）

礼崩乐坏的根本原因在于人性欲望的膨胀，对于走下层路线的孔子来说，就只能倡导一种道德上的自律，将礼乐文化伦理化，在礼乐文化的教化之下，使人得到道德情操上的熏陶提高，然后来规范自己的符号表意行为。诚如莫里斯所言："由于人的独特情形是如何对待某种事物大部分取决于他怎样表示那个事物的意思，因此符号成为创造人的工具的工具。因为人是用他的观念和理想来影响自己的，而这些观念和理想需要用符号来发挥作用，也许需要用符号来表示它们的存在。"③ 道德观念影响了人们的表意活动，而这种观念的存在也是用符号来表示的，如"仁""礼"等皆是如此。孔子倡导的"仁"其实就是从内心认同、驯从周公建设的礼乐文化等级符号系统，并将其伦理化，如果把礼视作符号文本的话，其对象则是现实社会中的尊卑等级秩序，仁则是其解释项。由此，我们也就不难理解孔子为什么致力于教育，为什么如此重视自己的行为礼仪，因为这正是他通过传道于徒的方式，来实践自己礼乐仁和的政治主张，达到救世目的的唯一可行路径。

总之，通观儒家礼乐文化符号系统的起源、发展，与语言符号系统的创

---

① 杨伯峻：《论语译注》，北京：中华书局，1980 年版，第 221 页。
② 杨伯峻：《论语译注》，北京：中华书局，1980 年版，第 242 页。
③ ［美］莫里斯著，定扬译，徐怀启校：《开放的自我》，上海：上海人民出版社，1985 年版，第 46 页。

建其实有诸多相似之处。先民在社会活动中的礼仪仪俗逐渐约定俗成为一定的仪式，后经加工改造，注入一定的新意，成为一套较为固定的符号系统。在新的社会背景下，孔子将礼乐文化符号进一步加工改造，普及到人伦日用之中，用礼乐教化来规训行为主体，使其由外在服从变成内在道德自律；个体道德的自律和完善则利于国家天下秩序的和谐统一，由是而引发出修身、齐家、治国、平天下这一整套层层扩大的系统，由个体到集体，自下而上逐层推进。孔子的最终目的与周公相同，重建社会秩序，达到天下太平的理想政治效果。改造后的儒家伦理思想，一方面承认等级符号划分层级社会秩序的合理性，成为后来维系君主专制下郡县制社会的发展动力；另一方面，礼乐教化的伦理化，强调个体生命的道德自律，克制自身的欲望，从修身生发开来，内圣而外王，达到治国平天下的目的。这对社会发展稳定本是有好处的，但当它的一些观念符号如忠孝走向极致时，就成了愚忠、死孝，反而会制约社会发展。

　　人文学术不能仅局限于还原历史，彰显规律，同时也要有现实关怀。反观当代中国社会现实，在新的文化冲击下，转型过程中社会道德感消退，仪礼良知的重要性下降，各类社会恶性事件频发。要解决这一系列问题，必须着眼于当下文化伦理的实际情况，对中国当今伦理现状进行反思，重新梳理和解读中国传统文化遗产，特别是以孔子为主的儒家提出的仁、义、礼、智、信等伦理符号思想中的积极意义，充分发挥儒家传统伦理思想中的"制动价值"①，用中国传统伦理思想中的有益成分指导当今人类社会的各种符号活动，重建文化表意活动中的基本价值准则与道德规范，促进人类社会的和谐发展。这或许应该是当今传统伦理符号思想研究的一个亟待开拓的领域。

第二节　礼乐符号：等级文化与用舍行藏

　　《论语·述而》篇记载孔子与弟子颜渊对话曰："用之则行，舍之则藏，惟我与尔有是夫！"认为如果能够为世所用，则要好好努力；如果不能为世所用，则藏起来。在孔子生活的时代，诸侯纷争，孔子本是想有用于世的，但是为世所弃。奇怪的是，到了汉代之后，孔子的思想学说又受到高度重

---

　　① 赵毅衡：《符号学》，南京：南京大学出版社，2012年版，第394页。

视，定于一尊。纵观历史上对孔子及儒家学说思想，有尊之者，亦有抑之者，孔子及儒家学派的地位可谓升沉起伏不定。通过对孔子"身份"的确定，有利于我们认识一个相对"真实"的孔子，而孔子及儒家学派在后世的升沉，其实是政治的需要，这时的孔儒已经不是真正意义上的孔儒，而只是一个为政治利益所利用的文化符号。

孔子被认为是中华民族的至圣先师、儒家学术思想的创始人，甚至被誉为"素王"。当然这些都是后话，毕竟在孔子生活的时代，他并没有享受如此待遇。他周游列国，却四处碰壁，转而把心血用于学术及教育上，最终成就了文化史上的"孔子"。然而纵观历史长河，孔子及其创立的儒家学派的地位升沉不定，扬之者九天，抑之者深渊，而他们所言的"孔子"其实也多是一个象征符号，并非真正意义上的孔子；后世之人所言孔子及儒家学派时采用的方法多是"六经注我"，而不是"我注六经"。

一、从孔子的符号身份出发

历史上的孔子到底是个什么样的人？当代学者李零在《孔子符号学索引》[1] 一文中指出，孔子是个孤独的"丧家狗"（homeless），精神上的孤独，无家可归的漂泊，是他最大的特征。孔子身上有殷商贵族的血脉，但是生不逢时，家道中落。他身份低贱，却又古道热肠，试图恢复周礼，维系日益衰落的社会秩序。孔子到处游说诸侯，兜售他的学说，但是不被看好。孔子带着他的弟子一路奔波，在前往郑国的途中与弟子走散了，被人家看着像个丧家之犬。孔子的弟子把这个事情告诉了孔子，孔子也这么认为自己。

孔子是"丧家狗"这个提法虽然在我们看来多少有点对圣贤大不敬，并且业已引起诸多国学爱好者的不快，但是所云基本上符合孔子生前的实际——怀抱理想却在现实世界找不到精神家园，精神无处皈依。对孔子生平事迹钩稽较全且较早的资料允推司马迁的《史记·孔子世家》。孔子系殷商贵族后裔，惜之到他这个时候，家道中落，司马迁说"孔子贫且贱"[2]，大抵是实情，孔子自己也曾说过："吾少也贱，故多能鄙事。"（《论语·子罕》）当然，孔子并没有因为身份卑贱与生活的不幸而放弃对人生理想的追求。面对礼崩乐坏的社会现实，孔子选择了恢复古礼，试图重建礼乐社会。为此理

---

① 李零：《孔子符号学索引》，《读书》，2007 年第 3 期。
② 司马迁：《史记》，北京：中华书局，1982 年版，第 1909 页。

想，他一是自学，二是访学，逐步积累了自身的文化资本。《史记》中曾云："孔子为儿嬉戏，常陈俎豆，设礼容。"① 相传孔子还向师襄子学习鼓琴，问礼于老子等。孔子学成，本欲将所学付诸实施，恢复文、武、周公时代的礼乐文化传统，进而重建其认同的政治模式和社会秩序，但是他的仕途并不顺利，包括周游列国，向其他诸侯兜售学说也不被看好。

所以笔者以为匡亚明先生的《孔子评传》中对孔子的界定较为合理，即"教育家"和"文献整理家"，这两者才是孔子的真实"身份"。而给孔子冠上"思想家"或者"政治家"其实是不符合孔子生前实际的，此诚如匡亚明先生所言孔子"在教学活动上的成就远远超过了他在政治活动上的成就"②。尽管孔子也有远大的政治理想和强烈的政治诉求，但是这些在其生前并没有达成。"身份"是相对于他人社会而言的，任何一个身份符号的达成，必须要有一个接受这个身份符号的客体对象。作为政治家的孔子这一身份实际上在当时并没有得到主流社会的承认，也即沦为了空洞能指。孔子的政治理想在当时并没有为施政者所接受，也即是说其作为政治家的身份并没有被别人接受（尽管他曾经有过短暂的从政经历），只是他自己在竭力争取而已。于是孔子转而将心血倾注于教育与著述，希望由门生弟子实现其人生抱负，其主要身份已是教育家。"身份是表达或接受任何意义所必须的，是表述与接收的基本条件；自我的任何社会活动，都必须依托一个身份才能进行。"③孔子广收门徒，将贵族上层社会垄断的知识文化普及到下层社会，因为教学需要，故而整理了前代的文献典籍，形成了《易》《诗》《书》《礼》《乐》《春秋》诸教本，这种观点基本上是可取的④。因此说历史上的孔子是一个教育家和文献整理家，其人生理想是通过恢复西周礼乐来重建日益混乱的社会秩序。还原了孔子的真实身份，我们就容易把握后人所说的孔子及儒家学派究竟是不是真实的孔儒。

二、孔子及儒家学说的升沉

孔子生前为其政治理想奔走，却以失败和失落告终。孔子死后，礼崩乐

---

① 司马迁：《史记》，北京：中华书局，1982 年版，第 1906 页。
② 匡亚明：《孔子评传》，南京：南京大学出版社，1990 年版，第 41 页。
③ 赵毅衡：《身份与文本身份，自我与符号自我》，《外国文学评论》，2010 年第 2 期。
④ 参见周予同：《六经与孔子的关系问题》，《周予同经学史论著选集》，上海人民出版社，1996，第 801 页。

坏尤甚，战国诸侯争霸，烽烟四起，最后秦王嬴政一统天下，但是秦始皇并没有对非议政治的儒家学人以优待，反而坑杀了不少。秦朝暴亡，时光荏苒，到了汉代，平民出身的刘邦一跃登上龙庭，做了皇帝。刘邦出身低贱，没什么高贵的出身背景，以至于史家为了给他找点高贵的血脉，说他是其母刘媪与龙交配产下的儿子，这在司马迁的《史记·高祖本纪》与班固的《汉书·高帝纪》里面皆有明文记载，这当然是故弄玄虚，其目的无非是给刘邦找点装点门面的身份而已。

刘邦是个行伍出身的人，江湖习气浓厚，他做了皇帝之后，起初是反对秦朝的那套烦琐礼仪的，提倡一切从简，还经常与一起打天下的臣下喝酒作乐，就像《水浒传》里面描述的兄弟们一起大块吃肉、大碗喝酒、大秤分金、皆称兄弟那样。但是这些行伍出身的部将也都是粗人，喝醉了酒就耍酒疯、争功论赏，甚至摩拳擦掌、拔剑斗殴。《汉书·郦陆朱刘叔孙通列传》记载："高帝悉去秦仪法，为简易。群臣争功，醉或妄呼，拔剑击柱。"[1] 这种大不敬的江湖习气让刘邦感觉很是不适，但是也不知如何改革。

后来是儒生叔孙通给他出了个主意，建议用礼仪系统来规范约束群臣的言行，"颇采古礼与秦仪杂就之"[2]，帮他制定了一套礼仪系统。后来刘邦在接见臣下的时候，群臣肃静，以尊卑次序为列，秩序井然，刘邦喜极曰："吾乃今日知为皇帝之贵也。"[3] 尽管刘邦曾经不喜欢儒生，据说还有将尿尿到儒生帽子里面的丑行，但是皇帝九五之尊的感觉还是儒生们帮他实现的。武帝时儒生董仲舒将以孔子为代表的儒家学说进行了篡改，如谢谦先生言，董仲舒提倡的王道三纲实际上已经违背了先秦儒家的学术立场，而是以黄老刑名之学修正了的儒家学理，昭示了汉代大一统专制政治背景下儒家学者的精神蜕变。[4] 也即是说，从儒家学说真正成为官方学术思想的那一刻起，它就已经发生了变革，走了样，已经不是原汁原味的孔儒学说的延续了。但是孔儒学说中有益于政治统治的思想方法还是被承袭沿用下来了。

随着王朝的盛衰和权力的消长，孔子及儒家的地位时尊时抑。如东汉末年政局混乱，王权已经不能维系世道人心，政治权力掌控于豪强地主武装势

① 班固：《汉书》，北京：中华书局，1962 年版，第 2126 页。
② 班固：《汉书》，北京：中华书局，1962 年版，第 2126 页。
③ 班固：《汉书》，北京：中华书局，1962 年版，第 2128 页。
④ 参见谢谦：《儒学独尊的历史真相与儒家学者的精神蜕变》，《四川师范大学学报》2007 年第 2 期。

力手中，曹操作为乱世枭雄，意欲在政治上有所作为，当然不能把孔儒学说作为指导思想；此后篡魏夺权的司马炎亦是，当然形式上还是要尊孔，只是在意识形态里面已经没有用孔子的那一套了，要不然篡位夺权该当如何解释？

隋、唐、宋、元、明、清以迄近、现代，孔儒地位时升时降，特别是近一百年以来孔子的升沉，更能说明问题。从五四运动始，为了破旧立新，孔子及儒家学说成了靶子。改革以来，政局趋稳，逐渐有了大一统的气象，于是孔子的地位又逐渐提高，比如祭孔子、塑孔像等也成为官方尊孔的常见之举。这种升降基本上是随着政局时势的变化而变化的，需要用孔儒思想来整顿社会秩序的时候，一般是推崇孔儒学说；而要改朝换代，或者破旧立新之时，一般是打压孔儒。孔子及儒家学派一般来说只是政治人物利用的符号罢了，如李泽厚言："（孔子）是封建上层建筑和意识形态的人格化的总符号。"① 似乎可以这么说，孔子因为其学说与政治统治关系紧密，故而政治但凡要发生变化的时候，孔儒学说就成了风口浪尖之舟，无论损益，皆只是符号代码。

三、儒家礼乐文化符号发微

孔子生活在春秋晚期，这正是中国奴隶制社会崩溃、封建制兴起的时期，社会发生激烈的动荡与变化，最重要的莫过于周天子政权的衰落与各诸侯国的兴盛。这种政治形势改变了传统的社会政治文化模式，传统的礼乐征伐由天子出的政治格局变为礼乐征伐由诸侯出，文化上即表现为诸侯僭用礼乐，这就是后人斥为"礼崩乐坏"的时期。

礼崩乐坏带来的直接后果是名实、礼乐淆乱的社会乱象。如孔子曾经慨叹"觚不觚，觚哉！觚哉！"（《论语·雍也》）。"觚"本是行乡饮酒时用的礼器，有自己固定的形状，但是鲁国的贵族擅自做主，改变了这种礼器的形状，虽然"觚"的名字没有改变，但是其形状已经变化了，"名"与"实"已经不相符了，这是物质文化层面的名实不符。于政治伦理层面而言，名实不符的现实即是"君不君、臣不臣、父不父、子不子"（《论语·颜渊》）。君臣之名与君臣之实不符，父子之名与父子之实不符，孔子作为西周礼乐文化的继承者和维护者，提出了以名正实的正名学说："名不正，则言不顺；言

---

① 李泽厚：《中国古代思想史论》，北京：生活·读书·新知三联书店，2009年版，第32页。

不顺，则事不成；事不成，则礼乐不兴；礼乐不兴，则刑罚不中；刑罚不中，则民无所措手足。故君子名之必可言也，言之必可行也。君子于其言，无所苟而已矣。"（《论语·子路》）在孔子看来，如果名实不符的话，会造成一系列的社会政治问题，要解决当时礼崩乐坏的社会政治问题，必须由正名开始，通过正名来修复社会秩序，达到"正政"的政治目的。

于礼乐文化而言，情况也很糟糕，如孔子曾对弟子批评季氏曰："八佾舞于庭，是可忍也，孰不可忍也？"根据当时的礼乐规范，八佾是天子才能享用的舞乐，诸侯是六佾，大夫是四佾，士是两佾。季氏僭用天子的礼乐，与其身份地位不符，故而孔子对其深恶痛绝。又如"季氏旅于泰山"（《论语·八佾》），"邦君树塞门，管氏亦树塞门；邦君为两君之好，有反坫，管氏亦有反坫"（《论语·八佾》），根据祭祀的礼仪，大夫没有资格祭祀山川，但是季氏行旅祭于泰山，故是非礼之举；"塞门"与"反坫"本是君王才能享用的礼器，管仲作为臣子却僭越享用，这也是非礼之举。

正是因为当时的名实与礼乐皆出现了淆乱，所以引起了以孔子为代表的儒家学者的思考与研究，孔孟儒家关注的焦点也即是正名论与礼乐论这两个基本方面。而无论是名实研究还是礼乐研究，都与符号学研究密切相关。名实研究探讨的实际上是符号与其所指对象之间的关系问题，礼乐研究关注的重点则是双重分节对社会秩序的控制规范问题。作为符号结构的文化，将约定俗成的名实符号及强制推行的礼乐等级符号放在一定的社会范围内传播，"通过在一个文化的成员中灌输这个文化所特有的指谓、评价和规定，社会就获得了对个人的主要方面的控制"①。在儒家形成的年代，传统的名实关系等语言问题趋于失效，社会文化象征也出了问题，社会秩序失序，既定的符号系统不能很好地维系社会的稳定，于是对符号问题的思考也就自然发生了。无论是器物层面的"觚"还是政治伦理层面的"君臣""父子"之"名"，都不能够反映其"实"，而礼乐层面的"佾""旅""塞门""反坫"也都不能与文化等级对应，所以孔孟儒家开始对其文化符号进行了思考，开启了中国古代符号思想研究的先河。儒家文化符号学思想基本上是从正名论与礼乐文化符号这两个维度展开的，其根本目的是通过符号分节来规范现实社会的人伦秩序，达到各安其位的目的，借此挽救礼崩乐坏的社会现实。所

---

① ［美］莫里斯著，罗兰，周易译：《指号、语言和行为》，上海：上海人民出版社，2011 年版，第 216 页。

以，清初学者顾炎武曾一针见血地指出："礼者，本于人心之节文，以为自治治人之具。"① 孔子及儒家倡导的礼学从根本上来说有利于政治统治，温情脉脉的"礼"实际上是被用作"治人之具"。

由此我们就可以回答这样一个问题，即孔儒在历朝历代的地位为何时升时降？如前所云，孔子生活的时代是个乱世，诸侯争霸、僭礼求名，都想做天子，要做天子则需要重新洗牌，推翻现有的社会秩序。而孔子的礼学思想却是恢复当时的社会秩序，实现君君、臣臣、父父、子子的政治理想，完善当时的社会政治体系，这与诸侯都想做大的政治诉求是相异的，所以孔子的政治理论没有被采用。

到了刘邦的汉代大一统就不同了。社会统一了，混乱的社会秩序需要重建，用什么来建立社会秩序？还是孔子倡导的一个"礼"字。礼其实是一套符号系统，通过区分能指来区分所指，达到双重分节的目的。比如衣、食、住、行等在色彩、样式等方面都有一套能指，这种能指区分进而达到对现实社会所指的区分，社会分级就产生了，尊卑等级秩序油然而生，这里面的繁文缛节可以参考儒家经典《礼记》，无须赘言。

纵观历史上孔夫子的升沉变迁，无不与此相关。孔子常被政治人物利用，历代的尊孔、抑孔，都是对孔夫了的改造。钱钟书在《管锥编》中论及"圣人以神道设教，而天下服矣"时曾援引英国史学家吉鹏（Gibbon）之论曰"官人（the magistrate）视各教皆有用"②，可谓中的之论，历代政治人物，无论官方还是民间，对孔子及其儒教的态度及判断标准也多是以"有用"来衡量的，用之则升，舍之则降。

第三节　以名定实：儒家符号思想的能指偏执

孔子作为先秦儒家文化的代表人物，其对传统礼仪符号的推崇与偏执，其实是一种能指偏执型的符号思想。孔子出生在一个没落的贵族家庭，据《史记》记载，孔子出生后，其父叔梁纥就亡故了。孔子出生在一个"礼崩乐坏"的年代，"礼乐征伐由天子出"的局面转变成"礼乐征伐由诸侯出"（《论语·季氏》）。孔子在小的时候，就对先前礼乐文化有着浓厚的兴趣，以

① 顾炎武：《仪礼郑注句读序》，《顾亭林诗文集》，北京：中华书局，1983年版，第32页。
② 钱锺书：《管锥编》，北京：生活·读书·新知三联书店，2008年版，第31页。

陈俎豆、设礼容为嬉。纵观孔子的一生，是以恢复礼乐文化符号为己任的。儒家恢复传统礼乐符号的一个重要维度即是"正名"，通过"正名"来"正实"，达到名实相符的要求，这实际上是一种能指偏执型文化诉求。

一、双重分节

"文化是一个社会中相关的符号活动的集合"①，礼乐文化符号，即是通过一套礼乐文化系统来规范现实生活中的尊卑等级秩序。如根据当时的礼乐规范，不同等级身份的人，享用不同形式的舞乐。孔子曾对弟子批评季氏曰："八佾舞于庭，是可忍也，孰不可忍也？"（《论语·八佾》）据清人刘宝楠《论语正义》引马注云："佾，列也。天子八佾，诸侯六，卿大夫四，士二。八人为列，八八六十四人。鲁以周公故受王者礼乐，有八佾之舞，季桓子僭于其家庙舞之，故孔子讥之。"② 这一古注道明了个中原委。古代舞乐，八人为一行，叫做一佾，八佾即是八行，共六十四人。根据当时的礼乐规范，八佾是天子才能享用的舞乐，诸侯是六佾，即是四十八人舞，大夫是四佾，即是三十二人舞，士是两佾，即是十六人舞。如下所示：

> 八佾——64 人——天子
>
> 六佾——48 人——诸侯
>
> 四佾——32 人——大夫
>
> 两佾——16 人——士人

由此可见，"佾"的数量具有不同的"礼"的意义。由此我们可以这样理解，"佾"是能指，是一套礼仪规范，这套礼仪规范的所指是社会的尊卑等级秩序，正是通过"佾"这套礼仪才将社会分成各个不同的等级，此所谓能指的分节产生了所指的分节，也即双重分节。在哥本哈根学派的叶姆斯列夫看来，语言只是最基本的双重分节，不是在词素与音素之间，而是在表达与内容两个层面之间，这样就将双重分节扩大到所有的符号系统③，礼乐符号系统自然也在其中。

再来看礼乐符号系统。根据上文的分析，"佾"数的不同，其表演的人数也不同，享用者的身份地位也各不相同。季氏按照其级别，乃是大夫，只

---

① 赵毅衡：《文学符号学》，北京：中国文联出版社，1990 年版，第 94 页。
② 刘宝楠：《论语正义》，北京：中华书局，1990 年版，第 77 页。
③ 赵毅衡：《符号学原理与推演》，南京：南京大学出版社，2011 年版，第 93～94 页。

配享用四佾，也即三十二人舞，但是他僭越了天子之礼，所以孔子才会极其不满。赵毅衡先生在探讨双重分节时曾指出："只有能指分节清晰，互相不重叠，合起来覆盖全域，表意才会清晰。"[①] 因此舞者人数组成的"佾"清晰，才能明晰区分享用舞乐者的身份地位。反过来说，如果没有一套礼仪规范将"佾"区分开来，那么也就不存在"是可忍孰不可忍"的事情了，因为照此二、四、六、八佾就没有什么区别；佾的区别不明显，现实世界人的尊卑高低、亲疏远近等级秩序也就不能区分。

　　孔子所讲求的礼，其实就是通过确立划分各种能指，由此来规范社会，建立一套严密的社会等级秩序；也即通过区分能指，进而将所指区分开来，也即是莫里斯所言的通过对符号过程的缕析控制进而达到对个人的社会控制。[②] 季平子是鲁大夫，按照礼仪规范，他只能享用四佾，但是他却用了八佾，这是天子的规格，季氏没有遵循礼仪所规定的社会等级秩序，因此遭到了孔子的批判。

　　由此可见，以孔子为代表的儒家文化是偏向于"语法倾向文化"的，它关心的是能指背后的所指，是社会的等级秩序。儒家文化通过礼仪，建立一整套规范准则，各种礼仪之间有明确清晰的界限，并且互相配合，从而使所指——社会等级秩序的呈现明显了然[③]。也正是因为如此，孔孟儒家才极其关注能指形式，因为不同的能指形式传达出来的所指是各不相同的。孔子对能指符号形式的偏执，在《论语》中多处可见，兹举两例：

　　　　祭如在，祭神如神在。（《论语·八佾》）
　　　　子贡欲去告朔之饩羊。子曰："赐也！尔爱其羊，我爱其礼。"（《论语·八佾》）

　　孔子不喜欢言怪力乱神，但是祭祀祖先的时候，却好像祖先真在那里；祭神的时候，也像神就在那里一样。子贡欲去掉鲁国每月初一告祭祖庙的活羊，因为鲁国自文公开始已经不遵循视朔之礼。子贡见礼仪已废，故而建议把杀羊这一视朔仪式也一并去掉，遭到了孔子的反对。孔子认为残留一点杀

---

　　① 赵毅衡：《符号学原理与推演》，南京：南京大学出版社，2011 年版，第 94 页。
　　② ［美］莫里斯著，罗兰，周易译：《指号、语言和行为》，上海：上海人民出版社，2011 年版，第 218 页。
　　③ 赵毅衡：《文学符号学》，北京：中国文联出版社，1990 年版，第 96～97 页。

羊的仪式也比什么都不留好，清人刘宝楠《论语正义》也引包注曰："羊存，犹以识其礼；羊亡，礼遂废。"① 也即是保留一点杀羊的仪式，则西周朔礼多少能保留一点下来。这说明孔子是非常注重这种祭祀仪式的。

孔子对能指符号的偏执，《左传》中也可见到相关史料记录。《左传·成公二年》记载，齐、卫交战，新筑人仲叔于奚帮忙挽救了卫国将军孙良夫，卫国为了表示感谢，准备赏之以邑，但是仲叔于奚拒绝了这个封赏。"请曲县、繁缨以朝"②，按照古礼，天子使用的钟磬乐器四面悬挂，名为"宫悬"；诸侯乐器，去掉南面，三面悬挂，名为"曲悬"；大夫左右两面悬挂，名为"判悬"；士人只在东面或者阶间悬挂，名为"特悬"，其图式如下：

天子——四面——宫悬
诸侯——三面——曲悬
大夫——两面——判悬
士人——一面——特悬

由此可见，钟磬乐器悬挂的多寡也能体现不同的身份等级差别，曲悬、繁缨都是诸侯行礼时使用的乐器，仲叔于奚为大夫，请"曲悬、繁缨"，实际上是僭越诸侯之礼，按照周礼的约定，这是大不敬的，但是在礼崩乐坏的时代，卫国也顾不了这么多，竟然答应了这个请求，所以孔子听到此事之后，非常痛惜：

> 惜也，不如多与之邑。唯器与名，不可以假人，君之所司也。名以出信，信以守器，器以藏礼，礼以行义，义以生利，利以平民，政之大节也。若以假人，与人政也。政亡，则国家从之，弗可止也已。③

在孔子看来，与其将礼器赏与仲叔于奚，不如多给他土地封邑，而器和名，是不能随便送与他人的，因为这是人君所管之具，处于一定名位之人应有与其匹配的威仪，而威仪又正是通过相应的器物体现出来的，因为礼器这些器物的不同体现的即是现实世界的尊卑等级。"礼以行义，义以生利，利以平民"，由礼到义，由义到利，由利到治理百姓，逐层推进，由符号层面

---

① 刘宝楠：《论语正义》，北京：中华书局，1990年版，第111页。
② 杨伯峻：《春秋左传注》，北京：中华书局，1990年版，第788页。
③ 杨伯峻：《春秋左传注》，北京：中华书局，1990年版，第788～789页。

逐步推进到现实政治层面。因此，在孔子看来，如果把礼器送人，无异于将政治权力拱手让出，其后果不堪设想。相信看过电视剧《三国演义》的人都记得这么一个情节，孙策将传国玉玺抵押给袁术，换来五千军士，然后用这批军士扩展势力，最后打下了东吴基业，而那个抱着玉玺想称帝的袁术却最终兵败而亡。实际上不管是在春秋战国还是汉魏三国，象征符号远没有实际军事经济实力重要。两相对比可知，孔子更加注重器物的能指功能，由能指系统进入所指系统，由名入实，着重于名，落实到人伦实践之"实"中。

有时候，孔子对能指的偏重甚至让人觉得不近人情，这一点集中体现在对颜渊丧事的安排处理上。颜渊是孔子最喜欢的弟子，《论语》中记载鲁哀公和季康子都成问询孔子诸弟子中谁最好学，孔子的回答皆是"有颜回者好学"（《论语·雍也》《论语·先进》），孔子也曾不止一次夸奖颜渊：

> 子曰："回也，其心三月不违仁，其余则日月至焉而已矣。"（《论语·雍也》）
> 子曰："贤哉，回也！一箪食，一瓢饮，在陋巷，人不堪其忧，回也不改其乐。贤哉，回也！"（《论语·雍也》）

然而这个勤奋好学的颜渊却不幸早逝，这让孔子非常悲痛："颜渊死，子曰：'噫！天丧予！天丧予！'"（《论语·先进》）"颜渊死，子哭之恸。从者曰：'子恸矣。'曰：'有恸乎？非夫人之为恸而谁为？'"（《论语·先进》）由孔子对待颜渊逝世的悲痛情形可知，他对颜渊是十分爱惜的，但是当颜渊的父亲因为没钱给颜渊置办椁坟，于是颜路找到孔子时，却有如下言论：

> 颜渊死，颜路请子之车以为之椁。子曰："才不才，亦各言其子也。鲤也死，有棺而无椁。吾不徒行以为之椁。以吾从大夫之后，不可徒行也。"（《论语·先进》）

尽管颜渊是孔子的爱徒，但是孔子还是拒绝了将自己的车骑捐卖掉给其做椁坟，理由有二：其一是孔子的儿子孔鲤死了也没有用椁坟；其二是孔子曾经做过鲁国的大夫，按照礼法，大夫出行是不能步行的，因此他拒绝了颜路的请求。这里其实不能说孔子不近人情。孔子一生服膺周礼、弘扬周礼，他前期积极进取，偏于用世；后期循循善诱，讲学解惑，偏于传道；而周礼则是其心中的大道，他不可能为一己之私情而坏了其终生追求的大道，甚至在符号形式上都不能通融一下，这正是其能指偏执的体现。所以胡适在批评孔子的学说时曾经说："孔子的正名注意的弊病在于太注重'名'的方面，就忘了名是为'实'而设的，故成了一种偏重'虚名'的主张。"[1] 胡适所言的弊病其实就是上文我们分析的能指偏执型文化特征。

二、礼非玉帛

孔子尽管重视符号表达层面，偏执于能指形式。但是这并不是说孔子就不注重内容层面，这可由孔子提出"礼非玉帛"这一观点中见出端倪。《论语·阳货》云：

> 子曰："礼云礼云，玉帛云乎哉？乐云乐云，钟鼓云乎哉？"

孔子认为，所谓礼乐并不只是指礼器、乐器之属，更是指通过礼乐形式传达出来的一种精神思想，也即是说，符号的内容面与表达面是相辅相成的，不能关注表达面而忽略了内容面；当然也不能因为内容面而忽略了表达面。如宋人叶适所云："按《诗》称礼乐，未尝不兼玉帛、钟鼓。孔子言……未有后语，其意则叹当时之礼乐，具其文而实不至尔。然礼非玉帛所云，而终不可离玉帛；乐非钟鼓所云，而终不可以舍钟鼓也。"[2] 叶适解释得很明白，礼乐需要借用玉帛钟鼓等器物来传递，但是当时却重视礼乐玉帛钟鼓的形式层面，而忽略了其礼的意义层面，这在孔子看来当然是不可取的，所以孔子有"礼非玉帛"之叹。但是礼和玉帛的关系还需要继续探讨，礼不是玉帛，但是行礼不能离开玉帛；乐非钟鼓，但是行乐礼离不开钟鼓。礼乐的意义必须借助玉帛钟鼓来传递，内容离不开形式，形式是用来传达内容的。如果把玉帛钟鼓视作符号的话，那么可以说礼的意义需要用玉帛钟鼓等符号来传达，或者说钟鼓玉帛就是用来传达礼的意义的，也即是说"没有意义可以不用符号表达，也没有不表达意义的符号"[3]。由此可见，"礼非玉帛"其实蕴含着丰富的符号思想。

---

① 胡适：《中国哲学史大纲》，长沙：岳麓书社，2010年版，第280页。
② 叶适：《习学记言序目》，北京：中华书局，1977年版，第106页。
③ 赵毅衡：《符号学原理与推演》，南京：南京大学出版社，2011年版，第1页。

根据皮尔斯的符号学观点，符号由再现体（representatum）、对象（object）和解释项（interpretant）三项要素构成。再现体即能指，玉帛、钟鼓的规格即再现体，其所指向的对象为玉帛、钟鼓，但礼并非指这些具体的实物，而是通过玉帛钟鼓作为一种符号所引发的思想，也即符号的解释项。玉帛、钟鼓皆是传达"礼"的精神的符号，因为"礼"的意义不在场，所以需要玉帛、鼓乐等符号形式来表达，"礼"这一解释项是整个社会文化约定的。

玉帛这一符号形式需要解释，解释后"礼"这一意义才会凸显出来；但是玉帛本身并不是"礼"，玉帛只有放在礼乐文化的符号系统中解释，其"礼"的意义才能实现。如晋人缪播所言："玉帛，礼之用，非礼之本。钟鼓者，乐之器，非乐之主。假玉帛以达礼，礼达则玉帛可忘；借钟鼓以显乐，乐显则钟鼓可遗。"①"玉帛""钟鼓"符号是用来表达"礼"的意义的，正因为礼的意义不在场，才需要玉帛等符号来传达。从索绪尔的符号二分法来看，玉帛是符号的能指，礼是符号的所指，能指与所指合一才能构成一个完整的符号，因此礼"终不可离玉帛"，但礼又非为玉帛。

孔子恢复先前礼乐文化符号的核心思想是在礼乐文化中加入"仁"的文化价值观念。什么是"仁"？《论语·颜渊》中这样记载：

> 颜渊问仁。子曰："克己复礼为仁。一日克己复礼，天下归仁焉。为仁由己，而由人乎哉？"
> 颜渊曰："请问其目？"子曰："非礼勿视，非礼勿听，非礼勿言，非礼勿动。"

在孔子看来，克制个人欲望，使自己的言行合乎礼仪，这样就是"仁"；要做到"仁"，需要个人的自律，不符合礼仪的事情不做，不符合礼仪的话不听，不符合礼仪的话不说，不符合的事情不去做，这样就能达到"仁"的境界。所谓"仁"，其实是将对礼乐秩序的尊重内化为伦理道德，也就是自觉遵守礼仪规范所区分出来的社会等级秩序，自觉地遵照自己所属的等级的礼仪行事，遵守能指的划分界定，从而使社会的尊卑等级划分明确固定，进而社会安定、天下太平。不过，这种遵循，按照孔子的说法，必须通过个人

---

① 刘宝楠：《论语正义》，北京：中华书局，1990年版，第691页。

有意识地努力，即自制，而非"他"制才可以实现。这就进一步说明了由礼所区分出来的社会等级秩序，与语言符号的区分方式相同，都具有任意性的特点，是一种社会规约，都要靠整个社会系统的"同型性"来确定意义。

由此可见儒家文化中的"仁"，如果借用赵毅衡先生在《礼教下延，色情上升：中国文化的分层机制》中论及的两者社会机制的术语，则主要是通过"舆论式"机制，而非"体制式"机制来收束世道人心的。"舆论式"机制的施行，弹性很大，主要以情理为标准。"舆论禁限"不像"法律禁限"那样明确，但是"其执行者与被惩对象可以是社会的每一个人，而且可以进入人的内心，使人对完全属于个人隐私的犯禁产生自惩的念头"①。也正是因为这样，才可能会产生后来的"以理杀人"的现象。

总之，以孔子为代表的先秦儒家学派，他们以"仁"为核心思想，试图恢复周代的礼乐文化符号体系，修正礼崩乐坏的社会局面；以"正名"为核心主张，规范这套文化系统内部的能指与所指，其在文化倾向上属于语法型。

三、必也正名

正名论是儒家名学的主要观点。儒家名学之"名"，主要是指政治伦理上的"名分"。春秋战国时代，传统的伦理道德体系土崩瓦解，各种僭礼妄为的事情时有发生，如季氏之"八佾舞于庭"等，所以孔子曾经感叹："觚不觚，觚哉，觚哉！"（《论语·雍也》）觚没有觚的样子，其名与其实相乖，由此孔子想到社会伦理上这种名实相违的现象，如君不君、臣不臣、父不父、子不子，乃至臣弑其君者有之，子弑其父者亦有之，长幼无序，尊卑失位等，因此儒家名学，注重名分的对应。

儒家认为，只有名与实对应，社会伦理才不至于发生紊乱。任何事物之名都有其相应概念规范，指向一定的对象，而这些所谓的规范则是"礼"。从语义学的角度来看，即是符号（名）须与其所指谓对象相适应，其信码（code）则是"礼"。"礼"是儒家伦理符号学的一套系统规则，各种社会活动，都必须在"礼"的规则下进行，"礼"这套系统保证了当时社会伦理生活的正常运行。如"非礼勿视，非礼勿听，非礼勿言，非礼勿动"（《论

---

① 赵毅衡：《意不尽言——文学的形式－文化论》，南京：南京大学出版社，2009年版，第128页。

语·颜渊》），以孔子为代表的早期儒家学者，强调的是信码绝对权威。而随着时代的发展，儒家后期学者则更注重因实至名。"若有王者起，必将有循于旧名，有作于新名"（《荀子·正名》），一方面强调要因循旧名，另一方面肯定要变更新名，因为随着时代的发展，事物的性质亦会发生变化，此时如果一味因循旧名则不能反映新的实际情况，因此后期儒家学者在承认信码权威的同时，亦注重对信码的重新编码，使之符合新的社会情况。

孔子恢复礼乐文化的核心主张即是正名。所谓"名"即是名分、名位，"名"所指向的是一定的等级秩序。"正名"就是要通过将一定的能指，也即"名"，与一定的所指，也即社会的等级秩序联系、明确并固定下来，从而使社会区分更加明确，同时使社会秩序更加井然。孔子的"正名"主张进一步说明了礼乐文化其实是一套所指优势符号系统。《论语·子路》中记载了孔子的"正名"观。子路向孔子咨询治国行政的大事，孔子指出，最重要的就是正名。在孔子看来，名若与它所指向的社会等级区分不相符合，那么就会失去行为的理据；失去理据，就会导致行为失败，行为无果反过来会使社会的礼仪文化失效，也即使社会失序；社会失序混乱自然会使刑罚制度失效；而刑罚无效，就会导致民众无所依从。所以，"正名"是恢复或维持礼仪文化最核心的、也是最基本的步骤。正名即将一定的社会等级秩序建构为一种社会契约，使得礼仪文化真正成为一种所指优势文化，从而达到"君君、臣臣、父父、子子"的效果（《论语·颜渊》），也即君臣、父子各自按照自己的社会等级地位进行社会活动。

因此或许可以说，儒家正名学说的根本在于安守各自的名分，也即是服从现实世界规定的尊卑等级制度。儒家思想的文化符号核心就是身份等级的标志，而这种尊卑等级秩序的实现，其实就是靠一套礼乐符号系统来维系的。

第四节　孟子诗歌阐释的符号思想

孟子是继孔子之后，儒家的又一位大师，被尊称为"亚圣"。孟子继承和发展了孔子的思想学说，其符号思想集中体现在其对诗歌意义的阐释理论之中，即"以意逆志"和"知人论世"。从符号学的角度来看，"以意逆志"主要考察的是阐释诗意应有的态度方法问题，而"知人论世"，主要是从语用学的角度考察如何获取诗意，其核心在于还原"语境"，在语境还原中把握诗意。

一、"以意逆志"的符号思想

《尚书·尧典》记录了一段帝舜命掌管音乐的夔用诗乐教育子弟的言论，其中有言："诗言志，歌永言，声依永，律和声。"这里提出了被后世誉为中国历代诗论"开山的纲领"[①]的理论，它对中国文学的理论批评产生了深远的影响。那么"诗言志"的"志"究竟是个什么意思呢？联系后面的"歌永言，声依永，律和声"三句对音乐节奏的论述来看，"志"应是人的某种心理情感。这可在《毛诗序》中得到印证："诗者，志之所之也，在心为志，发言为诗。情动于中，而形于言，言之不足，故嗟叹之，嗟叹之不足，故永歌之，永歌之不足，不知手之舞之、足之蹈之也。"[②]按照这段文字的逻辑，"诗"是"志"的形式，"志"藏于心中，通过语言发露出来；由于"志"中之"情"仅靠言还不足以表现，因此还要嗟叹、永歌、手舞之足蹈之。诚如孔颖达疏所云："诗者，人意志之所适也。虽有所适，犹未发口，蕴藏在心，谓之为志，发见于言，乃名为诗。言作诗者所以舒心志愤懑而卒成歌咏。"[③]诗歌是人们思想情感的载体，如果这种情感还蕴藏在人们的心中，还未表露出来，那就是"志"，如果发露出来，并且辅之以音乐舞蹈即是诗（这也是先民诗乐舞不分的一个重要证据，当时的"诗"与我们现代仅仅诉诸文字的诗是不同的），因此我们可以把"诗"看成是"志"外化出来的符号形式。

将"诗"与"志"的关系搞清楚之后，我们再来看孟子的"以意逆志"。如果说"诗言志"是中国诗论的开山纲领的话，那么"以意逆志"则可视作中国诗歌阐释学的开山纲领[④]，它对后世的诗学阐释学产生了深远的影响，其云：

> 咸丘蒙曰："舜之不臣尧，则吾既得闻命矣。《诗》云：'普天之下，莫非王土；率土之滨，莫非王臣。'而舜既为天子矣，敢问瞽瞍之非臣，如何？"曰："是诗也，非是之谓也。劳于王事，而不得养父母也。曰：'此莫非王事，我独贤劳也。'故说诗者，不以文害辞，不以辞害志。以意逆志，是为得之。如以辞而已矣，《云汉》之诗曰：'周余黎民，靡有

---

① 朱自清：《诗言志辨》，上海：华东师范大学出版社，1996年版，第4页。
② 阮元：《十三经注疏》，北京：中华书局，1980年版，第269~300页。
③ 阮元：《十三经注疏》，北京：中华书局，1980年版，第270页。
④ 周裕锴：《中国古代阐释学研究》，上海：上海人民出版社，2003年版，第38页。

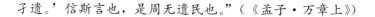

子遗。'信斯言也，是周无遗民也。"（《孟子·万章上》）

孟子此处正式提出"以意逆志"之说。要正确理解"以意逆志"，必须先厘清"以文害辞""以辞害志"的意思。我们知道，春秋战国时代在外交场合有"赋诗言志"的传统，《论语·季氏》中记载孔子教导其子曰"不学诗，无以言"，诗在当时的用途之大可见一斑。而赋诗言志的方法就是在特定的交际语境之下，赋诗者与听诗者根据各自的需要，断章取义，如《左传》中卢蒲癸所言："赋诗断章，余取所求焉。"① 这样就产生了一个问题，赋诗与听诗者所取之"意"往往并非整首诗歌之意，诗歌之意被人为割裂了。如这段文字中所引的部分诗句，其实就是一种断章取义的方式，其意与整首诗的意自然是有差别的，也即是孟子认为的"以文害辞，以辞害志"，而解决的办法即是要还原整个诗歌的语境，也即是钱钟书所言的"观'辞'（text）必究其'始终'（context）耳"②，立足整首诗歌，推究文字、词句的意思，进而推究整首诗歌之意。当然这只是从语言文字层面的探讨，另外一个层面即是"以意逆志"。这里我们有必要再把"意"与"志"的关系分析一下，"志"我们在上文中已经作出分析，那么"意"是什么意思呢？《说文·心部》释"意"谓："志也。从心察言而知意也。从心从音。"发音而成"言"，查言而知意，也即是说，"意"乃是"志"的语言形式的表现；"志"藏于心，"意"发于"言"，用"言"传"意"，用"意"出"志"。如果说"言"是能指的话，那么"意"即是所指，言意结合成"志"的符号。但是《说文·心部》在训解"志"的时候又谓："意也。"可见"意"与"志"可以互训，也即是说在先秦至两汉，"意"与"志"在使用的时候，如果没有特别的强调或者语境提示，其实并没有严格的区别。

关于孟子"以意逆志"的"意"究竟是谁的"意"呢？历代学者多有论述，大致有两个方面的解释：一派认为是读者之"意"，以赵岐和朱熹为代表；另一派认为是作者之"意"，以吴淇为代表。纵观两派观点，结合文本实际，笔者倾向于前种解释。首先，作品之"意"在破除"以文害辞，以辞害志"的过程中就已经产生了（当然这个"意"并不一定就是作者之"志"，下文还将作分析），而根据诗歌文本得出的这个"意"究竟是不是作者内心

① 杨伯峻：《春秋左传注》，北京：中华书局，1990年版，第1146页。
② 钱锺书：《管锥编》，北京：生活·读书·新知三联书店，2008年版，第279页。

的"志"，还需要探析，这个过程就是"逆"；用读者之心意去"逆"作者之心意，据张伯伟研究，指出这一过程的哲学基础即是以孟子为代表的儒家人性论，人心相通，故而可"逆"①。本乎此，我们就可以理解为什么坚持读者之意的学者居多了，如东汉赵岐在注解《孟子》时就是这样解释的："意，学者之心意也。""人情不远，以己之意逆诗人之志，是为得其实矣。"② 因为人心是相通的，所以读者可以用自己之意去揣摩作者之意，南宋朱熹亦是这么认为的："当以己意迎取作者之志，乃可得之。"③ 近人朱自清也有同样的理解："以己之意'迎受'诗人之志而加以'钩考'。"④ 都认可"意"为读者之意。因此，以意逆志即是用读者之心意去解读作者发而为言的文本，进而去迎取作者内心的情志。这样，一方面作者将自己的情志通过诗歌文本形式发露出来，另一方面读者依照人心相通的原则，根据诗歌文本之意去探求诗歌作者的"志"，二者都要通过符号文本这一关。

文学作品是作者之"志"的符号载体，一般有作者的创作动机和具体指涉。但是如果作品一旦独立，它就有自身的主体性，作者意图并不完全等同于作品的意义。这是因为作家在选择符号表达其思想情志的时候，从内心体悟到意义到符号化的再现之间，本身就有一定的距离。这个在道家学派的庄子那里就已经有过探析，即言不尽意，艺术化的符号并不一定就能完全传达作家的情感。而作品一旦获得独立之后，作品之意就不能等同于作者之意。而且作家在选择传递意义的符号时，其选用的符号也必须是大众熟知（约定俗成）的符号载体，否则意义不能被有效传达。所以，作品一旦独立，就成为人类的公共财富，不同的读者可以有自己阐释的权力。从读者接受的角度来看，作品只有在读者那里经过阅读消费，其艺术价值才能实现，否则只是一堆符号文本而已。因此艺术作品成为"作品"必须经过读者接受这一关，而不同的接收者经历不同，视角各异，阅读阐释的切入点也会有差异，一千个读者会有一千个哈姆雷特，不同接受者对同一文本的接受也各有侧重，借鲁迅评《红楼梦》的话来说就是："经学家看见《易》，道学家看见淫，才子看见缠绵，革命家看见排满，流言家看见宫闱秘事……"⑤ 其理解接受各

---

① 参见张伯伟：《中国古代文学批评方法研究》，北京：中华书局，2002年版，第3~29页。
② 阮元：《十三经注疏》，北京：中华书局，1980年版，第2735页。
③ 朱熹：《四书章句集注》，北京：中华书局，1983年版，第306页。
④ 朱自清：《诗言志辨》，上海：华东师范大学出版社，1996年版，第76页。
⑤ 鲁迅：《集外集拾遗补编》，北京：人民文学出版社，2005年版，第179页。

异，理解不同，阐释出来的意义自然也各不相同，有的甚至可能与作者意图相去甚远。孟子"以意逆志"的价值意义也正在此处。

孟子的这种阐释学思想给中国古代阐释学开创了较大的理论空间，"一方面，他肯定作者之志是一切阐释的目标，提倡一种所谓'意图论的阐释学'；而另一方面，他实现这一目标的手段却依赖于读者的主观推测，这就意味着承认不同读者的推测都具有合法性，从而成为一种'多元论的阐释学'"①。正是因为这种阐释承认了读者的主观能动性，肯定了读者在重建文本意义中的重要性，故而乐于为人所接受。

二、"知人论世"的符号思想

施莱尔马赫认为阐释学可以分为两个层面，也即立足于作品字面意义的语法阐释和立足于作者原意的心理阐释。施氏认为在释义过程中这两种解释方法同等重要②，儒家孟子在文本释义过程中，就非常重视作者之意，其"知人论世"说即是立足作者原意的一种阐释方法，这在中国古代文本释义理论中意义重大，它确立了中国阐释学的基本传统，即是确立语境（context），在语境中还原文本之意，阐释作者之志。从符号学角度来看，这其实是一个语用学的命题，它考虑的不仅仅是诗歌语词的基本意义，而是探寻在一个文本结构中，读者是如何传释这些语词意义的。可以这样说，孟子的知人论世理论构建了中国诗学的千年阐释传统。而关于诗歌阐释的理论实践其实也就构成了一部诗学接受史，而这种接受中也蕴藏着丰富的阐释学因素，如陈文忠言："在中国诗歌接受中，潜藏着一部中国特色的接受阐释学。"③ 阐释是一种接受，是接受诉诸文字的直接表现形式。然而不管阐释还是接受，都是围绕着意义的生成这一核心问题进行的，意义问题则是符号学研究的核心问题。

中国古代诗学富含阐释学因子，而孟子的"知人论世"说与"以意逆志"说则是对中国文学阐释学影响最大的两种方法，对古典诗学阐释学影响深远。"知人论世"这一释义方法是孟子在《孟子·万章下》中提出的，其云：

---

① 周裕锴：《中国古代阐释学研究》，上海：上海人民出版社，2003 年版，第 47~48 页。
② 参见洪汉鼎：《理解与解释——诠释学经典文选》，北京：东方出版社，2006 年版，第 51 页。
③ 陈文忠：《中国古典诗歌接受史研究刍议》，《文学评论》，1996 年第 5 期。

　　孟子谓万章曰:"一乡之善士,斯友一乡之善士,一国之善士,斯友一国之善士,天下之善士,斯友天下之善士。以友天下之善士为未足,又尚论古之人。颂其诗,读其书,不知其人,可乎?是以论其世也。是尚友也。"

　　赵岐注云:"尚,上也,乃复上论古之人。"①"尚"同"上",尚友就是与古人为友。而古人业已作古,要与古人为友,需颂其诗、读其书,通过其遗传下来的文字材料来与古人进行精神交流,如焦循疏曰:"若今生今世而上友古人,则不同世界何以知其人之善?故必颂其诗、读其书而论其世,惟颂其诗、读其书而论其世,乃可以今世而知古人之善也。"② 古代的文字材料因为年代久远,也许不好理解,那么就需要了解这个人的社会背景、生平经历、交游情况等,然后来理解其存留下来的诗书文字,从而与古人进行跨越时空的心灵沟通。南宋朱熹《四书章句集注》谓:"论其世,论其当世行事之迹也。言既观其言,则不可以不知其为人之实,是以又考其行也。"③将古人言论行事置于其生成的时代背景中,因为人有时言行不一,因此要结合言行来综合考察。

　　孟子这种"知人论世"的阐释学思维确实有其积极意义,"它注重全面考察作品的背景,尤其注重考察作品产生于何种年代、何种社会、可能反映何种社会问题与何种文化精神;它注重全面了解作者的为人,尤其注重探求作者处于何种环境,怀着何种心态,面对何种问题做出何种反应"④。在知人论世思想的导引下,中国文学的阐释接受方法主要沿着两条路线在发展,其一,从宏观入手,以年谱、传记来了解作家生平经历、社会背景,进而把握其作品内容与思想意蕴;其二,从微观切入,以纪事、本事来了解作品产生的具体缘由以及作家创作作品的具体所指,也即是作品的"本意"。一个着眼于宏观把握,一个致力于微观探求。

　　受知人论世思想的影响,人们在研究作家文学思想的时候,往往要与其生平经历及时代背景联系起来考察其为人,由其为人来考察作品思想内容;

---

① 阮元:《十三经注疏》,北京:中华书局,1980 年版,第 2746 页。
② 焦循:《孟子正义》,北京:中华书局,1987 年版,第 726 页。
③ 朱熹:《四书章句集注》,北京:中华书局,1983 年版,第 324 页。
④ 周光庆:《中国古典解释学导论》,北京:中华书局,2002 年版,第 337 页。

反过来，由其作品亦可考察其为人及思想态度，周裕锴先生将其总结为"理解的循环"，并指出："要知道文辞表达的'志'，必须先了解作者是什么样的人；要了解作者是什么样的人，必须先分析作者所处的时代环境。换言之，考察时代环境对作者的影响，就可以了解其人品和思想，了解其人品和思想，就可以领会文辞中蕴藏着的真实意图。"① 如西汉司马迁在《史记·屈原贾生列传》中言："余读《离骚》《天问》《招魂》《哀郢》，悲其志，观屈原所自沉渊，未尝不垂涕，想见其为人。"② 欲了解屈原作品，需认识其为人；欲认识其为人，须考察其所处时代背景，从屈原所处时代环境考察时代对他的影响，进而理解其为人，便可从其为人了解作品的主题意蕴；而了解了作品的意蕴，则又可以进一步帮助我们理解作者其人。

文学作品是用语言文字呈现出来的，这些文字符号是作者内心情志的外化，欲尚友古人，了解其内心的情志，必须通过其作品；而对作品的阐发，如果说"知意"（作者之志）是目的的话，那么"知人"和"知世"则可视作方法。通过"知世"，考其言行，进而"知人"，然后由知人而"知言"（作品本身），进而"知意"，也即潜藏在作品之中的作者内心的情志。那么这一释义过程中，一大关键在于"知世"，也即还原语境。这里为了考察言者的意图而力图复原语境，按照利奇的说法则必然属于"语用学"范围③。这种方法在古代诗文阐释中不胜枚举，如明人高棅选唐诗时云："诚使吟咏性情之士，观诗以求其人，因人以知其时，因时以辨其文章之高下，词气之盛衰。"④ 由诗知人，由人知时，由时知文，即是将作品与时代背景及作者联系起来考察；又如清初黄生《杜诗概说》曾云杜诗："其用意之深，取境之远，制格之奇，出语之厚，非设身处地，若与公周旋于花溪、草阁之间，亲陪其杖履，熟闻其謦欬，则作者之精神不出，阅者之心孔亦不开。"⑤ 所谓"设身处地"即是读者将自己融入作者创作的语境之中，以便在"还原"的语境中把握诗意。

以上皆是知人论世的思想在文学释义中的具体应用，强调把作者放到具体的环境中考察，这样更能直观地考察其立言的具体所指。王国维在《玉谿

① 周裕锴：《中国古代阐释学研究》，上海：上海人民出版社，2003 年版，第 54 页。
② 司马迁：《史记》，北京：中华书局，1982 年版，第 2503 页。
③ ［英］利奇：《语义学》，李瑞华等译，上海：上海外语教育出版社，第 455 页。
④ 高棅：《唐诗品汇总序》，蔡景康：《明代文论选》，人民文学出版社，1993 年版，第 59 页。
⑤ 黄生：《黄生全集》册二，合肥：安徽大学出版社，2009 年版，第 20 页。

生诗年谱会笺序》中曾经总结了古人用孟子诗学理论治诗的两种主要方法，其云："其于《诗》也，有谱、有笺。谱也者，所以论古人之世也。笺也者，所以逆古人之志也。"① 这里王国维将"谱"作为知人论世的一种考察方法，"笺"作为以意逆志的一种考察方法。年谱传记注重从作品外围入手，考察意义生成的语境，并将文本置于语境之中，还原其意；而笺注训诂则主要考察语词意义，前者属于语用学，后者则可归入语义学，二者结合，诗歌之意就容易传释了。

第五节　儒家符号思想研究的当代回顾

儒家符号学思想兴起于礼崩乐坏的春秋战国时期，其基本思想是试图通过礼乐符号与正名学说维系摇摇欲坠的周王朝统治，稳固当时的社会秩序。当代学者对儒家符号思想的研究也是从礼乐符号与正名学说这两个方面展开的。随着符号学研究的深化，中国符号学界对孔孟儒家符号思想的研究显示出由被动接收到积极交流对话的趋势。而孟子的符号思想及儒家语用学符号思想研究今后或将成为这个领域的学术增长点。

一、儒家符号思想的生成语境

前文曾对儒家符号思想从发生学的角度进行了初步的勾勒，现在对孔孟儒家符号思想形成的具体语境做一钩沉，只有将儒家符号思想置于其发生的具体语境之中，才能更加贴切地理解解读其符号思想。

孔子生活的时代为春秋晚期，这正是中国奴隶制社会崩溃、封建制社会兴起的时期。社会发生的激烈动荡与变化，最重要的表现莫过于周天子政权的衰落与各诸侯国的兴盛，这种政治形势改变了传统的社会政治文化模式，传统的礼乐征伐由天子出的政治格局变为礼乐征伐由诸侯出，文化上即表现为诸侯僭用礼乐，这就是后人斥为"礼崩乐坏"的时期。

礼崩乐坏带来的直接后果是名实、礼乐淆乱的社会乱象。如孔子曾经慨叹"觚不觚，觚哉！觚哉！"（《论语·雍也》）"觚"本是行乡饮酒时用的礼器，有自己固定的形状，但是鲁国的贵族擅自做主，改变了这种礼器的形状，虽然"觚"的名字没有改变，但是其形状已经变化了，"名"与"实"

---

① 王国维：《观堂集林》，石家庄：河北教育出版社，2003 年版，第 571 页。

已经不相符了，这是名实不符的物质文化层面。于政治伦理层面而言，名实不符的现实即是"君不君、臣不臣、父不父、子不子"（《论语·颜渊》）君臣之名与君臣之实不符，父子之名与父子之实不符，孔子作为西周礼乐文化的继承者和维护者，提出了以名正实的正名学说。

　　孔子由于在鲁国受到季氏的排挤，同时为了传道，他开始周游卫、宋、陈、蔡诸国。孔子在卫国的时候，卫灵公曾经比较周到地接待了孔子，但是卫国的政治并不安定，卫灵公宠爱南子，引起其子蒯聩的不满，并设计谋杀南子，事情败露，蒯聩逃亡，依附于晋国赵氏，赵氏与卫灵公有仇，蒯聩投奔父亲的敌人，自然更加不得卫灵公的喜爱。卫灵公死后，卫人立蒯聩之子辄为君，是为卫出公，结果形成了父子对峙的局面。关于这个事情，子贡曾经小心试探过孔子的态度：

　　　　冉有曰："夫子为卫君乎？"子贡曰："诺；吾将问之。"
　　　　入，曰："伯夷、叔齐，何人也？"曰："古之贤人也。"曰："怨乎？"曰："求仁而得仁，又何怨？"
　　　　出，曰："夫子不为也。"（《论语·述而》）

　　在冉有的提议下，子贡以伯夷、叔齐这对互相辞让君位的兄弟为话题来试探老师对当时卫国政局的态度，孔子认为伯夷、叔齐二人求仁得仁，毫无怨言。既然孔子赞成伯夷、叔齐，自然就不赞成出公辄。对此，直率的子路提出了一个更为尖锐的问题：

　　　　子路曰："卫君待子而为政，子将奚先？"
　　　　子曰："必也正名乎！"
　　　　子路曰："有是哉，子之迂也！奚其正？"
　　　　子曰："野哉，由也！君子于其所不知，盖阙如也。名不正，则言不顺；言不顺，则事不成；事不成，则礼乐不兴；礼乐不兴，则刑罚不中；刑罚不中，则民无所措手足。故君子名之必可言也，言之必可行也。君子于其言，无所苟而已矣。"（《论语·子路》）

　　子路的意思是，如果孔夫子不赞成卫出公，那么假如卫出公邀请孔夫子去治理卫国，该怎么办呢？孔子的回答是"正名"，也即是"君君、臣臣、父父、子子"(《论语·颜渊》),各适其名,各安其位。但是当时卫国的实际情形是,父子为敌,父亲流亡于外,儿子执政于内,于君臣、父子之名分都不堪其正,所以子路才有一句"奚其正"的反问,于是才有了孔子这么一篇正名的大论。在孔子看来,如果名实不符的话,会造成一系列的社会政治问题,要解决当时礼崩乐坏的社会政治问题,必须由正名开始,通过正名来修复社会秩序,达到"正政"的政治目的。当然孔子此番回答,如钱穆所言:"只就人心大义原则言。孔子意,惟当把握人心大义原理原则所在来领导现实,不当迁就现实,违反人心大义原理原则而弃之不顾。"[1] 关于孔子该如何用"正名"论来规范卫国政局,没有正面材料回答这个问题,这也引起了后世儒家的广泛讨论,清人刘宝楠的《论语正义》旁征博引,列举了诸多后学的观点[2],或可继续探讨,兹不赘述。

于礼乐文化而言,情况也很糟糕,如孔子曾对弟子批评季氏曰:"八佾舞于庭,是可忍也,孰不可忍也?"根据当时的礼乐规范,八佾是天子才能享用的舞乐,诸侯是六佾,大夫是四佾,士是两佾。季氏僭用天子的礼乐,与其身份地位不符,故而孔子深恶痛绝。又如"季氏旅于泰山"(《论语·八佾》)、"邦君树塞门,管氏亦树塞门;邦君为两君之好,有反坫,管氏亦有反坫"(《论语·八佾》),根据祭祀的礼仪,大夫是没有资格祭祀山川的,但是季氏行旅祭于泰山,故是非礼之举;"塞门"与"反坫"本是君王才能享用的礼器,管仲作为臣子却僭越享用,这也是非礼之举。

正是因为当时的名实与礼乐皆出现了淆乱,所以才引起了以孔子为代表的儒家学者的思考与研究,孔孟儒家关注的焦点也即是正名论与礼乐论两个基本方面。而无论是名实研究还是礼乐研究,都与符号学研究密切相关。而在这一时期,正是如符号学家莫里斯所言的普遍的社会变革时期,传统的符号规范失去了应有的约束力,新的符号规范还没有产生,意义关系发生紊乱,文化象征也成了问题,符号不能成为有效交流沟通的系统,因此人们对符号问题的关注也显得格外迫切。具体到孔孟时代而言,无论是器物层面的"觚"还是政治伦理层面的"君臣""父子"之"名"都不能够反映其"实",而礼乐层面的"佾""旅""塞门""反坫"也都不能与文化等级对应,所以孔孟儒家对其文化符号进行了思考,开启了中国古代符号思想研究的先河。

---

[1] 钱穆:《孔子传》,北京:生活·读书·新知三联书店,2012年版,第79页。
[2] 参见刘宝楠:《论语正义》,北京:中华书局,1990年版,第517~523页。

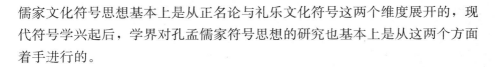

儒家文化符号思想基本上是从正名论与礼乐文化符号这两个维度展开的，现代符号学兴起后，学界对孔孟儒家符号思想的研究也基本上是从这两个方面着手进行的。

二、正名论符号学思想的研究

儒家正名学说开启了中国古代名辩学术的大门，道家、墨家、名家等学派也先后分别从自己的文化立场对名学进行了分析，名辩学说与逻辑学、符号学关系密切，因此无论是在符号学尚未推扬之前，还是在符号学传入国内以来，学界一般是将儒家的正名学说纳入名辩逻辑体系来进行讨论的，这其中不乏对正名逻辑符号思想的发掘，如胡适 1917 年写出的《先秦名学史》，汪奠基的《中国逻辑思想史》（上海人民出版社 1979 年版），温公颐的《先秦逻辑史》（上海人民出版社 1983 年版），周云之、刘培育的《先秦逻辑史》（中国社会科学出版社 1984 年版），崔清田主编的《名学与辩学》（山西教育出版社 1997 年版），周云之的《先秦名辩逻辑指要》（四川教育出版社 1993 年版），翟锦程的《先秦名学研究》（天津古籍出版社 2005 年版）等，皆曾对以孔、孟、荀子为代表的儒家正名学说进行了探讨，这对发掘儒家符号思想多少有一定的帮助，但是其研究的目的都并不是将其视为符号学研究的对象。真正把孔孟儒家名学纳入符号学研究视野的还是 20 世纪 90 年代符号学研究在国内升温后的事情。

较早对儒家正名学说从符号学角度进行观照的是李先焜先生，他早在 20 世纪 90 年代就曾撰文探析过儒家正名学说中的符号学理论，指出名实关系实际上是一个符号（能指）与对象（所指）的关系。孔子深感当时社会上存在大量的名不符实的现象，于是提出了正名学说。孔子已经发现"名"作为一个符号如何用来恰当地指称一个实际事物是极端重要的事情，强调名（符号）要与表达的实严格对应，不允许用旧名去指陈变化了的实；孔子认为每一个名都一个确定的规范，这个规范是概念性的东西，来自现实，如"觚"这个名（符号），它的概念（规范）应是一种上圆下方的盛酒器，如果一个对象符合这个规范时才能用"觚"这个名（符号）去称呼它。儒家学派对孔子正名学说继承发展的当数荀子，荀子著作中有 120 余处提到了名的作用，而且还有一篇"正名"的专论，荀子认为"名无故实，约之以命实，约定俗成谓之实名"，故而李先焜认为荀子是中国关于语言符号约定论的创始人。但是孔子的正名观点与荀子的正名观点是不一样的，孔子是"以名正实"，荀子是"制名以指实"，一个是复古的，一个是发展创新的。不仅如此，荀子的正名理论也表现为中国古代语义理论上的指称论，他的"制名以指实"中的"指"可以指涉具体事物，也可以指涉抽象事物，因此作者最后认为儒家正名学说如果除掉其中的伦理与政治因素，完全是一种语义学理论，这种理论对儒家后学和非儒家学派的学者都产生了较大影响。① 不仅如此，李先焜还细致分析了儒家正名学说与墨家正名学说的区别，指出儒家正名的目的在于恢复周礼，正名的标准也是周礼，孔子的正名实际上是严守古制，倒回历史的过去，是不符合历史发展精神的；而墨家的正名学说则是从准确表达思想的目的出发，从语言学、逻辑学、符号学的角度出发，对"名"本身进行分析，提出正确的名学原则，其正名理论超越了政治、伦理范畴，因此墨家的正名学比儒家的正名学说进步。② 现在看来这种论述是经得起历史检验的，也得到了学界的认同和肯定。

相对于孔子的正名学说而言，荀子的正名学说更具系统性，其符号学思想亦更为学界注目。许艾琼曾撰文对荀子的正名理论的符号学意义进行了深度发掘，指出荀子的"名"具有逻辑概念意义和语言符号意义，前者孕育着符号学上的观念论，后者则是符号学上的约定论；而荀子的"实"则是"名"的指称对象，这个对象可以是某个事物或者事物的类、事物的性质及其关系等；而荀子的指则是"指谓"之意，为概念论的产生提供了条件。不仅如此，作者还将荀子的正名理论与孔子的正名思想、公孙龙子的正名学说、后期墨家的正名理论及法家韩非的正名理论进行了对比，深入探析其异同特征。通过以上这些考察，作者认为中国古代关于名实的讨论已经涉及符号学理论，包括符号性、指谓性及交际性问题，中国古代名学已经具有丰富的符号理论。③ 从许艾琼的论述我们看出尽管国内学界关于孔孟儒家名学符号思想的研究起步较晚，但是研究深度还是值得称许的。

自21世纪以来，符号学在国内有了长足的发展，国内学界从事符号学研究的学者越来越多，由此也带动了先秦儒家名学符号学研究的发展。21世纪以来，探析儒家名学符号思想的文章亦逐渐多了起来，其中具有代表性的论文如张长明、李竞兴《荀子〈正名〉的现代解读》（载《广东社会科学》

---

① 李先焜：《中国——一个具有丰富的符号学传统的国家》，《江汉论坛》，1990年第1期。
② 参见李先焜：《〈墨经〉中的符号学思想》，《湖北大学学报》，1996年第3期。
③ 许艾琼：《荀子正名理论的符号学意义》，《湖北大学学报》，1993年第6期。

2002 年第 4 期），张长明《从符号学观点看孔子"正名"的意义》（载《长沙电力学院学报》2003 年第 4 期），彭锋《孟子论牛羊之别新解》（载《孔子研究》2004 年第 6 期），王寅《对"名实"与"能指所指"对应说的思考》（载《外语与外语教学》2006 年第 6 期），李瑾《荀子的正名论与符号学》（载《聊城大学学报》2008 年第 2 期），李瑾《先秦诸子的名实论与符号学》（载《山东教育学院学报》2008 年第 2 期），曾祥云《荀子〈正名〉的现代解读——从语词符号的角度》（载《湖南大学学报》2009 年第 4 期），李葆嘉《先秦名论：认知－思辩论和伦理－权术论》（载《南京师范大学文学院学报》2010 年第 2 期）等，这些研究多是对孔子、孟子、荀子等儒家学者名学符号思想发掘的深化，如李瑾的对孔子等先秦正名学说的语言符号学思想解读，张长明对孔子、荀子正名论的语词符号学解读，彭锋从结构主义符号学角度剖析孟子语言符号学思想，深刻而新颖。而李葆嘉的论文则算是对 20 世纪先秦名学符号学研究的一次清算工作。由于学界急功近利或者对符号学消化不良，往往将先秦"名论"套用西方符号学理论，作者研究指出先秦的"名论"皆不是语言学研究，先秦之"名"也可缕析为两大类：一派始于老子的认知—思辨意义上的"名（名称）"，另一派始于孔子在伦理—权术意义上的"名（名分）"。先秦"名论"中的"名—实"有两解，其一为指称之名与指称之物，其二为名分与实绩，此二者与结构主义符号学的"能指"（音响形象）和"所指"（概念）之间都不存在直接对应关系，由此应证了王寅"名实"不能与"能指、所指"视为对应术语的论点。[1] 这反映出随着国内符号学研究的深化，中国学者不再唯西方学术理论是举，开始细致辨析中西符号学理论、术语的异同，由被动接收到积极消化，再到主动思辨反思，这种研究的深入促进了中西符号学思想学术的交流与对话。

三、儒家礼学符号思想研究

儒家正名论的符号思想是为了重新建构礼崩乐坏的社会秩序而生的，根本目的是维系社会统治的平安稳定，其实施原则即是恢复礼乐文化系统。"文化是一个社会中相关的符号活动的集合"[2]，礼乐文化符号，即是

---

① 参见李葆嘉：《先秦名论：认知－思辩论和伦理－权术论》，《南京师范大学文学院学报》，2010 年第 2 期。

② 赵毅衡：《文学符号学》，北京：中国文联出版公司，1990 年版，第 94 页。

通过一套礼乐文化系统来规范现实生活中的尊卑等级秩序,对这一点,墨家学者其实早有洞察:"礼,敬也。贵者公,贱者名(按:名即民,古字通用),而俱有敬慢焉,等异论也。"① "礼"下级对上级、晚辈对尊长表示敬意用的一套行为规范,君长和细民都要遵循礼的等级秩序。"这种仪礼符号不是自然符号,而纯粹是一种社会约定"②,人伦日用都有"礼"的约定性与规范性,如前文所述的"佾"即有礼的符号意义,"佾"的不同数量具有不同的"礼"的意义。由此我们可以这样理解,"佾"是能指,是一套礼仪规范;这套礼仪规范的所指是社会的尊卑等级秩序,正是通过"佾",这套礼仪才将社会分成各个不同的等级,也即将能指分节,才产生了所指的分节。孔子所讲求的礼,其实就是通过确立划分各种能指,由此来规范社会,建立一套严密的社会等级秩序;也即通过区分能指,进而将所指区分开来,由是礼的双重分节导致了社会文化等级的差别。此于《荀子·非相》中亦有论述:"故人之所以为人者,非特以其二足而无毛也,以其有辨也。夫禽兽有父子而无父子之亲,有牝牡而无男女之别,故人道莫不有辨。辨莫大于分,分莫大于礼,礼莫大于圣王。"礼的最大功能是区分辨别社会等级差别与异同,套用索绪尔符号学的观点,即是能指分节造成了所指分节。随着国内符号学研究的发展,关于儒家礼学符号学思想的研究也逐渐多了起来。

对儒家礼学符号思想关注较早的为李先焜,他在《语言、符号与逻辑》中系统探讨了儒家经典《论语》《孟子》《荀子》及《礼记》中的符号学思想,指出礼仪符号的社会约定性特征,而《礼记·礼运》中的"故礼义也者,人之大端也""是故圣人作,为礼以教人,使人以有礼,知自别于禽兽"(《礼记·曲礼上》)与卡西尔"人是符号的动物"有异曲同工之妙,因为礼仪本身也是一种符号。礼是社会的一个符号系统,最后得出"人是礼仪的动物"这一结论③。对儒家礼文化符号思想进行解读的还有袁眉的《礼文化和汉语系统》(载《全国语言与符号学研究会第五届研讨会论文集》)、罗嘉丽的《论仁与礼、礼的稳定与变革的关系》(载《孔子研究》2007年第3期)、孙亚丽的《〈论语〉中的"礼"》(载《四川文理学院学报》2011年第1期)。

---

① 吴毓江:《墨子校注》,北京:中华书局,2006年版,第461页。
② 李先焜:《语言、符号与逻辑》,武汉:湖北人民出版社,2004年版,第436页。
③ 李先焜:《语言、符号与逻辑》,武汉:湖北人民出版社,2004年版,第445~452页。

其中罗嘉丽的论文值得一提，作者取《论语》《孟子》《荀子》《礼记》等儒家经典文本为研究对象，利用索绪尔对符号结构和特性的阐述来审视儒家仁和礼的结构，指出儒家的仁礼结构实质上也是一套符号系统，仁与礼的关系是相辅相成的，仁自身含有实践性质，礼则是仁的外显形体，礼作为一种符号具有较强的稳定性，礼仪背后反映的价值观念与品德思想是儒家判断礼仪是否该延续下去的重要准则①。

儒家礼学符号思想研究是一个新起的研究领域，尽管该领域研究文章不多，但是从研究现状来看已经初具规模，研究人员除了李先焜外，皆较为年轻，学术背景也各不相同，研究旨趣各异，相信他们在不久的将来还会继续将此项研究推进。

四、儒家符号思想研究之反思

相对于易学符号学与名家符号学研究而言，孔孟儒家符号思想研究显得相对单薄。而我们知道，孔孟儒家学术思想一度是中国文化的元语言，延续了千年之久，对中国文化思想产生了不可估量的影响，因此我们可以肯定地说孔孟儒家符号思想的研究与其历史地位是极不相称的，必须加大对这一领域的研究力度，以期从根本上揭示中国符号学思想的基本精神特征。

纵观对孔孟儒家符号思想研究的现状，笔者提出以下几点不成熟的思考意见。首先在研究格局上，孔子、荀子的符号思想研究相对成熟，而孟子的符号思想研究却远远不够。孟子作为儒家学说的亚圣，其著作的理论深度与高度自不必云，亦蕴含着丰富的符号思想，诸如孟子"知人论世"理论与符号学中文本释义的语境理论之间的关系，"以意逆志"理论与语义学及文本释义理论之间的关系都亟需深入研讨。

其次在研究结构上，要加强对孔孟儒家语用学符号思想的研究。儒家学说整体偏重于伦理实践，孔孟皆不遗余力地游说诸侯，也是为了宣传其政治学说，恢复儒者心中的社会秩序，其落脚点为社会实践。儒家符号学的重心在于对符号理论的运用，这中间以"礼"学思想最为突出，儒家的"礼"学贯穿于人伦日用之中，举凡衣食住行皆与礼相关，都有相应的规定，也即是说整个社会生活皆有一套人为规定的符号系统，人就生活在这个系统之中。

① 罗嘉丽：《论仁与礼、礼的稳定与变革的关系》，《孔子研究》，2007年第3期。

这套礼学符号系统在当今社会依然很有活力，诸如吃饭、开会时的宾主、尊卑座次问题，皆是礼学符号思想的现代延续，其积极意义与消极意义都需要探讨并作出价值评判，这对推动中国符号学的发展以及认知中国人的文化心理都有重要的意义；此外，儒家伦理符号思想对当代社会的制动价值及意义相关研究也亟须深入拓展。

第三章　老庄道家符号思想

　　论及中国传统文化哲学，自来皆是儒、释、道并举。以儒、释、道为核心的哲学文化体系，建构了中国特色的民族传统。在西方文化中，宗教处于核心地位，而在中国文化之中，儒、释、道哲学基本上取代了宗教的功能，它们分别从不同层面揭示了宇宙、人生的本质特征，中国人的宇宙观、人生观、价值观等在传统儒、释、道文化哲学领域多有体现。先秦儒家代表为孔子、孟子；道家的主要代表为老子和庄子；释家源于古印度，传入中国，与中国传统哲学文化交流融合，逐渐本土化，成为中国传统文化的一大支脉，当然这个已经超出了本文的论述范围，不再赘言。

　　道家这个名词在老庄生活的时代并没有出现，它实际上是一个后出的名词，一般认为这个名词起源于汉初，如《史记·陈丞相世家》中载陈平之言曰："我多阴谋，是道家之所禁。"[1] 司马迁在《史记》中还载录了其父司马谈《论六家之要指》这篇先秦学术专论，其中说道："道家使人精神专一，动合无形，赡足万物。其为术也，因阴阳之大顺，采儒墨之善，撮名法之要，与时迁移，应物变化，立俗施事，无所不宜，指约而易操，事少而功多。"[2] "道家无为，又曰无不为，其实易行，其辞难知。其术以虚无为本，以因循为用。"[3] 司马谈在这里论及了道家的主要学术精髓，也即是无为而无不为，但是认为道家学术渊源来自儒墨名法诸家，则非正统道家，而是道家别派即黄老学派。

　　我们知道，《汉书·艺文志》在著录道家学术著作时，兼采《伊尹》《太公》《辛甲》《鬻子》《筦子》（后写作《管子》）等书，皆置于《老子》之前，这说明在老子之前，道家学术已经有较为绵长的发展，近人江瑔的《读子卮

---

① 司马迁：《史记》，北京：中华书局，1982年版，第2062页。
② 司马迁：《史记》，北京：中华书局，1982年版，第3289页。
③ 司马迁：《史记》，北京：中华书局，1982年版，第3292页。

言》通过对称"经"之称谓、道家与史官之渊源等研究指出:"诸子之学,道家为最早,自黄帝以迄周初,诸子未兴只有道家一家之学。"① 而就《老子》一书而言,也是多次称述道家前贤,如第十五章云:"古之善为士者,微妙玄通,深不可识。"② 第六十五章云:"古之善为道者,非以明民,将以愚之。"亦可证明在老子之前,道家学术已有相当程度之发展。

据《汉书·艺文志》载录,道家著作在当时有 37 家、993 篇。这个长长的书单里面不仅包括《老子》《庄子》等我们熟悉的道家著作,还有前面我们提及的那些以及《列子》《鹖冠子》等。近人陈柱将道家缕分为四大派,即有为派、无为而无不为派、无为派(包括任天派、纵欲派、遁世派)、无不为派③,从中我们可以看出先秦道家与儒家、墨家有一个很大的不同,即其学术关系不是很紧密,诸流派之间也缺少确实可靠学术传承关系,是一个相对较为松散的学术流派,仅就老、庄而言,司马迁认为庄子"其学无所不窥,然其要本归于老子之言。故其著书十余万言,大抵率寓言也"④。唐人陆德明亦认为"时人皆尚游说,庄生独高尚其事,优游自得,依老氏之旨,著书十余万言,以逍遥自然无为齐物而已"⑤。近人章太炎亦认为"庄子的根本学说,和老子相去不远"⑥。综合前人和时贤的研究成果,结合老庄学术渊源,基本上可以这样说,老子学说集黄帝至春秋末期之大成,而庄子学说则集先秦道家学说之大成。他们在言意之辨、名实之辨等领域的探析,开启了当时符号与意义关系研究的学术思潮。

第一节 语境的还原:老子与庄子

在前面绪论部分我们谈到了先秦符号思想研究的方法论问题,即用现代符号学的理论方法,对先秦文化典籍中蕴含的符号思想以及暗含其中的符号学方法进行分析阐释。先秦时代没有符号学这一学术名词,但是不乏符号学的观念和方法,黄玉顺在辨析符号概念和观念时就曾明确指出:"中国哲学

① 江瑔:《读子卮言》,上海:华东师范大学出版社,2012 年版,第 42 页。
② 据清人王先谦考辨,此处"士"当为"道",参见王先谦:《老子校释》,北京:中华书局 1984 年版,第 57 页。
③ 陈柱:《诸子概论》,南京:江苏文艺出版社,2008 年版,第 38 页。
④ 司马迁:《史记》,北京:中华书局,1982 年版,第 2143 页。
⑤ 陆德明:《经典释文汇校》,黄焯汇校,北京:中华书局,2006 年版,第 28 页。
⑥ 章太炎:《国学概论》,上海:上海古籍出版社,2011 年版,第 34 页。

传统何来所谓'符号'（Sign）这个概念？话虽如此说，但中国哲学却也不乏符号的观念。我们这里将严格区分'概念'（concept）与'观念'（idea）。一个概念必定是一个观念，但一个观念未必就是一个概念。……概念乃是被观念奠基的，符号也是被观念奠基的。"① 先秦典籍文化中的"言""象""意"等概念无不包含着符号观念，而先秦贤哲们在辨析名、实、位等概念时也多少用到了现代符号学使用的方法。而我们要阐述老子、庄子的符号思想，必须将其还原到其产生的时空语境之中进行考察，如老子、庄子各自著书立说的时代背景，其生长的地域的文化对其学术思想的影响等。在语境的还原中，我们才能更好地了解老、庄符号思想及其学术旨趣。

一、老子与《老子》

先秦典籍中提及老子其人的有《庄子》《荀子》《韩非子》《战国策》《吕氏春秋》等②，但是这些典籍涉及老子生平者或寥寥数语，或语焉不详。迄今见存老子生平史料最为完整的还是汉人司马迁的《史记》。

《史记·老子韩非列传》记载："老子者，楚苦县厉乡曲仁里人也，姓李氏，名耳，字聃，周守藏室之史也。孔子适周，将问礼于老子。老子曰：'子所言者，其人与骨皆已朽矣，独其言在耳。且君子得其时则驾，不得其时则蓬累而行。吾闻之，良贾深藏若虚，君子盛德，容貌若愚。去子之骄气与多欲，态色与淫志，是皆无益于子之身。吾所以告子，若是而已。'孔子去，谓弟子曰：'鸟，吾知其能飞；鱼，吾知其能游；兽，吾知其能走。走者可以为罔，游者可以为纶，飞者可以为矰。至于龙吾不能知，其乘风云而上天。吾今日见老子，其犹龙邪！'老子修道德，其学以自隐无名为务。居周久之，见周之衰，乃遂去。至关，关令尹喜曰：'子将隐矣，强为我著书。'于是老子乃著书上下篇，言道德之意五千余言而去，莫知其所终。"③

---

① 黄玉顺：《符号的诞生——中国哲学视域中的符号现象学问题》，《中山大学学报》，2009 年第 3 期。

② 《论语·述而》载："子曰：'述而不作，信而好古，窃比我于老彭。'"有人认为老彭即老子，但也有人认为是老子和彭祖，迄无定论，姑存疑。

③ 司马迁：《史记》，北京：中华书局，1982 年版，第 2139～2140 页。

从这段文字里，我们可以看出司马迁记载的老子是南方的楚国人①，姓李名耳②，曾经在东周王朝做过掌管图书的史官，其人应该很博学，如论者所言："古代官师合一，世传其学，则老子应出身于有深厚文化修养的史官世家。老子出任周王室的守藏史，可以想见他的知识学问在当时有着相当显赫的声名。"③ 所以孔子还曾经专门去周王室访学于老子④，老子认为孔子所探讨的礼学问题，只剩下"言"的部分，如果用符号学的观点来解释即是礼早已沦为"空洞能指"。此外老子还向孔子讲述了一番审时存身的道理，孔子对老子十分钦佩，认为老子乃是一条龙。老子的道德之学以无名为务，他看到周室衰微，于是辞官归隐，在通过函谷关时，被关令尹喜挽留，要求他将自己的学说写成书，才准予通关⑤，"于是老子乃著书上下篇，言道德之意五千余言而去，莫知其所终"。这五千余言的上下篇，就是现在的《道德经》，亦名《老子》或《道德真经》。司马迁说得也很清楚，《道德经》为老子亲自著述，且五千字与现在传本也差不多两相吻合。

司马迁的这段记载本是很清楚的，但是他又在后面加上了一段："或曰：老莱子亦楚人也，著书十五篇，言道家之用，与孔子同时云。盖老子百有六十余岁，或言二百余岁，以其修道而养寿也。自孔子死之后百二十九年，而史记周太史儋见秦献公曰：'始秦与周合，合五百岁而离，离七十岁而霸王者出焉。'或曰儋即老子，或曰非也，世莫知其然否。老子，隐君子也。"⑥这里司马迁又补充了两个"或曰"：一个是老莱子，一个是太史儋，大概在当时有关老子生平的传说有此三种，作为一个严肃的史学家，司马迁录而存疑，本是无可厚非的事。但是他的这一严谨的存疑笔法却在后世引起了无尽

---

① 苦县原属陈国，公元 478 年陈为楚所灭。按照老子年长于孔子（公元前 551—479 年）的观点推测，老子生时陈国当还存在。楚灭陈后，陈遂为楚所有，故司马迁说老子是楚人。

② 据高亨《老子正诂·前记》考证，老子原姓老，后音同变为李，老、李乃是一声之转。参见罗根泽编《古史辨》册四，上海古籍出版社，1982 年版，第 351 页。

③ 陈鼓应，白奚：《老子评传》，南京：南京大学出版社，2001 年版，第 10 页。

④ 今人陈鼓应综括了有关孔子问学于老子的主要观点，指出孔子问学于老子不止一次，问学地点也不止一处，而且每次问学的内容也有所不同。参见陈鼓应《老庄新论》，北京：商务印书馆2008 年版，第 24 页。

⑤ 在文化资讯不发达的时代，关令尹喜能够识出老子，并要求其著书，说明老子的名声在当时确实很大。这一点可以与孔子因与阳虎外形相似，被匡人拘禁进行对比。如《红楼梦》第五十六回史湘云一句插科打诨的问话："怎么匡人看见孔子，只当是阳虎呢？"只能说明孔子在当时的名声还不够强大，或者至少不像老子那样闻名遐迩吧。

⑥ 司马迁：《史记》，北京：中华书局，1982 年版，第 2141～2142 页。

的争论。如有人认为老子与孔子同时而年长于孔子，《老子》一书为老聃所著，但是在战国有所增益；也有人认为老子与孔子同时，但是建议将老子与《老子》分开，认为《老子》成书于战国中期，乃是后人对老聃学术的发挥；还有人认为老子乃是战国时期的人，《老子》也成书于战国；还有人认为《老子》成书在秦汉之间。① 老子及其著作在后人的研究质疑中一时显得扑朔迷离，但是1993年湖北荆门郭店出土的战国节抄本《老子》，从文献上证明了至迟在战国中期《老子》就已经开始流传，有关老子及其著作出于战国中后期的论点自然不攻而破②。

　　而我们看到，后人在质疑《老子》一书的时候，往往喜欢从语言学的角度立论，语言毕竟是文化中极具表征性和稳定性的因素，所以当时有论者认为"文字随时代而演进，故一书著作之时代，又可因文字而定之。盖一时代有一时代之文字，而不相袭，求得其书中一二特殊之字，定期时代，则其书之时代可知"③。诚然，语言文字是社会文化的反映，且具有相对稳定的性质，从语言与文化的关系来看，"一个时代的客观社会生活，决定了那个时代的语言内容；也可以说，语言的内容足以反映出某一时的社会生活的各面影子。社会的现象，由经济生活到全部社会意识，都沉淀在语言里面"④。这种考订的方法理论是很好的，但是先贤们忽视了一点，即是那时是否有像现在这样方便的著书立说的物质文化载体？我们知道，现在使用的纸张是在东汉才经蔡伦改进流传的，在老子的时代，口耳相传恐怕要胜于著诸竹帛，对此，史学家吕思勉有一段甚为切实的论述：

　　　　先秦诸子，大抵不自著书。今其书之存者，大抵治其学者所为；而其纂辑，则更出于后之人。书之亡轶既多；辑其书者，又未必通其学（即谓好治此学；然既无师授，即无从知其书之由来，亦无从正其书之真伪；即有可疑者，亦不得不过而存之矣），不过见讲此类学术之书共有若干，即合而编之，而取此种学派中最有名之人，题之曰某子云耳。

① 参见陈鼓应，白奚：《老子评传》，南京：南京大学出版社，2001年版，第2～3页。
② 可参看陈鼓应主编：《道家文化研究·"郭店楚简"专号》，北京：生活·读书·新知三联书店，1998年版。
③ 张寿林：《老子〈道德经〉出于儒后考》，罗根泽：《古史辨》册四，上海：上海古籍出版社，1982年版，第325页。用这种方法考订《老子》成书年代的还有梁启超《论〈老子〉书作于战国之末》等，详见《古史辨》册四。
④ 罗常培：《语言与文化》，胡双宝注，北京：北京大学出版社，2009年版，第106页。

然则某子之标题，本不过表明学派之词，不谓书即其人所著；与集部书之标题为某某集者，大不相同。……至于诸子所记事实，多有讹误，此似诚有可疑；然古人学术，多由口耳相传，无有书籍，本易讹误。①

读子书，不能因为书中时有春秋时语词，时有战国时语词，而怀疑其是伪书。就像看个人文集一样，时而有儒家者言，时而有法家者言，时而又有墨家之言，我们就开始怀疑它非一人之作。其实对待子书的态度应该像吕思勉说的，专注于其学术思想之属，而不是看一字一词不是某个时代的，就作为伪书一棍子打死了事。准乎此，我们认为，现存《老子》其实就是老子及其传人辑录的关于老子学派学术思想的史料，其核心部分是记录传述老子的学术思想，为老子所述（即便如司马迁所云为老子亲自著，但在文化媒介不发达的时代，老子的著作也不可能每次都是以诉诸竹帛的形式传播，更多的恐怕是被门人弟子讲述传播，这期间掺入夹杂后世的语言材料也很正常），但是经过后人的辑纂保存，在传播辑录中羼杂了一些后世的文字史料，这也是正常现象。《庄子》《吕氏春秋》《礼记》《史记》等都记载了孔子向老子问礼的事情，可知老子当与孔子同时，而年辈稍长，其家乡在楚国苦县，曾经做过掌管周王室图书的史官，由于史官属于世官，所以老子应当是生长于一个文化底蕴深厚的家庭之中，这些对老子学术思想自然都有深远的影响，老子也因为生长在这样的文化环境之中而形成了别具一格的人生智慧。关于《老子》成书时间的问题，笔者基本同意陈鼓应的观点，也即《老子》成书早于《论语》，但是笔者认为恰切的表述应该是：老子学派的主要论点及思想体系要早于孔子学派。毕竟那时的学术多是口耳相传，出书也非易事。

二、庄子与《庄子》

相对于争论不休的老子而言，庄子及其著作要平静一些。我们现在能看到的一些著录庄子生平的资料，除了《史记》之外，即是《庄子》中著录的一些有关庄子的故事。这些故事大抵是庄子后学所记，能够从中管窥出一些庄子的性格思想特征，但是《庄子》一书多是寓言，这些故事的真实性到底有多大，恐怕要打个问号，所以我们现在能考察的史籍，还是以司马迁的《史记》为主：

---

① 吕思勉：《经子解题》，上海：华东师范大学出版社，1995 年版，第 102 页。

　　庄子者，蒙人也，名周。周尝为蒙漆园吏，与梁惠王、齐宣王同时。其学无所不窥，然其要本归于老子之言。故其著书十余万言，大抵率寓言也。作《渔父》《盗跖》《胠箧》，以诋訿孔子之徒，以明老子之术。《畏累虚》、《亢桑子》之属，皆空语无事实。然善属书离辞，指事类情，用剽剥儒、墨，虽当世宿学不能自解免也。其言洸洋自恣以适己，故自王公大人不能器之。

　　楚威王闻庄周贤，使使厚币迎之，许以为相。庄周笑谓楚使者曰："千金，重利；卿相，尊位也。子独不见郊祭之牺牛乎？养食之数岁，衣以文绣，以入大庙。当是之时，虽欲为孤豚，岂可得乎？子亟去，无污我。我宁游戏污渎之中自快，无为有国者所羁，终身不仕，以快吾志焉。"①

　　从这段本传中我们得知庄子是蒙人，曾经出仕做过漆园小吏，大概是为生计所迫。其生活的年代与梁惠王、齐宣王同时。其学术宗旨归于老子，曾经著书十余万言，多是寓言之作，文采斐然。楚威王听说庄子的贤能，于是派人迎接庄子去楚国做官，但是庄子认为做官不自由，不如在野快活自在，于是拒绝了楚王的聘请。司马迁的记录就这么多，有关庄子的生活年代及文化身份归属问题以及庄子与《庄子》一书的关系，我们还得继续申述几句，这样主要是为了后面论及庄子符号思想时能够起到"知人论世"的作用。

　　首先，是关于庄子生活年代的确定问题。实际上这个问题迄今也没有得到一个达成共识的具体数字，台湾中华文化总会与王寿南主编的《中国历代思想家·先秦》（一）中曾就庄子生卒年异说列表一张，其中囊括了胡适、钱穆、梁启超、叶国庆、郎擎霄、胡哲敷、马夷初、木村英一、小川环树、牧野谦次郎、福永光司等中外学者有关庄子生卒年代的考证②，并且没有形成一个统一的见解。崔大华的《庄学研究》对庄子生卒年代的考证进行了归纳分析，但是最后也只能确定一个大体的年代范围，更为具体的生卒年月还是无法考定。③ 既然如此，这些考证还有意义吗？答案当然是肯定的，毕竟

　　① 司马迁：《史记》，北京：中华书局，1982年版，第2143～2145页。
　　② 洪安全，等：《中国历代思想家·先秦》（一），北京：九州出版社，2011年版，第334～335页。
　　③ 崔大华：《庄学研究》，北京：人民出版社，1992年版，第2～5页。

"庄子思想是时代的产物"①，这个时代大体上就是战国中期，公元前3世纪，是一个战争频仍、社会失序的时代，也是诸子百家蜂起、士人朝秦暮楚干谒求名的时代。把握住庄子生活时代的总体特征，对理解其学术思想有重要意义。

其次，是关于庄子的文化身份归属问题。我们这里用的是文化身份，而不是籍贯。先秦文化，从历时性角度考察，有殷商文化、周文化之别；从地域文化角度考察，则有齐鲁文化、三晋文化、巴蜀文化、荆楚文化、吴越文化等。而"身份"则是人面对他人表达意义或对他人表达的符号进行解释时说采用的人际角色或社会角色②，那么庄子的文化身份又是怎样的呢？我们知道，根据古今学者的考证，庄子的籍贯现在基本确定下来了，也即是战国时宋国蒙地之人。宋乃是殷商遗族，《庄子》一书中对宋国风土民情也多有反映，而《庄子》汪洋恣肆的文风、丰富瑰丽的辞藻所透露出来也都是非同一般的贵族精神，我们可以肯定地说，这在当时绝对不是贫民阶层能够胜任的。因此庄子的文化身份首先应该是贵族的，而决非曾经有学者研究指出的"平民"身份。但是从庄子任职漆园吏和《庄子》中对其生活的一些描绘，可以看出，他是一个非常落魄的贵族；此外，《庄子》一书中多用楚地方言，甚至楚国的一些国故旧闻，也时常见诸其中，而《庄子》一书中浪漫瑰丽的想象，更容易让人们将其与以屈原《楚辞》为代表的荆楚文化联系起来，如刘师培在论及南北文学之不同时就曾指出："惟荆楚之地僻处南方，故老子之书其说杳冥而深远，及庄、列之徒承之，其旨远，其义隐，其为文也纵，而后反寓实于虚，肆以荒唐谲怪之词，渊乎其有思，茫乎其不可测矣。屈平之文音涉哀思，矢耿介，慕灵修，芳草美人，托词喻物，志洁行芳，符于二南之比兴，而叙事纪游遗尘超物荒唐谲怪，复与庄、列相同。南方之文此其选矣。"③即认为庄子的文化身份为南方的楚文化系统。鉴于庄子与楚文化关系密切，有学者甚至怀疑庄子乃是楚国贵族后裔，其先人因吴起变法失败而被迫迁移到楚国北陲，最后流落到宋国。④当然这只是一种推测，缺乏足够的文献材料证明。其实，从历时性的角度考察，楚文化僻处南方，但与殷商文化很早就有联系，商代初期商文化势力曾经通过南阳盆地越过桐柏山、

---

① 熊铁基，等：《中国庄学史》，长沙：湖南人民出版社，2008年版，第4页。
② 赵毅衡：《符号学原理与推演》，南京：南京大学出版社，2011年版，第346页。
③ 刘师培：《清儒得失论》，北京：中国人民大学出版社，2004年版，第254页。
④ 崔大华：《庄学研究》，北京：人民出版社，1992年版，第29页。

大别山直入江汉平原大部分地区，考古发现荆楚大地上确实具有诸多商文化特征的遗址，如盘龙城遗址、荆南寺遗址、石门皂市遗址等，形成了以盘龙城为中心的商文化亚区。①在《诗经·商颂·殷武》中也有记载，楚人曾经臣服于殷商，此时楚文化与商文化的交流是商强楚弱，因此楚文化曾经受到过商文化的影响是不争的事实。而宗周代商之后，商文化除在宋国保留下来之外，在南方的荆楚地区也是多有保留的，但是楚文化又因其独特的地域特征而形成了自己的特色。从共时性角度来说，春秋战国时期，宋国处于晋国、楚国之间，晋楚争霸，宋国常夹杂在中间，楚、宋之间的文化往来自不可少，庄子学习推崇的老子也是南方楚国人。此时楚文化与以宋国为代表的商文化的交流态势是楚强商弱。因此我们可以这样说，庄子的文化身份乃是受殷商文化与楚文化双重浸润而成的，而其根本则是留有商文化因子的楚文化系统。闻一多曾言："古来谈哲学以老、庄并称，谈文学以庄、屈并称。"②其实就是肯定了庄子的学术思想受到了老子的影响，而《庄子》一书的文辞艺术等与南方的楚文化也是密切相关的，庄子的文化身份是南方楚文化系统，这不是以其籍贯来命名的，如同文学史上的江西诗派不全是江西人，道理是一样的。

　　第三，关于庄子与《庄子》一书的关系问题。前面援引《史记》中的话我们知道，在司马迁之时代已经有十余万言的庄子作品流传，其主旨乃是归于老子之言，并且有些篇目如《渔父》《盗跖》《胠箧》等基本定型下来。《汉书·艺文志》著录的共有52篇，但是现存下来的《庄子》只有33篇。今人崔大华《庄学研究》的有关庄周生平著述之考论被誉为最为详尽之作，52篇的古本《庄子》在汉代可能是通行本，至魏晋时应仍然存在，也正是在魏晋时代，出现了郭象的33篇的修订本，这个本子乃是在古本基础之上删裁十分之三而成，郭象的注解思想精深独特，受到后世推崇，至唐以后遂成定本。③现存的《庄子》究竟是庄子所著还是庄子后学所述乃师之言？这个问题曾经一直争论不休，及至明清以来，逐渐形成了较为一致的看法，也即认为内篇七篇乃是庄子所著，外篇、杂篇是庄子后学所作。以笔者之见，这里所言的内篇七篇为庄子所著，也是要打折扣的，前文我们在谈老子与

---

①　参见宋新潮：《殷商文化区域研究》，西安：陕西人民出版，1991年版，第二章、第四章。
②　闻一多：《周易与庄子研究》，成都：巴蜀书社，2003年版，第78页。
③　参见崔大华：《庄学研究》，北京：人民出版社，1992年版，第43~47页。

《老子》的时候就曾援引吕思勉之言指出先秦诸子大多不自己著书，我们现在看到的关于他们的著作，多是其后学所述乃师之言，汇而成书。这与当时学者对著书立说的态度以及当时文化传播的载体关系密切。其实清人章学诚在《文史通义·言公》中就曾对这一问题展开了深入辨析，也曾指出"古人先有口耳之授，而后著之竹帛焉"①，大抵某一学派宗师创立了学说，招徒讲学，由于当时写作、出版等条件限制，师徒之间多是口耳相传，弟子向再传弟子述祖师之言论，后由弟子辑纂汇录成书，此时的成书已经是老师及弟子学说的层层累积而成的了。据笔者统计，内篇七篇之中，"庄子"一词也出现了9次之多。众所周知，"子"乃是对有道德、有学问、有地位男子的美称，老师与弟子之间，也可以相互尊称为"子"。内篇七篇如果是庄子自著的话，那么其不会在著作中称自己为"庄子"。因此，我们认为，恰当的描述应该是这样的：《庄子》乃是庄周及其后学传述他们这一学派学术思想的文献总集，以庄周的学说思想为主，其间掺杂着庄子后学的思想学说。庄子及其这个学派的思想，主要见存于《庄子》一著之中。

第二节　黜名与薄礼：老子符号思想及成因

综观《老子》一书，其对当时文化符号的态度基本上是否定的，不管是在符号能指基础上产生的"名"，还是依照能指分节造成所指分节的"礼"，老子都是持否定态度的，这与当时礼崩乐坏、社会纷乱、人心不古的社会背景是分不开的。面对这样的社会现实，老子提出了黜名薄礼的解决方法，其深层意蕴其实就是去符号化，以此消除人类对名利的极端追求所造成的祸害。

一、无名之朴

要打开老子符号思想的大门，必须从其关于"道"与"名"的辨析着手切入，《老子》第一章云：

> 道，可道，非常道；名，可名，非常名。无名，天地始；有名，万物母。常无，欲观其妙；常有，欲观其徼。此两者同出而异名，同谓之玄，玄之又玄，众妙之门。

---

① 章学诚：《文史通义校注》，叶瑛校注，北京：中华书局，1985年版，第172页。

这一章第一句被朱谦之誉为《老子》五千言"立言之旨趣"①，其重要性不可小觑。在老子思想里面，"道"是指支配宇宙万物运动变化的普遍规律，万物是变化的，但是其规律是不变的，这就是"常"。这一论点看起来与《周易》多少有些相似，闻一多《周易与庄子研究》就曾援引明人吴世尚之言曰"《老》之妙得于《易》"②，其言《老子》得《周易》之妙，就是从变易这一规律而言的。朱谦之在传释此章之时，也曾指出："盖'道'者，变化之总名。与时迁移，应物变化，虽有变易，而有不易者在，此之谓常。"③ 这一点评可谓切中肯綮，老子的"道"，乃是从世事万物中抽象出来的总名。从反方面来说："可道之道，可名之名，指事造形，非其常也。"④可道之道乃是指具体可见的有形之物，属于形而下的事物；而"常道"属"形而上"的思维，它可意会，但不可言说；再者，天地之间，本来无名，语言文字的产生，是人类为了联系沟通的需要而发展起来的，事物在变化，名称也随之变化，而那种永恒不变之名，即是"常名"。老子认为，"道"如果能够言说，就不是"常道"；"名"如果能够叫得出来，那就不是"常名"。因此，老子在这里提出来的问题，即是思维与存在的问题，即是名与实的问题。"常道"莫可名状，故无"常名"，也即没有名称，即是老子所说的"道隐无名"，无名则道不可言知。历史唯物主义认为社会存在决定了社会意识，但是这里却产生了一个"悖论"，即能指制造出所指，没有能指也就没有所指。名的出现本就是为了区分万物，将看似纷繁复杂的世界秩序化，没有万物之名，也就难以区分万物，也即有名为万物之"始"。物质的进化产生了人类，人类的发展产生了语言符号，"符号化的思维和符号化的行为是人类生活中最富于代表性的特征，并且人类文化的全部发展都依赖于这些条件，这一点是无可争辩的"⑤。人类社会的各种文化现象，包括语言、艺术、宗教、神话等，都是人类符号化的活动创造出来的"产品"。

"无名，天地始"，所谓"始"，《说文·女部》曰："女之初也。从女台声。"女之初，即是女子初潮。男女性别特征开始出现分别，因此"始"字当训解为"分野"。此即是说万物没有名称的时候，是天地混沌初分之时。

---

① 朱谦之：《老子校释》，北京：中华书局，1984 年版，第 4 页。
② 闻一多：《周易与庄子研究》，成都：巴蜀书社，2003 年版，第 84 页。
③ 朱谦之：《老子校释》，北京：中华书局，1984 年版，第 4 页。
④ 王弼：《王弼集校释》，楼宇烈校释，北京：中华书局，1980 年版，第 1 页。
⑤ ［德］卡西尔：《人论》，甘阳译，上海：上海译文出版社，1985 年版，第 35 页。

"有名,万物母",所谓"母",《说文·女部》曰:"牧也。从女,象裹子形。一曰象乳子也。"由此母当训作化生养育。此即是说有名之时,乃是人类化育出来之后的事情。各种事物之"名",正是人类语言符号出现之后的产物。没有人类的语言符号,当然无所谓名的存在。语言符号是人类抽象思维的产物,它作为一种交际工具,是人类思维对自然和社会规律的反映。

语言符号随着人类社会的发展而产生并逐渐丰富,人类亦根据事物的不同性质而制定了不同的名称符号,即《老子》所云:"始制有名。名亦既有,天将知止。"(三十二章)名称是根据事物的性质制定的,维系一个事物的性质则是其限度,如果事物超出其限度,那么其性质会随之发生改变,名亦将随之变更,否则,能指与所指将不能对应。以上是"名"在语言符号领域的情况。而"名"在先秦不仅是语言学、逻辑学探讨的问题,也是政治学、伦理学探讨的问题。当"名"进入政治伦理领域,"名"又是一种与身份地位、权利义务对应的一种关系,也即"名分",这正是周王室巩固统治的一大策略。如叶维廉所言:"'名'的产生是在人际之间,作为一种分辨,进而作为一种定位,定义,是一种分封行为。'名'之用,换言之,是产生于一种分辨的意欲,依着人的情见而进行。因为'名'是依附着人的情见、意欲,所以由各种'名'圈定出来的意义架构往往含有某种权力意向。譬如'神''天子'的'名'便是。"① 此言可谓精当。而凭老子的聪颖睿智,对此又何尝不是洞若观火呢?这可以从其对名的态度来考察。

老子对名实际上持一种否定的态度。他认为人类欲望的膨胀与"名"的发展有关,《老子》第三章云:

> 不上贤,使民不争;不贵难得之货,使民不盗;不见可欲,使心不乱。圣人治:虚其心,实其腹,弱其志,强其骨。常使民无知无欲,使知者不敢为,则无不治。

以前人们在谈论老子思想的时候,常常据这一段话判断其为保守落后思想的代表,其实是没有将这段话置于其产生的语境中进行剖析而断章取义的结论。老子生活的时代,用《老子》中的言语说即是"无道"的时代:"天下有道,却走马以粪;天下无道,戎马生于郊。罪莫大于可欲,祸莫大于不

---

① 叶维廉:《中国诗学》,北京:人民文学出版社,2006年版,第45页。

知足，咎莫大于欲得。故知足之足，常足。"（四十六章）假如政治清明社会安宁，那么战马则无用武之地，成为农夫的耕种之具；反之，天下无道社会涽乱，战马则大量征集，连怀胎的母马都不能幸免。是什么造成了后一种情况呢？在老子看来就是人的无限膨胀的欲望。"罪莫大于可欲，祸莫大于不知足，咎莫大于欲得。"欲望太多，不知满足，而人欲的膨胀及危害则在第三章中已见端倪。

"不上贤，使民不争"，根据朱谦之《老子校释》，"上"与"尚"同，诸多版本将"上"亦写作"尚"。河上公认为"不尚"即是"不贵之以禄，不尊之以官也"①，尚贤即是给予人们相应的名位，根据双重分节原则，一定的名位对应一定的利禄，一如现在行政上的省部级、地厅级、县处级等对应相应的薪酬待遇，学术界的教授、副教授、讲师对应相应的津贴和工作量。一般而言，名位级别越高，其相应的名利待遇越好。本乎此，则容易明白世人为何多喜高名，因为其能带来厚利。因此在老子看来，"名"乃是争斗祸乱的起源，而"不争"，则是"不争功名，返自然也"②。明人释德清认为："盖尚贤，好名也。名，争之端也。……若上不好名，则民自然不争。"③ 在老子看来，正是因为尚贤争名，才导致社会纷争不断，因此要平息纷争祸乱，则要"不上贤"而黜名，使民心归于淳朴。

人们追求高名的目的在于求得厚利，而所谓的"利"，即是通过一定的财物体现出来的，如《老子道德·经河上公章句》中所云的珍宝、黄金、珠玉之属皆是。这些东西本来是一种自然物质，人们之所以看重它，乃是因为其符号化后价值上升的缘故，也即是说，黄金珠宝，本是不包含意义的自然之物，当人们用它们来表示财富的时候，或者作为装饰品传示美与身份地位的时候，作为物的本身"充斥了添加到纯粹物质上去的社会用法"④，也即带上了符号意义，成为一种"符号－使用体"（sign-function）的结合。赵毅衡认为："任何物或符号都是一个'符号－使用体'。它可以向纯然之物一端靠拢，完全成为物，不表达意义；它也可以向纯然符号载体一端靠拢，不作为物存在，纯为表达意义。这两个极端只有在特殊情况下才出现：任何符

① 王卡点校：《老子道德经·河上公章句》，北京：中华书局，1993 年版，第 10 页。
② 王卡点校：《老子道德经河上公章句》，北京：中华书局，1993 年版，第 10 页。
③ 释德清：《道德经解》，上海：华东师范大学出版社，2009 年版，第 37 页。
④ ［法］罗兰·巴特：《神话修辞术批评与真实》，屠友祥，温晋仪译，上海：上海人民出版社，2009 年版，第 170 页。

号－物都在这两个极端之间移动，因此，绝大部分物都是偏移程度不一样的表意－使用体，其使用部分与表达意义部分的'成分分配'，取决于在特定解释语境中，接收者如何解释这个载体所携带的意义。"① 黄金珠宝作为"难得之货"，其实就是其符号意义上升的缘故，如果人们"不贵难得之货"，也即将黄金珠玉的符号性降低，使其向纯然之物的一端靠拢，珠玉也不过是大自然中的石头，黄金也不过是自然中的一种金属物质而已，不值得稀奇，也不值得争夺，这样人们才不会为了自己的名利欲望铤而走险，为盗作奸。

所以，老子认为的圣人之治的根本乃是"使人无欲"，当然这里的"无欲"并不否定基本的物质需求，从"实其腹"一句便可知晓。那么老子的认为的"欲"是什么呢？在第十二章中老子又有申述："五色令人目盲。五音令人耳聋。五味令人口爽。驰骋田猎，令人心发狂；难得之货，令人行妨；是以圣人为腹不为目，故去彼取此。"五色、五音、五味、驰骋田猎、难得之货，都成为一种"符号－使用体"的结合，人类运用符号创造了丰富灿烂的文化，文化是人类符号活动的产物，五音、五色等是沟通人类与其创作的文化的纽带，如甘阳在卡西尔的《人论》的中译本序中所指出的：

> 正是"符号活动"在人与文化之间架起了桥梁：文化作为人的符号活动的"产品"成为人的所有物，而人本身作为他自身符号活动的"结果"则成为文化的主人。②

文化本应该成为它的创造者——人的所有物，人应该是文化的主人，能够理解、支配、运用自己的创造物，也即文化，而不是成为文化的奴隶，或者被自己创造的文化之物伤害。但是实际上呢？老子看到了人类在其创造的文化之中迷失了自己，耳聋目盲、发狂行防之属皆是，因此老子又一次提到圣人之治即"圣人为腹不为目"，与第三章"实其腹"相呼应。睿智的老子其实早已看到了高度的符号化会迷失人的本性，戕害人类自身的可能性，从某种意义上说，老子应是世界上最早预感到"符号泛滥"危机的第一人，而符号是人类语言思维发达的产物，要解决危机，自然要去符号化，向纯然之物滑动，还原其"物"的属性，那么人们就自然能去欲不争了。释德清在

---

① 赵毅衡：《符号学原理与推演》，南京：南京大学出版社，2011年版，第28页。
② ［德］卡西尔：《人论》，甘阳，译，上海：上海译文出版社，1985年版，第9页。

《道德经解》中对此进行了理想的"复原",其云:"然利,假物也。人以隋珠为重宝,以之投雀,则飞而去之。色,妖态也。人以西施为美色,麋鹿则见而骤之。名,虚声也。人以崇高为贵名,许由则避而远之。食,爽味也。人以太牢为珍馐,海鸟则觞而悲之。是则财色名食,本无可欲,而人欲之者,盖由人心妄想思虑之过也,是以圣人之治,教人先断妄想思虑之心,此则拔本塞源。"① 鸟雀不以隋珠为宝,麋鹿不以西施为美,海鸟不以太牢为珍馐,因为它们是没有语言思维与智慧的,看不到人类符号文化赋予这些物体的符号意义;而许由不以高名为贵,则是因为他是与老子一样的智者,早已看穿了符号的本质。普通人类为什么这样执迷于这些事物呢?释德清认为答案在于"人心妄想思虑之过",换成符号学的术语即是符号化程度过高,造成了符号泛滥,由此引发了人们争名夺利的符号危机。正本清源的解决方法即是"断妄想思虑之心",还原事物原本的作为物的属性,去符号化,用老子的话来讲即是"镇之以无名之朴"。

在前面我们论述儒家符号学思想的时候指出名学的一个重要特征即是通过划分能指(不同的名)来区分所指(不同的尊卑秩序),达到双重分节的目的。社会等级由是日趋明显,人人都想力争高位,欲望膨胀无限,面对这种现状,老子提出无名以对的主张:

化而欲作,吾将镇之以无名之朴。无名之朴,夫亦将无欲。不欲以静,天下将自定。(三十七章)

由于万物生长发育,最后导致贪欲萌发,如何治理贪欲,老子的药方是"无名",没有了名分等级,人们也就不去争斗了,社会也就安定下来了,于是天下太平,所以老子认为名是人类欲望膨胀、社会纷扰的根源,必须将其去除。诚如陈鼓应先生云:"这原始质朴的'道',向下落实使万物兴作,于是各种名称就产生了:定名分,设官职,从此纷扰多事。老子认为'名'是人类社会引起争端的根源,庄子也说:'名也者,相轧也。'因此老子要人当知止足。"② 在"名学"上,老子与庄子的观点是相同的,当然庄子在此基础上还发展了自己的符号思想。

① 释德清:《道德经解》,上海:华东师范大学出版社,2009年版,第37页。
② 陈鼓应:《老子注译及评介》,北京:中华书局,1984年版,第197页。

此外，研究老子的符号思想，既要从其理论论述中寻找其思想上的脉络，又要从其整体创作实践中考察其总体思想旨趣；既要入乎其内，同时又能出乎其外。以上我们所言的都是从其文本内部来考察老子的符号思想的，而前文我们从语境上还原老子的时候曾经援引过司马迁《史记》中有关老子出关为关令尹喜强留著书一节。为了出关，"老子乃著书上下篇，言道德之意五千余言而去"；而从我们对《老子》一书的理论阐述中可以看出，老子其实是反对著书立言的。"道，可道，非常道；名，可名，非常名"，可以言说的道与名就不是常道与常名了，既然如此那么老子还要写下这有关"道德之意"的五千言又有何意义呢？前文已述，《老子》一书颇得《周易》之妙，而《周易》之妙则在于立象尽意、得意忘象，老子是否也有这样的考虑呢？答案是肯定的。《老子》首章就强调道"玄之又玄，众妙之门"，对于玄妙莫测的"道"需悉心体悟，因为"玄"乃是远而难以企及者，暗示其思想之深邃，不能停留于字面之上。宋人苏辙对此颇有见地："凡远而无所至极者，其色必玄，故老子常以玄寄极也。"① 在第二十五章老子直接指出："有物混成，先天地生，寂寞！独立不改，周行不殆，可以为天下母。吾不知其名，字之曰道，吾强为之名曰大。"道先天地而生，运行不息，更为重要的是，老子自言"不知其名"，这个"道"乃是强为之名。既然其理论的核心"道"都是说不清楚的，那么这五千言的《道德经》自然也讲不清楚道德之本源。因此，读者读这部书时，不能拘泥于这五千言的语言文字本身，重要的是把握其传递出来的意义，得意忘言恐怕才是老子的真实思想，如魏源言："盖可道可名者，五千言之所具也；其不可言传者，则在体道者之心得焉耳。"② 道者老子虽已道，但是道的精义并不在五千言本身，唯须读者参之，得其道之意而忘其道之言。

二、崇道薄礼

在老子的思想里面，道是指事物运动变化发展遵循的基本规律或事物的本原，老子创立的学术流派得名为"道家"，也是因为其中有一个高度抽象的哲学范畴"道"。有学者研究指出："在老子的学说中，'道'不仅具有宇宙本原的意义，而且还具有规律、原则和方法的意义；不仅是支配物质世界

---

① 苏辙：《道德真经注》，上海：华东师范大学出版社，2010年版，第2页。
② 魏源：《老子本义》，上海：华东师范大学出版社，2010年版，第16页。

运动变化的普遍规律，而且也是人类社会所必须遵循的基本法则。'道'是全部中国传统哲学中最为抽象、思辨性最强、含义最丰富的范畴，它的存在，标志着中国哲学具有极高的理论思维水平。"① 应该说这个评价是比较允当的。老子学说的核心即是"道"，这个道是从具象到抽象发展而来的，是一个高度符号化的产物。

古文字学家唐兰曾指出"春秋时，哲学意义的'道'字，风行一时"②。当时各家学派都有自己的"道"，然而"道"字字义的孳乳，也绝不是短时间内完成的，它应是在人类漫长的文化发展过程中逐渐形成的。"道"字在《说文·辵部》中的解释是"所行道也。从辵从首。一达谓之道"。其本义为道路。但是随着人类思维能力的提升和文化的发展，作为道路的道在原始意义基础之上，不断引申，其意义也越来越丰富："从'道路'这一原始意义上看，由于'道'具有确定的指向，是人们达到特定目标的必经之路，于是引申为事物存在与发展的必然性与必然趋势；由于人们在'道'上重复往返，于是引申为事物运动变化的规律；由于人们必须沿着'道'一直走下去才能到达目的地，于是引申为事物的发展中人的行为所必须遵守的原则；由于'道'为人们提供了达到既定目的的途径和手段，于是又引申为认识事物、解决问题的根本方法；如此等等。"③ 这种解释也基本上是符合语言符号发展规律的。在人类语言中，一个重要的文化现象即同一个字往往既表示具体事物，又表示抽象思想，或者说先有本义（有些字原始意义已不可考，故而用本义一词），又有引申义，而且表示具体事物的意义基本上都在表示抽象意义的前面。比如英语中"rose"，其表示的具体事物为玫瑰花，在此抽象出来的意义为"爱情"；汉语中的"节"字，初文为"卩"，甲骨文象人跪坐之形，重点突出的是膝关节部分，这是表示的具体意义，后借为符节，随着语言思维能力的提高，需要表达的意义逐渐增多，意义范围逐渐扩大，引申为节制、礼节、节气等，由具体到抽象。

老子的"道"也是经历了这样一个由具体到抽象的过程，老子的道"已经不是某一条原则，而是一切事物的总原则。他已经把春秋时所讲的'道'

① 陈鼓应，白奚：《老子评传》，南京：南京大学出版社，2001年版，第102页。
② 唐兰：《老子时代新考》，罗根泽《古史辨》册六，上海：上海古籍出版社，1982年版，第614页。
③ 陈鼓应，白奚：《老子评传》，南京：南京大学出版社，2001年版，第103页。

建设出一个系统。这是哲学史上的一个大进步"①。也正因如此，它才能从春秋时代的各种道论中脱颖而出。在老子看来，这个"道"抽象到莫可名状、悠远深邃的东西："道之为物，唯恍唯忽。忽恍中有象，恍忽中有物。窈冥中有精，其精甚真，其中有信。"（二十一章），道是一种恍惚不定、不可捉摸的东西，释德清云："恍惚，谓似有若无，不可定指之意。然且无象之中，似有物象存焉……其体至深至幽，不可窥测。"② 在第十四章中老子有一段更为翔实的有关"道"的描述："视之不见，名曰夷；听之不闻，名曰希；博之不得，名曰微。此三者不可致诘，故混而为一。其上不皦，在下不昧。绳绳不可名，复归于无物。是谓无状之状，无物之象，是谓忽恍。迎不见其首，随不见其后。"道视之不见，听之不闻，博之不得，它无色、无声、无象，此三者浑沦一体，不可分割，不论置于明处还是暗处，都不能改变它的性状。它绵绵不绝又不可名状，终究归于虚无之态，因其无状之状、无象之象，故命之为"恍惚"；迎着它看不到其首部，跟随它又看不到其尾部，这就是老子的大道之体，体虚恍惚。那么这样一个恍惚莫测的东西到底该称作什么呢，或者说该如何命名呢？老子的回答是：

> 有物混成，先天地生。寂漠！独立不改，周行不殆，可以为天下母。吾不知其名，字之曰道，吾强为之名曰大。（二十五章）

老子认为"道"是一种浑朴的状态，它先天地而生，本来没有名字，这里是为了表述方便才用"有物"代指，因为道无声不可闻，无色不可见，故曰"寂漠"。它超然万物之上，形体不变，循环运行，周流不息，天地万物也有此中而生，故曰"天下母"。那么这个化育万物的东西究竟叫什么名字呢？老子亦不知其名，"字之曰道，吾强为之名曰大"。苏辙解释云："道本无名，圣人见万物之无不由也，故字之曰道。见万物之莫能加也，故强为之名曰大。然其实则无得而称之也。"③ 道本是没有名字的，圣人见万物莫不因名寻义，故而字之曰道，名之曰大。这里先后用到"字"和"名"两个称谓事物的概念，其实是有所不同的，陈梦家曾经指出：

---

① 唐兰：《老子时代新考》，罗根泽《古史辨》册六，上海：上海古籍出版社，1982年版，第617页。

② 释德清：《道德经解》，上海：华东师范大学出版社，2009年版，第64页。

③ 苏辙：《道德真经注》，上海：华东师范大学出版社，2010年版，第33~34页。

　　文字的基本类型有三，所以称谓事物的方法也有三：（1）用"文"来名物，如"虎"字象虎形而读作虎；（2）用"名"来名物，就是假借别个"文"的音来名物，如用武器的"我"名自己的"我"；（3）用"字"来名物，如江字用水类工声来名大江的江，从水是"以事为名"，工声是"取譬相成"；用"字"来名物实际上是（1）（2）两种的合用。①

　　用"文"来名物，乃是象形之谓；用"名"来名物，是假借了其他物之象形；用"字"来名物，乃是将以"文"名物和以"名"名物的合用。许慎《说文解字·叙》里面其实也有提及："仓颉之初作书，盖依类象形，故谓之文。其后形声相益，即谓之字；文者，物象之本，字者，言孳乳而浸多也。"汉字造字之初，依类象形，这是"文"；文与说出形状的声音一起，即是"字"。象形之文乃是物象之本，也是字义之本，"字"则是依言逐渐衍生出来的意义。本乎此，我们再来看老子的"字之曰道"，这里老子用"字"来命"道"，实际上就是指出"道"乃是衍生出来的意义，不能拘泥于其本义。李乐毅《汉字演变五百例续编》中关于道字之源有一幅示意图（见图3－1)②：

图 3-1

　　李氏指出，"道"字（与"导"同）的外边是"行"，意为道路，中间为

①　陈梦家：《中国文字学》，北京：中华书局，2006 年版，第 46 页。
②　李乐毅：《汉字演变五百例续编》，北京：北京语言文化大学出版社，2000 年版，第 62 页。

"首"，意为领头，本意指引导，又指道路。老子的"字之曰道"乃是指由"道"孳乳而出之义，如事物运行的规律、必须遵守的规则，乃至万物之来源等。至于"强为之名曰大"，前文已述。"名"乃是假借别个"文"的音来名物，"大"字之文乃一个直立人形，如李乐毅绘制下图 3-2 所示①：

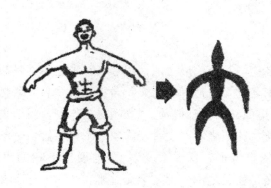

图 3-2

"名之曰大"意即借直立人形来喻指"道"之广大，释德清认为老子说云之"大"非大小之大，"乃是绝无边表之大。往而穷之，无有尽处"②。然而不管是"名之"也好，"字之"也罢，其透露出的都不是"道"的真实名称情状，这种强行的命名也是一种迫不得已的行为，实际上在《老子》第一章就明确说明了："道，可道，非常道；名，可名，非常名。"能用语词言说的道就不是老子这里谈的道，能言说出来的名也就不是老子这里谈的名，所以《老子》第三十二章就干脆指出"道常无名"，第四十一章曰"道隐无名"。为什么老子的"道"是无名的呢？"名"在老子的时代，与"实"是一对范畴，如果把名视作能指的话，那么实即是所指，名与实之间则存在一种对应关系。如果认为一事物之"名"是概念的话，那么每一个概念都有内涵和外延两个方面，内涵是概念所反映事物的特有属性，外延是反映在概念中的事物特有属性的对象。但是前面我们在谈《老子》的"道"论的时候，知道"道"是一个恍惚缥缈的万事万物的起源及其运动变化的规律，如果它有

---

① 李乐毅：《汉字演变五百例》，北京：北京语言学院出版社，1992 年版，第 51 页。
② 释德清：《道德经解》，上海：华东师范大学出版社，2009 年版，第 70 页。

了确定的或者固定的"名",一定之名对应一定之实,或者一个概念对应相应的外延和内涵的话,那么"道"的广泛性就要大打折扣,要知道老子的"道"是无所不包的,因此,不能用具体之名来命之,否则就失去了其广泛性这一特征。

老子推崇他提出的形而上的"道",如第三十九章所言:"昔之得一者:天得一以清,地得一以宁,神得一以灵,谷得一以盈,万物得一以生,侯王得一以为天下正。"所谓"一"即是"道"的别名,"得一"即是得道,无论天地万物,只要得道,都将安顺畅达。道之用在老子心中自是非同一般,所以"万物莫不尊道而贵德"(第五十一章)。而前文我们援引《史记》有关老子的记载,其云孔子曾经向老子问礼,但是老子并没有正面回答有关礼学的问题,而是指出"子所言者,其人与骨皆已朽矣,独其言在耳",也即是认为见存之"礼"乃是死人之"言",其人已死,其言犹存,指出礼已经不合时宜,实际上否定了礼的意义。在《老子》中,我们可以看出老子推崇的是自然之道,而否定人为之礼。在老子看来,社会对仁义礼智等的倡导,正是因为社会缺乏这些东西:

　　　　大道废,有人义。智惠出,有大伪。六亲不和,有孝慈。国家昏乱,有忠臣。(第十八章)

据朱谦之《老子校释》,"人义"当从诸本作"仁义"①。老子认为,正是因为大道废弃了,才提倡仁义,或者说仁义施行乃是大道废弃的标志,如释德清认为:"大道无心爱物,而物物各得其所;仁义则有心爱物,即有亲疏区别之分。"② 由于仁义的出现,人际才有了远近亲疏、上下尊卑之别,从前浑沦淳朴的境界不复存在。伪诈的出现,乃是因为人心出现机巧和智慧;孝慈观念的出现,恰恰是因为家庭里面六亲不和。亦如释德清云:"上古虽无孝慈之名,而父子之情自足。及乎衰世之道,为父不慈者众,故立慈以规天下之父;为子不孝者众故立孝以教天下之子。则是孝慈之名,因六亲不和而后有也。"③ 同理:"是则忠臣之名,因国家昏乱而有也。"④ 仁义、孝

---

① 朱谦之:《老子校释》,北京:中华书局,1984 年版,第 72 页。
② 释德清:《道德经解》,上海:华东师范大学出版社,2009 年版,第 59 页。
③ 释德清:《道德经解》,上海:华东师范大学出版社,2009 年版,第 59 页。
④ 释德清:《道德经解》,上海:华东师范大学出版社,2009 年版,第 59 页。

慈、忠臣之名的出现，乃是因为相应的意义已经不存在了，也即是说正是因为意义不在场，才需要符号。老子生前，看到历史及现实中的种种混乱，对礼义之属的本质也有较为透彻的领悟，因此才冷静地指出大道废弃才会出现诸种混乱并衍生相关符号观念等。

礼与名、位等联系紧密，在第二章我们已经有过探讨，它在西周已经作为一种统治方法自上而下贯彻下来，如詹剑峰在谈及礼与名、位关系时指出的："正名定分本是西周以来封建领主维持封建统治的工具，因为'名'与'位'与'礼'密切联系起来的，有什么名，就有什么位，有什么位，就行什么礼，等级森严，不可逾越，以定尊卑上下。"① 以老子广博的学问及聪明睿智，加之其对历史现实的种种考察，对礼的种种统治功用不会没有深刻洞察，如其在第三十八章中所言："上礼为之而莫之应，则攘臂而仍之。故失道而后德，失德而后仁，失仁而后义，失义而后礼。夫礼者，忠信之薄，而乱之首。"对于崇尚礼的人来说，如果他想有为于世，必将强迫他人服从，高亨对此的解译非常形象："如果有人不服从，就用刑罚来强迫，甚至对待不服从的人，撸起胳臂，挽起袖子，强拉过来，加以处理。"② 表面上温情脉脉的礼，其实质乃是一种通过符号仪式来划分政治等级的统治之术，如果有人不服从，其背后的暴力系统就会显示出来，维系以礼来划分出来的等级层次。因此，老子认为道、德、仁、义、礼乃是逐级下降的，道的层次是最高的，而礼的层次是最低的，礼离道已经很远了。礼造成了忠心、诚信的不足，是祸乱的渊薮。为什么这样说呢？因为自周公以礼治国，礼的级别成为等级的标志，它对应着相应的名利，人们都想取得高名厚利，于是僭礼求名的现象时有发生，礼成为祸害之源，如陈鼓应言："在老子那时代，'礼'已演化为繁文缛节，拘锁人心。同时为争权者所盗用，成为剽窃名位的工具，所以老子抨击'礼'是'忠信之薄而乱之首'。"③ 礼学符号系统不仅沦为一种徒具能指形式而没有所指思想内容的空洞能指，而且成为拘禁人们心灵的枷锁，成为争权夺利者的工具。那么如何才能荜除社会弊端恢复浑朴的境界呢？老子的方案是：

① 詹剑峰：《老子其人其书及其道论》，武汉：湖北人民出版社，1982 年版，第 188 页。
② 高亨：《老子注译》，郑州：河南人民出版社，1980 年版，第 90 页。
③ 陈鼓应：《老子注译及评介》，北京：中华书局，1984 年版，第 217 页。

　　绝圣弃智，民利百倍。绝仁弃义，民复孝慈。绝巧弃利，盗贼无有。此三者，为文不足，故令有所属：见素抱朴，少私寡欲。（第十九章）

　　前文已述，智慧出，有狡诈伪饰，仁义造成了人们之间原来浑朴的关系不复存在，巧诈与厚利乃是产生盗贼的沃土，这些浮华的观念符号，造成了人类的灾难，因此都须去除，达到"见素抱朴，少私寡欲"之境。无欲则不争，不争则天下安宁，社会和谐。

　　对比一下老子与孔子对礼学符号的态度问题，可知老子对礼是持反对贬抑态度的，这与后来推崇礼乐文化符号的孔子大有不同，究其原因，则是老子看到了礼乐文化符号对人的束缚作用以及其给人类社会带来的弊端，而孔子主要看到的是礼乐文化符号对恢复秩序、稳定社会的积极作用。从深度而言，老子能够穿透纷繁淆乱的现象直抵本质，并对符号给人类造成的危害有超前的忧患，这一点是孔子所不能及的。借用苏辙论孔、老之不同结束本节：

　　然孔子以仁义礼乐治天下，老子绝而弃之，或者以为不同。《易》曰："形而上者谓之道，形而下者谓之器。"孔子之虑及后世也深，故示人以器而晦其道，使中人以下者守其器，不为道之所眩，以不失为君子，而中人以上，自是以上达也。老子则不然，志于明道而急于开人心，故示人以道而薄于器，以为学者惟器之知，则道隐矣，故绝仁义、弃礼乐以明道。[1]

　　所谓孔子示人以器，即是用礼乐文化教人，而不欲使民众知道其后之"道"——以礼乐符号建立起来的等级文化秩序；老子欲开人心、启迪民智，揭露出包括礼乐文化在内的诸多事物的符号化特征，仁义、礼乐都是束缚人的心智使人不能"明道"的障碍，因此老子提倡黜名薄礼以明大道之实。

---

① 苏辙：《道德真经注》，上海：华东师范大学出版社，2010年版，第25页。

第三节　逍遥与自适：庄子的符号思想内涵

《老子》是本智慧的书，《庄子》亦是如此。"庄子之学，虽不限于老子，而实出于老子。庄子之于老子，尊崇而无间言。"① 庄学源于老学，但不限于老学。庄子生活的时代，政治上群雄竞起，争霸称王；学术思想上百家争鸣，各言其是。这是一个思想活跃的时代，同时又是一个黑暗动荡的时代，暴君贼吏、恣意横行、"轻用其国""轻用民死"（《庄子·人间世》）、民不聊生、命悬一线。因此我们看到《庄子》提倡齐物论，泯灭是非，从更高的层次把握"道"的意涵，逍遥养生、全身避害。庄子看到了名智太过对人性的戕害，他提倡与时为用，对言意关系也做了深度剖析，并以"寓言""重言""卮言"的言说方式对其思想进行了展示。

一、名智轧争

道家学派的创始人老子很早就看透了名的本质以及由此引发的人类社会争名夺利的乱象，因此提出镇之以"无名之朴"的主张。庄子基本上继承了老子的名学观。如《老子》第一章说："无名，天地始；有名，万物母。"无名乃是天地混沌初分之时，有名乃是万物化育之后才形成的。《庄子》也认为：

> 泰初有无，无有无名；一之所起，有一而未形。物得以生，谓之德。（《庄子·天地》）

郭庆藩《庄子集释》引成玄英疏曰："泰，太；初，始也。"② 泰初即是太始，此时天地混沌一片，万物尚未化育，故而也没有万事万物名称；"一之所起，有一而未形"，成玄英疏曰"一道也，有一之名而无万物之状"③，《老子》四十二章云："道生一，一生二，二生三，三生万物。"陈鼓应《老子译注及评价》引晨阳的解释曰：

---

① 王叔岷：《庄学管窥》，北京：中华书局，2007年版，第53页。
② 郭庆藩：《庄子集释》，北京：中华书局，2004年版，第425页。
③ 郭庆藩：《庄子集释》，北京：中华书局，2004年版，第425页。

"道"是万物的原质，生的"一"，是未分阴阳的混沌气，混沌气分裂成阴阳二气，阴阳二气和生第三者，第三者产生千差万别的万物。①

本乎此，就容易明白"有一而未形"的意思了，也即"一"尚未能生成万物之形，但是，万物得到"一"，便有了生长的机会，此即是"德"。这其实就是从根本上把握了"名"的来源，道生万物，名分万物，没有语言符号也就没有各种不同事物的"名"。"名"是人类语言思维、文化知识高度发达之后的产物，有了万事万物之名，人们就方便区别不同类的事物。一句话，因为人们的具体需要，才有了各种不同之名。但是现实生活中，名在政治上与位对应，演变成为一种"能指"符号，其"所指"即为现实社会中的地位、名利，于是出现了像儒家那样的"能指偏执"的情况。庄子在《刻意》中已经明确指出："语仁义忠信，恭俭推让，为修而已矣；此平世之士，教诲之人，游居学者之所好也。语大功，立大名，礼君臣，正上下，为治而已矣；此朝廷之士，尊主强国之人，致功并兼者之所好也。"无论是游学教化之士还是功名政术之士，他们都在利用符号推行治世之术，前者较为温和，以儒家为代表，后者则应是法家之学的体现。从教化到强制，人们面对的是被暴力系统维系的法律符号世界，可选择的空间范围越来越小，生存处境也越来越恶劣，这正是庄子生活时代的背景的写照。

人们为了现实的高名厚利，不惜相争相斗，由此引发了因为争夺符号而带来的灾难：

> 德荡乎名，知出乎争。名也者，相札也；知也者，争之器也。二者凶器，非所以尽行也。（《庄子·人间世》）

前文已述，化育生长万物的乃是"德"，但是德在现实生活中经常失真。在庄子看来，德失真就是因为人们好名，智外露则是为了争一时之胜，如陈鼓应言："人间种种纷争，追根究底，在于求名用智。"②起于社会需要的"名"成为引起人们相互倾轧的动因，而"知"则沦为人们相互争斗的工具，名与智本来可以更好地为人类服务，但是却沦为祸害人类的"凶器"，此二

---

① 陈鼓应：《老子注译及评介》，北京：中华书局，1984年版，第232页。
② 陈鼓应：《庄子今注今译》，北京：中华书局，2009年版，第118页。

者都"非尽行己之道也"①，这自然是一件令人痛惜的事情，一如当今人类发现原子能，本来可以为人类更好地提供能源服务，但是却被制造成原子弹，反而成为威胁人类生存的利器。实际上造成名智轧争的内在原因是人们崇名显智太过，如成玄英言："夫矜名则更相毁损，显智则争竞路兴。故二者并凶祸之器，不可行于世。"② 这话说对了一半，也即人们因为推崇名而更相毁损，如争名夺利的诸侯、大夫、家臣等皆是；为显摆一己之智而开竞争之风，如竞相蜂起的诸子百家便是。但是他认为正是因为这样，庄子才提倡此二者不可行于世，这就有点不符合庄子的原意了。诚然，庄子是看到了名智轧争给人类带来的祸害，但是这是因为没有正确看待名、没有正确使用知所造成的。这样的事例在《庄子》中比比皆是：

> 且昔者桀杀关龙逢，纣杀王子比干，是皆修其身以下伛拊人之民，以下拂其上者也，故其君因其修以挤之。是好名者也。昔者尧攻丛枝、胥敖，禹攻有扈，国为虚厉，身为刑戮，其用兵不止，其求实无已。是皆求名实者也，而独不闻之乎？名实者，圣人之所不能胜也，而况若乎！（《庄子·人间世》）

关龙逢、比干因为身在下位而好名，反而引起君上的猜忌，结果被杀害；尧和禹是身居上位之人，尧讨伐丛枝、胥敖，禹讨伐有扈，致使城郭变成了废墟，人民遭到了屠戮，但是依然用兵不止，没完没了地追求实利。在名利面前，圣人、贤人都不能免俗，何况普通人呢。

人类所谓的智识都是在一定的时空内及一定的语言思维层次上积累形成的，语言和思维是相互依存的，人类语言与动物声音的重要区别在于人类的语言是与思维结合在一起的，是包含着意义的"语言·思维"结合体。如高名凯所言："意义正是思维成果或思维材料在语言中的表现。"换言之，"意义是从思维来的，没有思维，语言中的意义就不存在"③。因为受到思维的限制，人类在某一时段内对世界的认识都是有限的，就像庄子在《庄子·养生主》中指出的："指穷于为薪，火传也，不知其尽也。"个体生命是有限

---

① 朱文熊：《庄子新义》，上海：华东师范大学出版社，2011年版，第35页。
② 郭庆藩：《庄子集释》，北京：中华书局，2004年版，第135页。
③ 高名凯：《语言论》，北京：商务印书馆，2011年版，第88页。

的，知识是无限的，生命个体不可能占有无尽的知识，个体若能安于其所
知，以养其所不知，就可以解决生与知的矛盾①。但是现实中人们常常满足
于已有的知识，并以为掌握了绝对之真理，殊不知已有的知识概念并不能涵
盖无穷的世界。要知道，每一历史阶段人们对世界的认识总是处于相应的历
史语境之中的，他们也只能从一定的视域去认识理解自己的认知对象。也即
是说，人类社会对于对象世界的认识理解及阐释总是在有限的范围之内进行
的，而世界是周流不息、无穷无尽的，因而人们对于对象世界的认识实际上
只能是一种"框视"。无限的世界好比一个无穷大的镜面，而人类的对世界
的认识好似一个边界无穷大的镜框，透过镜框看到的"光亮"的一部分其实
是很小的一部分，而且人类对无限世界的认知其实也受制于镜框的"形状"。
明乎此，我们就容易理解庄子的寓言意旨了。

　　《庄子·应帝王》中讲了这样一个寓言，南海天神倏与北海天神忽经常
在中央的天神混沌那里会面，混沌对他们的招待也非常周到。为了报答混
沌，倏与忽比照人类的七窍，给混沌凿了七窍，结果七窍凿成了，混沌却死
了。《庄子·马蹄》篇中也讲了一个寓言故事，自言善于治马的伯乐按照已
有的知识概念对马"烧之，剔之，刻之，雒之"，结果马死了十之二三；"饥
之，渴之，驰之，骤之，整之，齐之"，因为这个原因死的马已经超过一半
以上了。这些寓言都耐人寻味，人们往往按照已有的知识经验来规范无尽的
未知世界，让其所不知规范于其所知的知识范畴之内，如果借用一个符号学
的名词即是"以名正实"，其结果当然不能尽如人意。如吕思勉言："世之执
其所见，自谓能知者，均属妄说。执此妄说，而欲施诸天下，则纷扰起
矣。"② 其实这样不仅引起了纷扰，而且戕害了事物的本性，混沌和马之死
皆是明证。于人而言，又何尝不是如此？

　　庄子生活的时代，儒墨竞起、百家争鸣，"故有儒墨之是非，以是其所
非而非其所是。欲是其所非而非其所是，则莫若以明"（《庄子·齐物论》）。
儒墨诸家为了宣传推扬自己的观点，常是以对方之所非为是，而以对方之所
是为非，肯定对方否定的东西，否定对方肯定的东西，他们都囿于己见，与
其这样，不如以事物的本来面目来显示它，不要打上各家成见的烙印，因为
"自知则知之"，他们都站在自己的角度立场来发表观点意见，好像什么都知

_____

① 参见曹慕樊：《庄子新义》，重庆：重庆出版社，2005年版，第52页。
② 吕思勉：《先秦学术概论》，北京：中国人民大学出版社，2011年版，第34页。

道，他们自己什么都是对的，而不知道人类语言知识的局限性。其实这一点在《齐物论》开头辨析人籁、地籁、天籁时就已经揭示了，音律的层次性何尝不是知识的层次性，有的人只知道人籁而不知道地籁，知道地籁的人又有几个懂得天籁？于此，窃以为冯友兰的解释颇为独到："'人籁'就是人世间的'言语'。它与地籁不同之处就在于言语反映人的思想，其中包含肯定与否定，还有人们从各自的局限性出发的观点和主张。这些意见既然有局限性，往往认为自己正确，而别人则是错误的。"① 言语与思想都有其局限性，以己是为是，以己非为非，则是可笑之举。

在庄子看来，"行名失己，非士也"（《庄子·大宗师》）。矫行求名，而失去自己本性的人，就不是有识之士。相反，"善为士者，遗名而自得，故名当其实而福应其身"②。但是，矫行求名而失去本性在庄子看来还是大有人在的：

> 夫小惑易方，大惑易性。何以知其然邪？自虞氏招仁义以挠天下也，天下莫不奔命于仁义，是非以仁义易其性与？故尝试论之，自三代以下者，天下莫不以物易其性矣。小人则以身殉利，士则以身殉名，大夫则以身殉家，圣人则以身殉天下。故此数子者，事业不同，名声异号，其于伤性以身为殉，一也。……伯夷死名于首阳之下，盗跖死利于东陵之上，二人者，所死不同，其于残生伤性均也（《庄子·骈拇》）

小的迷惑只会导致方向错乱，而大的迷惑则会迷失人的本性。如虞舜提出的仁义之道，让天下之人奔命于此，就属于迷惑了人的本性（个中原因可参看上一节论老子符号思想中之所言）。自三代以后，天下几乎没有哪个不被外物迷惑而改变自身本性的，如小人为利卖命，士人为名丧身，大夫为家牺牲自己，圣人为天下而牺牲个人。这几种人的事业各不相同，名号也各有不同，但是有一点是相同的，即是伤残本性、牺牲自我，虽是异名，其实相同。伯夷为了名声死在首阳山下，盗跖为了私利而丧命于东陵山上，死因不同，名号各异，但是残身伤性是一样的，亦是异名同实。所以在《庄子·盗跖》中借满苟得之言曰：

---

① 冯友兰：《中国哲学简史》，北京：生活·读书·新知三联书店，2009 年版，第 123 页。
② 郭庆藩：《庄子集释》，北京：中华书局，2004 年版，第 135 页。

　　且子正为名，我正为利。名利之实，不顺于理，不监于道。吾日与子讼于无约曰："小人殉财，君子殉名。其所以变其情，易其性，则异矣；乃至于弃其所为而殉其所不为，则一也。故曰，无为小人，反殉而天；无为君子，从天之理。

　　不论君子求名还是小人求利，都是违背道的要求而更易了本性的表现，他们更易本性的原因虽然不同，但是都是更易了本性，在这一点上是相同的。因此庄子不愿做争利丧命的小人，也不要做争名牺牲的君子，而要回头寻找人的自然本性，注意顺从自然的道理。从符号学上来讲，则是恢复到"无名"之境，在《庄子·逍遥游》中庄子已经借许由之口道出了其对名的看法：

　　　　尧让天下于许由，……许由曰："子治天下，天下既已治也。而我犹代子，吾将为名乎？名者，实之宾也。吾将为宾乎？鹪鹩巢于深林，不过一枝；偃鼠饮河，不过满腹。归休乎君，予无所用天下为！庖人虽不治庖，尸祝不越樽俎而代之矣。"

　　尧计划让天下于隐者许由，许由认为既然尧已经将天下治理好了，而自己再去取代尧，那只不过是为了追求一个"名"。在许由看来，"名者，实之宾也"，名与实对举时，实是主，名是宾，名是实的反映。名实问题为先秦符号学研究的一大热点，庄子试图藉许由来阐述其对名实的看法，名是宾、是外在的东西，实是主、是内在的东西，在名实关系上，实为主，名为宾，舍实取名，则是忘记主次之分，是不对的，因此隐者许由不取。成玄英疏曰："许由偃蹇箕山，逍遥颍水，膻腺荣利，厌秽声名。而尧殷勤致请，犹希代己，许由若高九五，将为万乘之名。然实以生名，名从实起，实则是内是主，名便是外是宾。舍主取宾，丧内求外，既非隐者所尚，故云吾将为宾也。"[①] 许由看穿了名的符号本质，自然不会为名所惑，而且他复返自然，回归本性，借用鹪鹩与偃鼠来说明其没有更大的欲望与奢求，一个能够汰欲去奢的人，自然不会被眼花缭乱的符号世界迷失本性。毕竟，"名，公器也，

────────────

　　① 　郭庆藩：《庄子集释》，北京：中华书局，2004年版，第25页。

不可多取"(《庄子·天运》)。当然最为理想的境界则是"无名"。《庄子·逍遥游》中说："至人无己，神人无功，圣人无名。"成玄英疏认为，至人、神人、圣人三者异名同实："至言其体，神言其用，圣言其名。故就体语至，就用语神，就名语圣，其实一也。"① 圣人能够超脱世俗价值观念的束缚，舍弃功名利禄之诱惑，这样就不会产生名智轧争的事情。

最后，庄子在《则阳》篇中指出："万物殊理，道不私，故无名。无名故无为，无为而无不为。"万事万物都有其发展规律，这个规律便是"道"，正是因为道是总的发展规律，故而不能命名，因为一旦命名，其所指意义就确定了，这样就不是万事万物的普遍规律了，这实际上照应了《老子》第二十五章。而"无名故无为，无为而无不为"，郭象注云："名止于实，故无为；实各自为，故无不为。"② 名与实是对应的，有名则有对应之实，无名则无具体对应之实，作为万事万物的总体规律，正是因为无具体之为，所以才能周流万物而无不为，当然这也是对《老子》第三十七章"道常无为而无不为"的一个回应。

二、与时为用

在第一章我们讨论易学元语言问题时曾经指出，所谓"时"其实就是一定意义发生的语境，因为任何一个意义的呈现无不是在一定的时空背景之中进行的，如美国语言学家布龙菲尔德所言："说话的人用语言形式来说话，引起听话人对客观环境做出反应；这个环境和对环境做出的反应就是这个形式的语言的意义。"③ 比如我跟朋友说"太阳出来了"这句话，如果这个语境是在成都与一个朋友所言，那么他很可能认为这句话潜在的意思是应该把被子拿出去晒晒；如果这个语境放在兰州，那么朋友很可能认为这句话的意思是出门应该带上遮阳工具或涂上防晒霜。指称相同的一句话，其意义可能会因为语境的不同而产生不同的意义和行为，因为时空的不同，其释义有可能出现很大的不同。词语的意义要在语句之中显现，句子的意义则在于其生成的生活场景（语境）之中，这些都是语言学的常识，但是人们借用事物或符号表意行为的意义将如何确定呢？是否也需要一定的"语境"作为释义的

① 郭庆藩：《庄子集释》，北京：中华书局，2004 年版，第 22 页。
② 郭庆藩：《庄子集释》，北京：中华书局，2004 年版，第 911 页。
③ 胡明扬：《西方语言学名著选读》，北京：中国人民大学出版社，2007 年版，第 163 页。

前提呢？或者说"人是如何解释自己行为的意义"①呢？庄子对这一问题进行了深度思索，这就是与时为用：时者，语境也，用者，符号表意行为之意义也。具体而言，即是结合语境来考虑符号表意行为与释义的关系问题，这与语用学多少有些相似。②

《逍遥游》最后两章用两个故事来探讨了有用与无用的关系。第一个故事是惠子告诉庄子，魏王送给他一个大葫芦种子，结果惠子种出了一个奇大无比的葫芦，如果用来装水，"其坚不能自举也"；假如剖开了做水瓢，"则瓠落无所容"，于是惠子认为这个葫芦没有用，将其击碎了。庄子则指出惠子的缺失，"夫子固拙于用大矣"。他向惠子讲述了一个故事，宋国有人善于制作不皲手的药，他们家以此来保护常年帮人漂洗棉絮的手不被皲坏，后来有外地人听说了他们家的秘方，于是提出出钱百金而购之，宋人合家而谋，认为漂洗棉絮也赚不了几个钱，而转让技术却能得到一笔不菲的转让费，于是痛痛快快地把秘方卖给了外乡人。外乡人带着秘方去了吴国，当时正值冬季，吴国与越国正在开战，于是他给吴王献策，并带兵出战，因为他的士兵涂抹了不皲手的药，手脚没有冻坏，故而打起仗来更顺利，于是战胜了越国，吴王"裂地而封之"。于是庄子得出了他的结论："能不龟手，一也；或以封，或不免于洴澼絖，则所用之异也。"同一事物，其用相同，但是所用之对象不同，其结果亦大不相同。如果将不龟手之药视作一个"句子"的话，那么这个句子在不同的"语境"——漂洗棉絮与装备军队作战——由此所阐释出来的"意义"也各不相同。

另一个故事也是在惠施与庄子之间展开的。惠施告诉庄子他有棵臃肿不堪绳墨的臭椿，"其小枝卷曲而不中规矩，立之途，匠者不顾"，认为这棵树大而无用。但是庄子认为可以将其植于旷野之中，它枝繁叶茂，可以乘凉，这不是它的用处吗？况且用世俗"有用"的眼光来衡量，则容易遭受斧斤之伐，易于夭折。这又是一个寓言，意思是说人们如果一味按照他者"有用"

---

① 赵毅衡：《符号学原理与推演》，南京：南京大学出版社，2011年版，第395页。
② 美国符号学家莫里斯将符号学研究划分为三大块，即语形学、语义学与语用学。一般认为，语用学考量的是符号与使用者之间的关系，主要研究符号的运用问题，其核心是结合具体的人、时、地来考虑符号的指谓和意义关系问题。以笔者之见，人其实可以理解成符号行为主体，时则是符号行为的语境，地则是符号行为发生的空间背景。

的眼光来衡量自我、规范自我，则是对自我性命的戕害①，幸福快乐从何谈起。身份是主体在面对各种不同客体时建构起来的一种符号表意行为，人在社会生活之中，往往是按照"他者"的眼光、价值标准来建构自我，这其实就是舍实取名，在庄子看来是不可取的。庄子的看法是要"适性"，也即是适合主体内在之本性，鲲鹏有鲲鹏之性，蜩与学鸠也有其性，朝菌、蟪蛄有其性，冥灵大椿亦有其性，如果用他者眼光来对待自我之性，则是一种对本性的戕害，故而不取。反观现实世界，人们追求功名富贵，无非是用他者的眼光在建构自我，比如学生读书为了光耀门楣，求仕为了显声扬名，娶美妻、用名牌为了博得他人艳羡，这些意义无疑都是为他者的看法所建构，又是否考虑到自身内在的需求和感触呢？用庄子的观点来看，这些都是不可取的，没有做到"适性"，即不是幸福。怎么样才是"适性"呢？所谓适性即尽物之性，如庄子所言的"大若垂天之云"的犛牛，你如果非要用它来捕捉老鼠，这就不是适性，用它来背负重物，或许就是适性。因此将一事物置于适合其特性环境之中，尽其性，才能获其用。

在庄子看来，即便"语境"相同，意义的获取与行为主体自身的性能也有很大的关系。借用利奇的话来说即，在考量指谓与意义问题时，还要考虑发话人与受话人，或言者与听者②。当然庄子还是习惯用他擅长的寓言来表述："民湿寝则腰疾偏死，鳅然乎哉？木处则惴慄恂惧，猨猴然乎哉？三者孰知正处？"（《齐物论》）同样是湿寝，人与泥鳅的感觉就各不相同，人会得风湿而泥鳅会很快乐；同样是居于高树，人与猴子的感觉也各不相同，人会惴惴不安而猴子则逍遥自在。为什么产生如此大的不同？因为人、猴子、泥鳅三者各有其性，主体性能不同，获取的意义自然不一样。

庄子注重养生避害，提倡安时而处顺，其对"时"特别重视。据笔者统计，今存《庄子》中"时"字就出现了一百次之多，如《天运》言"故礼义法度者，应时而变者也"；《秋水》篇言"夏虫不可以语于冰者，笃于时也"，

---

① 如陈鼓应在《〈逍遥游〉：开放的心灵与价值重估》一文中就曾指出，人们为世俗的价值蒙蔽了心灵，束缚了精神的发展，像狸狌一样卑身诱求功名利禄，结果"中于机辟，死于罔罟"。放眼观中国古代历史，多少才智之士，只因求名求利，求功争位，结果一个个被统治者谋害，一群群被权者屠杀。世之所谓"有用"，多是被役用、被奴用，要么被统治者所役，要么被功名利禄所奴，其结果则同是使自我受到伤害。参见陈鼓应：《老庄新论》，北京：商务印书馆，2008 年版，第 209页。

② 参见［英］利奇：《语义学》，李瑞华等译，上海：上海外语教育出版社，1987 年版，第455 页。

"争让之礼，尧、桀之行，贵贱有时，未可以为常也"；《盗跖》篇言"面观四方，与时消息"；不胜枚举，其对时的重视可见一斑。从现实的角度而言，与时为用乃是全身之策，正如《缮性》篇所说：

> 古之所谓隐士者，非伏其身而弗见也，非闭其言而不出也，非藏其知而不发也，时命大谬也。当时命而大行乎天下，则反一无迹；不当时命而大穷乎天下，则深根宁极而待；此存身之道也。（《缮性》）

人作为符号的动物，其一切表意行为均是符号化的，因为"意义是一个符号学范畴"[1]。庄子与老子一样，崇道薄礼，他们看到了礼乐符号人为分节对人类社会造成的灾难，"礼乐遍行，则天下乱矣"（《缮性》），天下大乱，战争纷起，民不聊生，故古之隐士与今之隐士不同，在于"时命"不同。在庄子看来，一切表意行为，最好是能"安时而处顺"，这句话在《庄子》中一共出现了两次，分别见于《养生主》与《大宗师》。

《养生主》中讲了一个故事，老聃死了，他的朋友秦失去吊唁他。秦失进去哭了三声就出来了，这使其弟子大惑不解，于是秦失告诉弟子说："适来，夫子时也；适去，夫子顺也。安时而处顺，哀乐不能入也，古者谓是帝之县解。"秦失认为，死生顺乎时势合乎自然，应时而生，顺命而死，这样就不会厌生恶死。《大宗师》里也有一个安时处顺的故事，子舆得了怪病，身子变得畸形，子祀去看望他，问他是否很讨厌现在的形象，子舆不认为自己讨厌现在的形象，也讲了一番道理："且夫得者，时也，失者，顺也；安时而处顺，哀乐不能入也。此古之所谓县解也，而不能自解者，物有结之。且夫物不胜天久矣，吾又何恶焉！"成玄英疏云："得者，生也，失者，死也。夫忽然而得，时应生也；倏然而失，顺理死也。是以安于时则不欣于生，处于顺则不恶于死。既其无欣无恶，何忧乐之入乎！"[2] 得与失，生与死，都是顺应时势与自然，人如果懂得了安时而处顺，则不会因得失而过分哀乐，这即是解脱，而那些不能解脱的人，是被身外之物束缚住了。况且万物都无法战胜自然规律，比如生老病死，既然如此，又何必忧虑厌弃呢。在这两篇文章中，庄子都依据"安时而处顺"而获得了"县解"的意义，因为

---

① 俞建章，叶舒宪：《符号：语言与艺术》，上海：上海人民出版社，1988年版，第217页。
② 郭庆藩：《庄子集释》，北京：中华书局，2004年版，第261页。

"语境"的变换，而获得了更高层次的意义，其用也大焉。因此从哲学的角度而言，与时为用，乃是人类安顿自己的灵魂、获取更高精神价值的法宝。

三、言意之辨

学界探讨庄子符号思想时，多论及其语言符号学思想，庄子的言意符号思想也成为中国传统符号学的几大论点之一。的确，在《庄子》一书中，对言意关系问题作了很好的思辨，用现代符号学的观点来看，其主要涉及以下几个方面的议题。

首先，《庄子》一书较早注意到了语言符号的能指与所指结合的问题。《天道》篇中说："世之所贵道者书也。书不过语，语有贵也。语之所贵者意也，意有所随。意之所随者，不可以言传也，而世因贵言传书。世虽贵之，我犹不足贵也，为其贵非其贵也。故视而可见者，形与色也；听而可闻者，名与声也。悲夫，世人以形色名声为足以得彼之情！夫形色名声果不足以得彼之情，则知者不言，言者不知，而世岂识之哉！"庄子认为，世俗之人，见识浅薄，认为语言文字可以通心达意，并以语言文字为贵，殊不知语言文字之贵在于它所含有的思想意义。但是现实之中，人们却搞错了对象，以语言文字、形色名声为贵，而不能忘记形名声色求其义理，即意义内涵。庄子在这里实际上主张的是"所指优势"，能指不过是借以把握所指的一个工具而已，可惜的是世人居然奉形色声名这些能指为圭臬。这和道家学派一贯的符号主张是一致的，即认为人类认识的主要目的是要借助能指而超越能指，领会所指的意义。这种思想又根植于一种观念：能指不足以表达所指，能指是一种蹩脚的工具。这其实过分夸大了语言符号系统在表达意义上的消极之处。索绪尔认为语言符号是一个系统，由所指（概念）和能指（音响形象）两个部分组成，语言符号能够传达意义是因为能指与所指具有某种对应关系。"如果我们从符号的整体去考察，就会看到在它的秩序里有某种积极的东西。语言系统是一系列声音差别和一系列观念差别的结合，但是把一定数目的音响符号和同样多的思想片段相配合就会产生一个价值系统，在每个符号里构成声音要素和心理要素间的有效联系正是这个系统。所指和能指分开来考虑虽然都纯粹是表示差别的和消极的，但它们的结合却是积极的事实；这甚至是语言唯一可能有的一类事实，因为语言制度的特性正是要维持这两类差别的平行。"① 从积极意义的角度考虑，在一个语言系统之内，如果所指与能指一一对应，语言就能够准确传达出意义，也即"形色名声为足以得彼之情"；但是若从消极意义的角度考虑，语言是记录概念的符号，针对同一事物，不同的人可能会形成不同的概念。"异名同实"（《知北游》）的现象是存在的，所以反映事物的形名声色有时并不能与概念对应，"夫形色名声果不足以得彼之情"，那么这个时候胶着于语言文字就是不对的。庄子不仅认为符号的能指与所指不能有效对应，甚至认为语言根本不能传达意义，如《天道》篇云：

> 桓公读书于堂上。轮扁斫轮于堂下，释椎凿而上，问桓公曰："敢问，公之所读者，何言邪？"
> 公曰："圣人之言也。"
> 曰："圣人在乎？"
> 公曰："已死矣。"
> 曰："然则君之所读者，古人之糟粕已夫！"
> 桓公曰："寡人读书，轮人安得议乎！有说则可，无说则死！"
> 轮扁曰："臣也以臣之事观之。斫轮，徐则甘而不固，疾则苦而不入。不徐不疾，得之于手而应于心，口不能言，有数存乎其间。臣不能以喻臣之子，臣之子亦不能受之于臣，是以行年七十而老斫轮。古之人与其不可传也死矣，然则君之所读者，古人之糟粕已夫！"

斫轮之人以己为例，指出斫轮之术，只能意会，不能言传，因为语言不能准确有效地传达出意义，所以他的斫轮技艺不能传给其儿子。由是观之，桓公所读之书，只是古人的语言文字，但是这些语言文字并没有真正传达出古之圣人的思想，所以桓公所读为古人之糟粕。庄子借此寓言，意在说明语言文字并不能有效传达人类的思想，也即是说语言符号系统内部的能指并不能准确传达出概念意义。当然，庄子夸大了语言符号系统的消极意义，是不可取的。

其次，《庄子》一书注意到了符号的任意性问题。是什么力量将表意引

_____

① ［瑞士］索绪尔：《普通语言学教程》，高名凯译，北京：商务印书馆，1980 年版，第 167 页。

向某种特定对象特定意义上去呢？符号与意义究竟靠什么互相连接？庄子对这一问题进行了探析。《齐物论》指出："可乎可，不可乎不可。道行之而成，物谓之而然。恶乎然？然于然。恶乎不然？不然于不然。物固有所然，物固有所可。无物不然，无物不可。故为是举莛与楹，厉与西施，恢诡谲怪，道通为一。"在庄子看来，对与错，事物为什么是这样，为何又不是这样，都没有一个定准，其主要原因在于"道行之而成，物谓之而然"。一条道路之所以会成其为"这样一条"道路，是由于走的人多了，自然就形成了；天下万物的名字之所以会成其为"这样一个"名字，是由于称呼它如此而形成的。比如说做屋梁的"莛"与做舍柱的"楹"，丑人和美女，以及诡辩、狡诈，等等，皆是人们称其如此才如此的，其内部本来就没有一定的规律，如果当初丑女名叫西施，那么西施也就不会是美女的意思，这就是符号的任意性，也即是连接符号与意义的纽带。如索绪尔言："能指与所指的联系是任意的，或者，因为我们所说的符号是指能指和所指相联结所产生的整体，我们可以更简单地说：语言符号是任意的。"① 在索绪尔看来，符号的能指与所指的关系既是社会习俗所规定的、武断的，又是无须理据的，符号与其意义的结合方式是任意的，不可论证的。语言符号与其所表达的意义之间的联系既然是任意的，那么任何概念都可以用任意一个语言符号来表示。"以指喻指之非指，不若以非指喻指之非指也；以马喻马之非马，不若以非马喻马之非马也。天地一指也，万物一马也。"（《齐物论》）指与非指，马与非马，皆是相对的、任意的，那么天地之间任何一个概念都可以用"一指"来表示，世间万物都可以用"一马"表示，因为语言符号的能指与所指的联结是任意的。

第三，《庄子》还涉及符号中的所指优势问题。所谓"所指"即是"在符号系统中被能指划分并指明出来的意指对象部分"②。符号的功用是用能指指明所指，所指是符号过程的目标或对象，"大部分科学的、理性的、'日常的'符号现象都是所指优势"③。庄子看到了这一现象，《外物》篇中有云："荃者所以在鱼，得鱼而忘荃；蹄者所以在兔，得兔而忘蹄；言者所以在意，得意而忘言。"鱼篓是捕鱼的工具，捕到鱼之后，就会忘掉鱼篓；兔

---

① ［瑞士］索绪尔：《普通语言学教程》，高名凯译，北京：商务印书馆，1980 年版，第 102页。

② 赵毅衡：《文学符号学》，北京：中国文联出版公司，1990 年版，第 17 页。

③ 赵毅衡：《文学符号学》，北京：中国文联出版公司，1990 年版，第 19 页。

网是捕兔的工具，捕获了兔子，就会忘掉兔网。同理，语言是传达意义的工具，得到意义之后，就可以忘掉语言。因为语言是为了交流思想、表达意义的符号系统，一旦意义交流得到实现，能指则会退让。如苏珊·朗格所言："比如一个词，它仅仅是一个记号，在领会它的意义时，我们的兴趣就会超出这个词本身而指向它的概念。一旦我们把握了它的内涵或识别出某种属于它的外延的东西，我们便不再需要这个词了。"①

总之，《庄子》一著虽然没有用到符号学这个名词，但其言意之辨确实含有丰富的符号学思想，由以上几例可见一斑，《庄子》的符号学思想值得继续探讨。

四、三言传意

自古以来，论哲学，人们常常将老、庄并举；谈文学，人们又往往将庄、骚并称。闻一多甚至认为《庄子》的文学价值不只是在文辞上，他的哲学也与寻常的那种峻刻的、料峭地蹙着眉头思索的哲学不一样，"他的思想的本身便是一首绝妙的诗"②。《庄子》不仅是一部哲学的典籍，也是文学上的经典之作，不论在哲学史上还是在文学史中，都离不开庄子的身影。也许有人会说，这是因为当时文史哲不分家的缘故。但是，既然那时文史哲不分家，为什么很少有人将同是论理的《墨子》《公孙龙子》当作文学作品？究其原因，这与《庄子》的言说方式有莫大的关系。《庄子》的言说方式在《寓言》篇中有明确的表述：

> 寓言十九，重言十七，卮言日出，和以天倪。寓言十九，藉外论之。亲父不为其子媒。亲父誉之，不若非其父者也；非吾之罪也，人之罪也。与己同则应，不与己同则反；同于己为是之，异于己为非之。重言十七，所以已言也，是为耆艾。年先矣，而无经纬本末以期年耆者，是非先也。人而无以先人，无人道也；人而无人道，是之谓陈人。卮言日出，和以天倪，因以曼衍，所以穷年。不言则齐，齐与言不齐，言与齐不齐也，故曰无言。言无言，终身言，未尝不言。终身不言，未尝不言。

---

① ［美］苏珊·朗格：《艺术问题》，滕守尧，朱疆源译，北京：中国社会科学出版社，1983年版，第128页。

② 闻一多：《周易与庄子研究》，成都：巴蜀书社，2003年版，第78页。

以上我们大段地引述了《庄子》的文本，是因为这里揭示了《庄子》的言说方式，如阮毓崧指出的："此篇开首四语，是隐将一部著书之法，标列于此。庄子仙才，就全部言之，其天机固自峥嵘浩荡也，独怪此处及《天下》篇，既两标寓言、重言、卮言诸说，明明将全旨揭破，而学者犹多不悟。"① 即是认为"寓言十九，重言十七，卮言日出，和以天倪"四语乃是全书著书行文之方法，惜之颖悟者少。而且这段文字还对庄子为何选择这样的言说方式也进行了剖析，不仅让我们知其然，而且能知其所以然。

所谓"寓言"，郭象认为即是"寄之他人"之言，成玄英对此有进一步阐发："寓，寄也。世人愚迷，妄为猜忌，闻道己说，则起嫌疑，寄之他人，则十言而信九矣。故鸿蒙、云将、肩吾、连叔之类，皆寓言耳。"② 寓言乃是别有寄托的之言，属于"藉外论之"，藉为凭借、依靠之意，也即是借他人之口言之。为何要采用这种方式呢？庄子有其分析。他先是举了一个生活常例，譬如父亲一般不给自己的儿子做媒，为什么呢？毕竟是你自己的儿子，你怎么说，都有王婆卖瓜的嫌疑。自己夸奖自己的儿子一百遍，不如让外人夸奖你的儿子一遍，毕竟后者更容易让人相信。同理，在生活中，当别人的观点与我们相同时，我们一般就会认为是对的，赞同它；与我们的观点相左时，我们往往不认同。当然这里的"寓言"与现在作为文体的"寓言"是不相同的。有学者据《庄子》一书"言"字用法的统计分析指出，此处的"寓言"乃是"寓诸言"的省文，但是《庄子》里面又确实存在诸多的寓言故事。因此《庄子》这里的"寓言"其实是一个很宽泛的概念，其外延不仅包含寓言故事，也可以是人物对话，甚至一个字、一个词都可以是"寓言"，如"天籁""玄珠"等皆是。③

所谓"重言"，有人认为是重述前人之言，也有人认为是借受世人尊重者之言，笔者认为后者较为可取。如郭象认为"重言"即是"世之所重"者之言，成玄英也认为如此："重言，长老乡间尊重者也。老人之言，犹十信其七也。"④ 重言乃是借用"耆艾"之言，用社会一般人的眼光看来，古人、名人之言的影响力和说服力比常人自然要大得多（本书在写作中也多次称引

① 阮毓崧：《庄子集注》，台北：广文书局，1972 年影印版，第 445 页。
② 郭庆藩：《庄子集释》，北京：中华书局，2004 年版，第 947 页。
③ 参见孙克强，耿纪平：《庄子文学研究》，北京：中国文联出版社，2009 年版，第 123～125页。
④ 郭庆藩：《庄子集释》，北京：中华书局，2004 年版，第 947 页。

学界前辈时贤的语言观点来证明所言不虚，大概也是拜庄子"重言"观点之所赐），于是庄子借用他们之口来说出自己的观点，也即借用古人名人之名号，来发庄子之所欲与之言。这也是庄子论说的一个巧妙的策略，如其在文中经常借用孔子及其门人之口来宣扬自己的哲学。最为典型的莫过于《大宗师》中让孔子、颜回师徒演绎庄子"坐忘"的境界，儒家本来是推尊礼乐仁义的，但是在庄子的笔下，孔子与其弟子偏偏成为忘记仁义、摒弃礼乐的角色，达到坐忘的境界，连孔丘本人也"请从而后"（《大宗师》）。既然儒家学者都"认同宣传"庄子之学，那么其价值意义自然不可估量。重言从表达方式上来讲，主要是借用名人、古人之言，其实也属于"藉外论之"，仍是"寓言"之属。

所谓"卮言"，据学者考证，其实就是"作者直接出面表明观点和倾向的言论"①，客观世界与自然之理本来是没有分歧和争议的，但是加上了人的主观见解之后，便出现了争议："有自也而可，有自也而不可；有自也而然，有自也而不然。恶乎然？然于然。恶乎不然？不然于不然。恶乎可？可于可。恶乎不可？不可于不可。"（《寓言》）人们各自依据自己的"理"，于是有了然与不然、对与不对的分歧，因而在庄子看来："物固有所然，物固有所可，无物不然，无物不可。非卮言日出，和以天倪，孰得其久！万物皆种也，以不同形相禅，始卒若环，莫得其伦，是谓天均。天均者天倪也。"（《寓言》）事物的形成发展有其各自的规律道理，没有什么事物是本来不该这样，或者不应该那样，因此要"卮言日出，和以天倪"。所谓"日出"即前面所言的与时为用，安时而处顺，与时消息；"天均者天倪也"，天倪即是天均，郭象注、成玄英疏皆认为"均"乃是"均齐""齐等"之意②，也即齐同物论，顺应自然规律的变化，如此才能够流传长久。

纵观《庄子》一书，寓言十之九，重言十之七，当然这里有重合的部分："《庄子》书中，往往寓言里有重言，重言里也有寓言，是交互错综的，因此寓言的成分即便占了全书的十分之九，仍无害于重言的占十分之七。"③实际上前面我们已经说过，重言从表达形式而言，也属于寓言之一种。寓言、重言、卮言其层级关系有两种情况。其一，寓言、重言乃是表达形式，

---

① 孙克强，耿纪平：《庄子文学研究》，北京：中国文联出版社，2009 年版，第 132 页。
② 郭庆藩：《庄子集释》，北京：中华书局，2004 年版，第 952 页。
③ 张默生：《庄子新释》，济南：齐鲁书社，1993 年版，第 17 页。

而卮言乃是要表达的内容；其二，有人认为"寓言十九，重言十七"等为理论上的大略的说法，而实际运用中，此三者乃是浑然一体的，所以有人认为此三者皆是"寓言"。如前文引司马迁《史记》之文谓庄子"著书十余万言，大抵率寓言"；抑或认为寓言、重言、卮言之属皆是卮言，如王夫之《庄子解》所云："寓言重言与非寓非重者，一也，皆卮言也，皆天倪也。"① 《庄子新释》云："要知道庄子全书，无一不是卮言，寓言重言，都在卮言中包含着，所以说是'三位一体'。"② 不论此三者皆是寓言还是卮言，从作用上看，都是作为表达形式之用的，其目的为了传达庄子的学术思想（内容层面）。因此我们可以用以下简图3—3从符号学角度示意其关系：

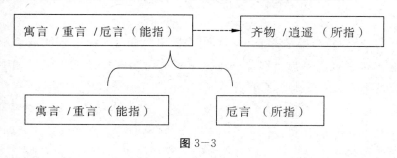

图 3—3

在前文讨论庄子的语言符号思想时，我们已经指出，庄子对言意关系是持有一种怀疑态度的，他并不认为言能达意。"道不可言，言而非也"（《知北游》），既然认为言不尽意、道不可言，但是为什么还是要用"三言"来传意呢？个中原因其实庄子也有过解释："荃者所以在鱼，得鱼而忘荃。蹄者所以在兔，得兔而忘蹄。言者所以在意，得意而忘言。"（《外物》）看到这句话我们很容易联想起前文论述易学符号思想时所说的立象尽意、得意忘象之论。事实上二者确有相似之处，《周易》不断取象，《庄子》反复寓言，皆是害怕读者拘泥于一象、一言而把言说者之意坐实，所以此二者皆极尽变化之能事，目的就是要打开接收者的视界、思路。于《庄子》而言，正像其后学指出的："芴漠无形，变化无常，死与生与，天地并与，神明往与！芒乎何之，忽乎何适，万物毕罗，莫足以归，古之道术有在于是者。庄周闻其风而悦之，以谬悠之说，荒唐之言，无端崖之辞，时恣纵而不傥，不以觭见之也。以天下为沈浊，不可与庄语，以卮言为曼衍，以重言为真，以寓言为

---

① 王夫之：《老子衍·庄子通·庄子解》，北京：中华书局，2009年版，第322页。
② 张默生：《庄子新解》，济南：齐鲁书社，1993年版，第16页。

广。独与天地精神往来而不敖倪于万物，不谴是非，以与世俗处。"①（《天下》）古来之道术认为天地之初寂寥无形，万物化育之后，变化无常，是死是生，与天地造化相同，来来去去、芒芒昧昧、恍恍惚惚，它无所不包又无处可依。这也正是庄子所喜欢的，于是他用广大的言论、放任的词句来寄言其悠远的思想学说，以卮言、重言、寓言来寄语思想。也正是因为其言说的方式是这样的，才造成了其书汪洋磅礴的风貌气势："其书虽瑰玮而连犿无伤也。其辞虽参差而諔诡可观。"（《天下》）这里不仅指出了《庄子》一书旨趣高远的特征，更强调了其"辞"的观赏性，成玄英疏曰："参差者，或虚或实，不一其言也。諔诡，犹滑稽也。虽寓言托事，时代参差，而諔诡滑稽，甚可观阅也。"② 其词句参差不齐，其道理千变万化、婉转无穷，并且大有可观。人们读《庄子》的时候，不仅对其玄远的意义感兴趣，对其文辞本身也颇感兴趣，符号文本将读者的注意力吸引到符号文本本身，使文本具有了"诗性"。

正是因为庄子别具一格的言说方式才造成了其独特的文风，奇妙的寓言想象、0幽深玄远的寄意，如《逍遥游》中的大鹏，《齐物论》中的人籁、地籁、天籁，《养生主》中的右师，《人间世》中的栎社树，《德充符》中的兀者王骀、申徒嘉、叔山无趾，《大宗师》中的子祀、子舆、子犁、子来，莫不奇诡玄妙；《天运》中的丑女效颦，《秋水》中的埳井之蛙，《徐无鬼》里面的匠石运斤，《列御寇》中的舐痔得车，则更是成为人们耳熟能详的故事。特别是《人间世》中的那个支离疏，他奇形怪状："颐隐于脐，肩高于顶，会撮指天，五管在上，两髀为胁。"他的两腮贴近肚脐，肩膀比头顶还高，发髻直指天空，脊椎骨高出头顶之上，大腿靠着两肋骨，这个读来令人毛骨悚然的形象不禁让人为庄子的奇特想象击节。如果按照一般的眼光来看，这是个无用的废人，但是实际上呢？"上征武士，则支离攘臂而游于其间；上有大役，则支离以有常疾不受功；上与病者粟，则受三钟与十束薪。夫支离其形者，犹足以养其身，终其天年，又况支离其德者乎！"不论征兵还是徭役，这个支离疏皆因为身体残疾而免于征战劳苦，可是当国家赈济穷苦病痛之人时，支离疏则往往因其畸形而优先得到补助。他靠着畸形养活了

---

① 据崔大华考证，《天下》篇应属于庄子后学所作，其写成当在《庄子》诸篇之后。参见崔大华：《庄学研究》，北京：人民出版社，1992年版，第97～103页。

② 郭庆藩：《庄子集释》，北京：中华书局，2004年版，第1101页。

自己，直到寿终正寝。相反，那些看起来健壮有用的人，在征战的时候，常常沦为炮灰，成了战争的牺牲品，如郭象所言："有用则与彼为功。"① "与彼为功"即是成就了别人的功业，深刻一点说也即唐人曹松所言的"一将功成万骨枯"（《己亥岁二首》其一）的人生体验。世人常以他者眼光中的"有用"来确立自我的价值，"我"的价值实际上是以"他人"的取舍为衡量标准，其实并没有考虑到自我的价值与意义，庄子看穿了其中的不合理，于是得出了这样的结论："山木自寇也，膏火自煎也。桂可食，故伐之；漆可用，故割之。人皆知有用之用，而莫知无用之用也。"（《人间世》）所以用这样一种寓言的形式将其揭示出来，这比《老子》第十一章关于有无之用的探讨自然更为形象生动。当然，庄子时常是以一连串的寓言来反复寄予其意的，与支离疏相连的寓言还有商丘的不材之木，因为不材，故能成其大；而宋国荆氏的楸、柏、桑木之属，皆因为其材而早早受到斧斤之伐；而白额之牛、仰鼻之猪及有痔疮的人，都因为有缺陷而免于在祭祀时作为祭品投到河里。世之所短，成为其谋生之长；世之所长，反而成为戕害自身的利器；庄子的见解可谓独到而深刻。然而庄子正是将这样抽象的道理寓于活生生的形象描绘之中，使寓言故事形象成为某种理念或意味的象征。

赵毅衡先生在《文学符号学》中曾经论及强编码符号与弱编码符号这两个概念，强编码符号的意义基本上就是所指，而弱编码符号的意义则不止停留在所指上，它不仅有外延意义，还有内涵意义。一般而言，强编码符号多存在于实用的或科学的符号系统中，弱编码符号多存在于文学的艺术的符号系统中②。也即是说，如果作为符号的文本直指意义，中间没有延宕和有意的遮蔽的话，那么这种符号文本一般属于报告说明之属；相反，如果能指与所指之间有间隔、延宕，读者需要通过思索揣摩而后得知的，这就是文学。作为一种艺术符号，"一旦符号文本与意义之间几乎没有距离，就是浅薄的诗，或标语口号诗。艺术理解是缓刑：从感知中寻找识别，从识别中寻找理解，这个过程越费力越让人满意，哪怕最后找不到理解，这个寻找过程本身，而不是理解的结果，让人乐在其中"③。这也许就是艺术品的魅力，也正是艺术符号与实用性符号的最大差别。所以人们喜欢将《庄子》作为文学

---

① 郭庆藩：《庄子集释》，北京：中华书局，2004 年版，第 186 页。
② 参见赵毅衡：《文学符号学》，北京：中国文联出版公司，1990 年版，第 34~35 页。
③ 赵毅衡：《符号学原理与推演》，南京：南京大学出版社，2011 年版，第 173 页。

作品来读，显然是认为其属于弱编码符号系统。《庄子》一书的文学性正在于它的三言传意的言说方式，使其文本表现为一种"有意味的形式"①，造成了意义的延宕，所以千百年来，庄子不仅受到了哲学家的青睐，也被文学家所热爱。相反，像《墨子》这样"意显而语质"（《文心雕龙·诸子》）的作品自然不会被文学史家所青睐。

第四节　反观与前瞻：名实之辩与言意之辨

先秦老、庄学术作为中国文化的一个重要源头，对中国的文化思维习惯产生了深远影响。老、庄的符号思想主要表现在名辩逻辑领域及语言学领域。由于现代学术分工的细化，从事老庄名辩符号学研究的学者集中在逻辑学领域，而从事老庄语言符号思想研究的学者集中于语言学领域。这种研究分工有利有弊，从长远来看，弊大于利，因此老庄符号思想研究亟须更多不同学术背景的学者的参与，全方位、多角度探析其符号思想及现代意义，如老庄"无名"的符号思想对现代符号横流社会弊病的救治。

老、庄在中国学术史上属于道家学派，司马谈《论六家之要旨》云："道家使人精神专一，动合无形赡足万物。其为术也，因阴阳之大顺，采儒墨之善，撮名法之要，与时迁移，应物变化，立俗施事，无所不宜，指约而易操，事少而功多。"② 道家在学术上兼采名、墨、儒、法诸家之长，故而指约易操，事少功多，自成一派。老庄的言意之辨及名学观皆富含符号思想，亦为当今学界所瞩目，试梳理如下。

一、名实之辩的符号学研究回望

无论是老子还是庄子，都曾在著作中对名学进行了探析，名学是中国逻辑学的重要组成部分，而逻辑学与符号学又紧密联系，因此早期对老庄的名学研究多少涉及老庄的符号思想，如胡适的《先秦名学史》中就有专门的一章《庄子的逻辑》来探析庄子的逻辑思想，伍非百先生的《中国古名家言》也有专章诠释庄子的《齐物论》的名辩思想③。新时期以来，学术研究百花

---

① 苏珊·朗格：《情感与形式》，刘大基等译，北京：中国社会科学出版社，1986年版，第42页。
② 司马迁：《史记》，北京：中华书局，1982年版，第3289页。
③ 参见伍非百：《中国古名家言》，成都：四川大学出版社，2009年版，第649～736页。

齐放，名辩逻辑学研究兴盛，诸多名辩逻辑学研究著作中亦曾涉及老庄名辩思想，如汪奠基的《中国逻辑思想史》（上海人民出版社 1979 年版），专章探讨道家无名论的逻辑思想；李匡武主编的《中国逻辑史·先秦卷》（甘肃人民出版社 1989 年版）中亦有专节论述老子、庄子的名辩逻辑思想；周云之的《先秦名辩逻辑指要》（四川教育出版社 1993 年版，亦曾论及老、庄名辩逻辑思想），崔清田主编的《名学与辩学》（山西教育出版社 1997 年版）亦有专章论述老庄的辩学思想；翟锦程的《先秦名学研究》（天津古籍出版社 2005 年版）有专章研究老子、庄子的"无名"思想。然而以上研究主要是基于逻辑学的研究，而非着眼于符号学的研究。

符号学作为一门独立的学科，勃兴于 20 世纪 60 年代的欧美等国，而中国真正成规模的符号学研究是 20 世纪 80 年代的事情。"由于中国文化传统具有极为丰富的符号学内涵，因此根植于这种文化背景中的中国符号学研究，从起步就显示出与众不同的勃勃生机。"[1] 老庄名辩学的符号思想中就蕴含着丰富的符号学思想，亦为中国学者所发掘。

20 世纪较早观照道家名学中的符号学思想的是林铭钧、曾祥云、吴志雄的《从符号学的观点看先秦名学》（载《自然辩证法研究》1995 年第 11 期增刊）一文，稍后有徐阳春的《从符号学看中国古代名学》（载《绍兴文理学院学报》1998 年第 2 期），曾祥云、刘志生的《名学与符号学》（载《长沙电力学院学报》1999 年第 1 期）等论文，这些文章在探析先秦名学与符号学的关系时皆曾涉及老庄的名学符号思想。如徐文通过研究指出，老子总体上持名实具有相对性的观点，老子尽管认为道不可名，但是并不主张无名，因为万物有声、形、色可以感知，故而人们可以制名，"始制有名"（《老子》第三十二章）。老子阐明名实的相对性主要基于人类受认识能力的局限，能够把握特定对象的某一方面，但是不可能将认识到的每一方面都在某个名的意义中得到反映，因为不管哪个名的意义都只是从特定的角度去反映的特定的对象，所以名实关系具有相对性。[2] 这种观点是对传统老子无名论的反驳，认为老子并不是绝对认为名不能反映实，而是能部分片面地反映实，名实的关系是相对的，而不是绝对的，具有一定的积极意义。

21 世纪以来，符号学研究趋于繁盛，研究论文亦逐渐增多，其中具有

---

① 王铭玉，宋尧：《中国符号学研究 20 年》，《外国语》，2003 年第 1 期。
② 徐阳春：《从符号学看中国古代名学》，《绍兴文理学院学报》，1998 年第 2 期。

代表性的论文有黄尚文的《老子的名实思想、语言观及其影响》(《载零陵学院学报》2004 年第 5 期)，王寅的《对"名实"与"能指所指"对应说的思考》(载《外语与外语教学》2006 年第 6 期)，曾祥云的《中国古代名学论略——从语词符号的角度》(载《学习论坛》2008 年第 6 期)，李瑾的《先秦诸子的名实论与符号学》(载《山东教育学院学报》2008 年第 2 期)，李葆嘉的《先秦名论：认知－思辨论和伦理－权术论》(南京师范大学文学院学报 2010 第 2 期) 等。

黄尚文研究指出老子的名实思想中已经形成了比较系统的语言观，它一方面肯定了语言在人类认识交流中的积极作用，另一方面对语言的消极性、局限性作了超前论述，指出语言并不能穷尽事物的本相，人类必须借助语言之外的直观体悟去领会世界万物的奥妙，而老子的名实思想和语言观对中国语言学、民族文化心理等都产生了深远影响[1]。文章从语言符号反映客观世界的积极、消极层面入手，探讨了老子的名学观的语言符号思想，一反前人专注于老子对语言符号消极性的认识，而没有关注老子对于语言符号积极性的探求的缺陷，具有一定的价值。李瑾通过对老庄名学的进一步探析指出庄子对老子的名学进行了深化拓展，庄子并非要废除语言符号系统，而是要借助语言符号来达到超越符号的意义[2]，亦是破除了传统上偏执于老庄语言符号消极意义的研究现状，显示出研究者开阔的学术视野与学术锐气。

二、言意之辨的符号学研究回顾

西方符号学家莫里斯等人皆认为符号学有四个源头，即语言学、逻辑学、修辞学和解释学[3]，无论是儒墨两家的名学还是道家的名学，都与逻辑学关系密切，而道家的言意之辨则与语言学联系紧密。

较早从符号学的角度探析庄子言意思想的是余卫国先生，其《庄子的言意思想浅说》一文认为庄子的言意思想奠定了中国古代语言符号学的基础，对魏晋言意之辨乃至中国传统哲学文化思维方式都产生了深远影响。他指出庄子的"言"具有"意指"含义，而意则指意义，言与意的关系基本上相当于索绪尔的能指与所指的语言符号关系，言意关系就是语言符号问题；"得

---

① 参见黄尚文：《老子的名实思想、语言观及其影响》，《零陵学院学报》，2004 年第 5 期。
② 参见李瑾：《先秦诸子的名实论与符号学》，《山东教育学院学报》，2008 年第 2 期。
③ 参见茨维坦·托多洛夫：《象征理论》，王国卿译，北京：商务印书馆，2004 年版，第 12 页。

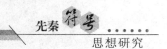

意忘言"是庄子言意思想的重要组成部分,语言符号是传达意义的工具,意义的实现,有赖于语言符号,但是不能拘泥于符号,一切尽在不言中才是庄子言意思想的最后归宿。①

此后随着国内符号学理论的译介与引进,试图用从符号学的角度对老、庄的言意之辩进行探析的文章逐渐增多,其中较有代表性的文章如刘宗棠的《"言,意,象"新论——"言意之辩"与符号学》(载《贵阳师专学报》1993年第4期),黄河的《庄子"言"、"意"关系的符号学分析与文学语言的基本特征》(载《曲靖师专学报》1997年第3期),胡建次、邱美琼的《庄子的言意论与符号学的能所观》(载《抚州师专学报》1999年第4期),袁正校、何向东的《得意忘言与言意之辩——兼论中国文化的符号学特征》(载《西南师范大学学报》1999年第2期)等。皆从符号学的角度探析老庄言意之辩的意义,研究逐渐深入,并上升到中国文化层面,指出言意之辩中的贵意论对中国文化思维习惯产生了极其深远的影响,而怎样从符号学角度进一步追问贵意论的地位、作用功能等则是我们需要继续探讨的问题。②

21世纪以来,符号学理论的传播应用向深广化方向发展,应用符号学理论探讨老庄言意之辩的论文逐渐增多,这其中较有代表性的文章有很多,诸如张小琴的《试析庄子的言说方式》(载《陕西师范大学学报》2001年第1期),刘颖倩的《庄子"言意说"与索绪尔"能指、所指"说比较》(载《华南师范大学学报》2002年第1期),郭莉的《从语用学的角度重析庄子的语言观》(载《伊利教育学院学报》2002年第2期),罗维明的《老庄之道与言意之辩》(载《广州大学学报》2003年第3期),雷缙碚的《"能指"、"所指"与"天地一指"——庄子与索绪尔语言学想通之处》(载《重庆三峡学院学报》2004年第3期),汪振军的《中西美学视野中的言意观——以庄子和符号学为例》(载《郑州大学学报》2004年第5期)等。其中我们可以看出国内学者的研究角度走向精细化,如郭莉的论文从语用学角度切入,不再做泛泛之论。此外从这些学者的论著中我们可以看到,随着中国符号学研究的深入,我们对国外符号学理论不再停留在"拿来"的层面,而进入"比勘"的高度,一方面深度挖掘中国文化典籍中的符号思想,另一方面试图找

---

① 参见余卫国:《庄子言意思想浅说》,《宝鸡师院学报》,1989年第3期。
② 袁正校,何向东:《得意忘言与言意之辩——兼论中国文化的符号学特征》,《西南师范大学学报》,1999年第2期。

寻其独特的中国特色。如上述刘颖倩的论文就很具有代表性，而黄河的论文则上升到了符号美学的高度，指出其对中国文学艺术审美特征的影响，可谓高屋建瓴。

三、名实之辩、言意之辨的前瞻

通过简单梳理老庄符号思想及其研究现状，我们可以发现学界目前对老庄名学符号思想以及言意之辨的符号思想研究得较为深入，研究成果也较为突出。从研究者的学理背景上，我们可以看出从事老庄名学符号思想研究的学者的出身基本上集中在逻辑学哲学领域，而对言意之辨的符号思想进行研究的学者基本上出身于语言学领域。诚然，术业有专攻，不同学术背景的学者看问题的角度和使用的方法肯定会各有特色，但是由于现代学术走向专精化，学者的综合素养或许没有前代学者高，即使在其所属的学术领域会有发言权，但是一旦超出其领域就容易失去发言权。而老庄作为中国文化思想的一个重要源头，对中国的文学艺术、思维习惯等都产生过深远影响，其符号思想的影响是多方面的。

因此，要想提升对老庄符号学研究的高度、拓展其研究的宽度，亟须具有不同学术背景的学者参与进来，全方位、多角度挖掘老庄符号思想，特别是老庄符号思想的现代意义，如老庄的无名思想对现代符号横流的社会弊病的救治作用。尤其是现代中国人对奢侈品的狂热追求与过度消费问题等，这种现象被当代学者赵毅衡先生认为是正在进入以追求符号价值为主的"异化符号消费"时代的表现，而这种过热的追求迟早会引发符号灾难，灾难过后，人类或许会认清符号的本质，摆脱对符号的过度依赖而过上一种本真的生活。① 而老子的无名思想也是有感于当时社会诸侯乱政、过度追求权力符号的社会现实而发，因而提出"无名"思想来消解人类无限膨胀的符号欲望，让人类回归心灵的宁静与自适。此二者之间有诸多相似之处，更何况挖掘老子无名思想的符号学意义对调解现代符号学危机是一件有积极意义的事情。又如老庄言意之辨及其文本本身的语义问题对中国传统美学思想、民族文化心理建构的作用等，也亟需我们深入探讨。

---

① 参见赵毅衡：《符号学原理与推演》，南京：南京大学出版社，2011 年版，第 380~382 页。

第四章　名墨符号思想

论及中国传统符号思想，不能不谈名墨二家。相对于儒道两家而言，名墨符号思想显得更加"专业"，其涉及的议题与现代符号学的关联性更大，如名实关系问题、概念释义问题、语言逻辑问题等，名墨先哲对此多有发明，有学者甚至认为名家"实际上就是中国古代的符号学家"①。但是名墨二家的学说在秦帝国一统天下之后，特别是汉朝代兴之后，为官方废弃，逐渐湮没不闻，直到清代才逐渐回归学术视野。晚近以来，名墨学说中蕴含的语言学、逻辑学、符号学思想也逐渐为人们所揭示。可以说，名墨符号思想是中国传统符号学的一大宝库，亟须我们继续开发。

第一节　墨家与名家

要谈名墨符号思想，必须先把几个基本问题搞清楚，也即将名家与名学、墨家与墨学以及名墨学术关系、名辩学与符号学的关系等梳理清楚，这样便于我们梳清源流，提纲契领地把握其学术脉络与符号思想。

一、墨家与墨学

墨家学派在先秦是与儒家并称"显学"的一大学派，"世之显学，儒墨也"（《韩非子·显学》）。《汉书·艺文志》著录墨家学说时指出当时的文献情况如下：《尹佚》2篇，《田俅子》3篇，《我子》1篇，《随巢子》6篇，《胡非子》3篇，《墨子》71篇，共存六家，计86篇，并在回溯墨家学术渊源时说："墨家者流，盖出于清庙之守。茅屋采椽，是以贵俭；养三老五更，是以兼爱；选士大射，是以上贤；宗祀严父，是以右鬼；顺四时而行，是以非命；以孝视天下，是以上同：此其所长也。及蔽者为之，见俭之利，因以

---

① 李先焜：《论先秦名家的符号学》，《湖北大学学报》，1995年，第5期。

非礼，推兼爱之意，而不知别亲疏。"① 此言指出了墨家的学术来源，即是清庙之官②。清庙即明堂，吕思勉引《淮南要略》等典籍，证明明堂乃是上古政令所出之处，其制极简，不同于儒家推崇的繁缛的周礼系统③，墨家学术推崇清庙礼仪之学，贵俭、兼爱、上贤、右鬼、非命、上同等乃是墨家的思想学术旨趣。由于墨家节用非礼（儒家的那种繁复之礼），兼爱无父，不别亲疏，遭到了儒家孟子的讥讽，此即其所言"蔽者为之"之意。

墨家学术的代表即墨子，墨子被视为集墨学之大成者，"墨家之有墨子，犹儒家之有孔子矣"④。墨子的生平，史料记载很少，《史记·孟子荀卿列传》后面对墨子附录了 24 个字的介绍："盖墨翟，宋之大夫，善守御，为节用。或曰并孔子时，或曰在其后。"⑤ 认为墨翟为宋人，其特长是守御，其学说为节用，这些基本上是符合墨子实情的。墨子生活的年代，司马迁也只是说了个大概，大概与孔子同时或者稍后。关于墨子的生平里籍情况，结合当今学者的最新研究成果，我们在这里作一简单介绍。徐希燕《墨学研究》经过史料稽考，并辅以实地调查情况，确定墨子为宋人（近河南鲁山），大约生于公元前 480 年（前后误差不超过 3 年），卒于公元前 389 年（前后误差不超过 5 年），也即是孔子谢世前后墨子出生了⑥，此或可备一说。这样我们就基本上确定了墨子生活的大致时代背景，偏差不会太大，对理解墨子学说思想多少或起到知人论世之效。

关于墨子的姓名问题，也是学术史上的一大疑案。一派认为墨子姓墨名翟，邢兆良的《墨子评传》、徐希燕的《墨学研究》等新著综合了史上诸多相关资料仍持此说；一派认为墨子乃是学派之名，非学术之名。近人江瑔《论墨子非姓墨》一文经过详细考订，列出了八条例证，指出墨子之"墨"非姓氏之称，而是学术之称，与儒、道、农、法诸家相同。言墨子之徒以"墨"为学，"墨"学始于大禹，传于史佚，至墨子发扬光大而盛极一时。至

① 陈国庆：《汉书艺文志注释汇编》，北京：中华书局，1983 年版，第 144～145 页。
② 《汉书·艺文志》叙录诸子百家，皆是言出于某官，而此处独言"守"，古今学者多认为是"官"字之误，可参看张舜徽：《汉书艺文志通释》，华中师范大学出版社 2004 年版，第 320～321 页；陈国庆：《汉书艺文志注释汇编》，中华书局 1983 年版，第 144 页。
③ 吕思勉：《先秦学术概论》，北京：中国人民大学出版社，2011 年版，第 167～168 页。
④ 陈柱：《诸子概论》，南京：江苏文艺出版社，2008 年版，第 127 页。
⑤ 司马迁：《史记》，北京：中华书局，1982 年版，第 2350 页。
⑥ 参见徐希燕：《墨子研究》，北京：商务印书馆，2001 年版，第 4～20 页。

于墨翟之"翟",江瑔根据史料推测或是其姓,或是其名,未敢定论。① 其考证精详,理据确凿。近代学者钱穆的《墨子·惠施公孙龙》、陈柱的《诸子概论》亦多持此说,笔者亦认为江氏之说论据精审确切,认同此论。

确定墨子之"墨"乃是学术之称,对确定墨子的身份来源、学术旨趣有着重要的意义。春秋时期,由于铁制农具的广泛使用,经济得到了迅速发展,加之王权失衡,大国争霸,战争不断,社会阶层急剧变动,导致一些掌握文化知识的贵族沦为平民,如孔子便是;而且原来周王室的一些掌管礼乐文化、图书典籍的官员也因为政治变动而流落民间,如老子便是;还有一部分小生产者、小手工业者,他们通过自己的努力争取,掌握了文化知识,如墨子便是。② 不论是身份地位下降的孔子、老子,还是身份地位上升的墨子,他们逐渐形成了一个新的掌握文化知识的士人阶层:"从不同阶级出身的'士',纷纷要求参与政治,企图创立一套新的学说或办法来适应当时的情况。"③ 但是因为出身地位的不同,他们的政治诉求、解决社会问题的方法也各不相同,如老子倡导黜名薄礼,孔子提出恢复周礼,墨子则提出兼爱节用。墨子称道大禹:"非禹之道也,不足为墨。"(《庄子·天下》)大禹治水,短衣节食,劳作不息,为墨家所推崇。墨家学人,提倡亲自劳作,他们风吹日晒,面目黧黑,如受黥刑。所以尽管墨家学者曾将向儒家学习④,但是因为出身和学术旨趣的不同,他们反对儒家倡导的礼乐文化,反对食于人的贵族寄食生活。

《墨子》在《汉书·艺文志》里面的著录为71篇,今存53篇。现存《墨子》一著,应为墨子及其弟子所著;即便不是墨子亲著,也应是墨家弟子记录发挥墨子的思想学说。这其中著作权争议较大的是《墨经》6篇

---

① 参见江瑔:《读子卮言》,上海:华东师范大学出版社,2012年版,第103~117页。

② 《吕氏春秋》载:"鲁惠公使宰让请郊庙之礼于天子,桓王使史角往,惠公止之。其后在于鲁,墨子学焉。"参见许维遹:《吕氏春秋集释》,北京:中华书局,2009年版,第52~53页。

③ 任继愈:《墨子与墨家》,北京:商务印书馆,2005年版,第4页。

④ 《淮南子·要略训》言:"墨子学儒者之业,受孔子之术,以为其礼烦扰而不说,厚葬靡财而贫民,久服伤生而害事,故背周道而用夏政。"参见何宁:《淮南子集释》,北京:中华书局,1998年版,第1459页。

(《经上》《经下》《经说上》《经说下》《大取》《小取》)①。晋人鲁胜等认为《墨辩》4 篇(《经上》《经下》《经说上》《经说下》)是墨子自著，清人孙诒让等人则认为是后期墨家所著。笔者曾经亦认为此《墨辩》4 篇及《大取》《小取》为后期墨家所著。② 经过近几年的研究思考，认为《墨经》归于墨子自著(包括墨子述弟子记，如《大取》篇"天下无人，子墨子之言也。犹在。")似乎更合实际。首先，《庄子·天下》篇谓"相里勤之弟子五侯之徒，南方之墨者若获、已齿、邓陵子之属，俱诵《墨经》，而倍谲不同，相谓别墨"，庄子去墨子时代不远，其云后期墨家俱诵墨经，而《墨子》中称为"经"只有《墨辩》4 篇(4 篇中皆有"经"字)，但是因为此时墨家内部出现不同派别，祖述墨经而各有其主，故而相互攻击对方为"别墨"；其次，从此《墨辩》4 篇及《大取》《小取》的文体风格来看，多简单明了，与《老子》《论语》类似，而不像后来的《孟子》《庄子》《荀子》那样动辄长篇大论，其在完稿时间上似应早于其他篇章；其三，《墨辩》4 篇在体例结构上有自己的特点，如《经上》各条多是基本定义原理，而《经下》则是对《经上》原理的推理论证，《经说上》《经说下》多是对经文的阐释；其四，从学术史的发展来看，《汉书·艺文志》记载诸子的一个基本模式为："某家者流，出于某官，……及某者为之，……"谭戒甫曾经分析指出，言"出于某官"指其学术胚胎及产生时之情状，言"某家者流"乃是指其家成立及兴盛时之情状，而"及某者为之"乃是指其学术衰落演变时的情状③，《小取》篇在论及"辩"的目的作用时，强调的就是"明是非之分，审治乱之纪，明同异之处，察名实之理，处利害，决嫌疑"的作用，"辩"的首要要求明是非，而不是战国时期名家的那种以是为非、以非为是的诡辩论，因此从学术发展史的角度来看，《墨辩》论"辩"应该是墨家学说兴盛期的作品，也即墨子时代的作品；其五，墨子提出了关于"辩"的"正"方论述，庄子提出了"辩"的反方论述，一正一反，符合德国哲学家黑格尔提出的关于哲学史

---

① "墨经"一名出自《庄子·天下篇》，近人梁启超《墨经校释》把《经上》《经下》《经说上》《经说下》四篇称为《墨经》；而清人汪中《述学·墨子序》中则认为《经上》《经下》《经说上》《经说下》《大取》《小取》六篇为《墨经》；"墨辩"一名系晋人鲁胜所创，其在《墨辩注·序》中说《墨辩》为四篇，即《经上》《经下》《经说上》《经说下》。参看李匡武：《中国逻辑史·先秦卷》，兰州：甘肃人民出版社，1989 年版，第 181～183 页。为论述方便，我们这里将包含六篇的称为《墨经》，包含四篇的称为《墨辩》。

② 唐小林，祝东：《符号学诸领域》，成都：四川大学出版社，2012 年版，第 165 页。

③ 谭戒甫：《墨辩发微》，北京：中华书局，1964 年版，第 30 页。

发展遵循的"正、反、合"过程规律，可见墨子关于"辩"的论述早于庄子，故《墨辩》4篇当为墨子所著[①]。此外，今存《墨子》中，《尚贤》《尚同》《兼爱》《非攻》《天志》《非命》等俱是上、中、下3篇，而《节用》《节葬》《明鬼》《非乐》《非儒》也应是上、中、下3篇而有流失缺漏。从见存的一题三分的情况来看，"文字皆极累重"[②]，而且多有"子墨子言曰"字样，与《论语》"子曰"模式基本相同，应是墨家后学述墨子之学，这又与《韩非子·显学》篇中所言的自墨子死后，墨家有相里氏之墨、有相夫氏之墨、有邓陵氏之墨，"墨离为三"相应，笔者认为，这些才应归于墨家后学所著。当然，由于确切史料的缺乏，加之年代久远，这些也只是依据现有材料的"合理性"推测，今后或有确切的考古材料来将其加以定论。

墨家学术曾经盛极一时，但是自汉代"罢黜百家"以后，研究墨学的人仅有晋人鲁胜《墨辩注》与唐人乐台的《墨子注》，而且早已湮没不彰。此外唐人韩愈还有《读墨子》而已，真可谓是屈指可数。墨家学说逐渐沦为绝学，直至近代，墨学才开始复兴。

二、名家与名学

"名"的观念在先秦的知识论与伦理思想上都极为重要，如儒家的孔子有正名说，荀子有《正名篇》；道家的老子有"名可名，非常名"之说，庄子有"圣人无名"之论；墨家有墨辩之论，法家亦有形名之说，各家的名学思想各有侧重。而对先秦名学进行较为系统探讨的则当属后来被命名为"名家"的这一派学者。

"名家"实际上是一个后起的名词，在先秦诸子中，名家最早被视为"辩者"，如最早辨析先秦诸子学术的《庄子·天下》篇就曾称惠施、桓团、公孙龙为"辩者之徒""以善辩为名"，但是在先秦诸子中，"善辩"者何止这些，孟子、荀子等亦会言善辩，因此仅仅以"辩者"之名不足以统摄此派学术的特征。首次将"辩者"归类为"名家"的是司马谈，在其论先秦学术的《论六家之要指》中指出："名家使人俭而善失真；然其正名实，不可不察也。""名家苛察缴绕，使人不得反其意，专决于名而失人情，故曰'使人

---

① 此条意见参考徐希燕：《墨学研究》，北京：商务印书馆，2001年版，第23页。
② 吕思勉：《经子解题》，上海：华东师范大学出版社，1995年版，第141页。

俭而善失真'。若夫控名责实，参伍不失，此不可不察也。"① 这段评析在当时来说算是比较客观的，它至少从正反两面指出了名家的优缺点，名家正名实这一点，司马谈是持肯定态度的；当然他也指出了名家的缺点，如"使人俭而善失真""苛察缴绕"，失之烦琐。

关于名家学术源流，《汉书·艺文志》是这么说的："名家者流，盖出于礼官。古者名位不同，礼亦异数。孔子曰：'必也正名乎！名不正则言不顺，言不顺则事不成。'此其所长也。及警者为之，则苟钩鈲析乱而已。"② 明确指明了名家的来源及其流变。劳思光认为《汉书·艺文志》援引孔子正名之言是张冠李戴，并将先秦名学分为两派，一派起于孔子，终于韩非；另一派起于老子，终于墨辩。前者重"实践旨趣"，后者重"理论旨趣"。而《艺文志》将儒法一系的名学与名家之说混为一谈。③ 劳氏其实是将学术之源与学术之流混淆了。盖名家之学起源于礼官，礼官的主要工作之一即是通过制定礼乐等级来区分现实生活中人的身份等级及亲疏贵贱关系，然后各人依据自己的名位来对号入座，享用其相应的礼乐。名家之学应诞生于礼崩乐坏之际，"名"与"实"的关系出现了裂痕、错位，名学产生的根本原因在于礼乐失常，传统社会秩序失序，伦理道德失衡，人们不再以礼为尊，所以才会出现有学者对此进行思辨研究，来探讨名实关系问题。而礼其实就是一套规范人们表意活动的符号系统，赵毅衡先生指出"意义不在场才需要符号"④，某种符号的大量出现，正是因为社会上缺少相应的意义。名家学派的出现，也正是因为社会上名实不符，才引起人们的思考，只不过他们的思考已经超出了儒法一系的范围，由政治伦理层面转向了逻辑哲学层面。一般而言，名家的名学思想注重的是知识论，以正名论理，注重逻辑思辨，其中心是"名"与"实"的逻辑关系问题。如周文英言，名家之学当属于先秦名辩大思潮出现后逐渐分化出来的一部分转向狭义的、更具逻辑色彩的讨论与研究，是一种"名辩逻辑"之学。⑤ 但是当这种学术为"警者"掌握的时候，他们就极尽析辞辩难之能事，加之中国传统文化中重实际而轻玄想思辨的特征，故而不为人喜。

---

① 司马迁：《史记》，北京：中华书局，1982 年版，第 3289 页，3291 页。
② 陈国庆：《汉书艺文志注释汇编》，北京：中华书局，1983 年版，第 141 页。
③ 劳思光：《新编中国哲学史》，桂林：广西师范大学出版社，2005 年版，第 288 页，302 页。
④ 赵毅衡：《符号学原理与推演》，南京：南京大学出版社，2011 年版，第 46 页。
⑤ 参见周文英：《周文英学术著作自选集》，北京：人民出版社，2002 年版，第 175 页。

《汉书·艺文志》载录的名家有：《邓析》2 篇、《尹文子》1 篇、《公孙龙子》14 篇、《成公生》5 篇、《惠子》1 篇、《黄公》1 篇、《毛公》9 篇，计 7 家 36 篇。但是我们现在能见到的名家著作已经非常少了，《邓析子》虽然有书流传，但是多数学者认为是后人伪托，也有学者认为其中含有邓析的思想，或者说邓析一派的思想主要寓诸其中；《尹文子》也仅存《大道》上下篇及少许佚文，亦有人认为这些文字"完全是假的"①，系后人伪托，但也有人认为《尹文子》尽管不是其本人所作，但它基本上反映了尹文及宋尹学派的思想，是可以作为研究这派学术思想的材料的②，笔者亦认同此说；《公孙龙子》只剩下六篇；《成公生》在《隋书·经籍志》中已经没有著录，当时亡轶；惠施学说残存于《庄子·天下》篇中；《黄公》与《毛公》之书亦早已亡佚。此是名家学术资料之大概情况。一般认为名家的代表人物为邓析、惠施、尹文、公孙龙等人。③ 由于名家的逻辑思辨性很强，一般人难以接受，甚至被一些"謷者"引入诡辩歧途，故而受到了其他学派的激烈攻击，如《荀子·非十二子》云："不法先王，不是礼义，而好治怪说，玩琦辞，甚察而不惠，辩而无用，多事而寡功，不可以为治纲纪；然而其持之有故，其言之成理，足以欺惑愚众；是惠施、邓析也。"所以名家传世之作不多，秦后逐渐湮没无闻，时至晚清，先秦名家之才逐渐兴盛起来，但是由于诸多著作已经失传了，只剩下《公孙龙子》六篇及其他一些资料中残存的文献可资参考。

公孙龙，战国时赵国人，《史记·孟子荀卿列传》中附有小传，然言语简略；近人王琯《公孙龙子悬解》中有《公孙龙子事辑》一文，旁征博引，裒辑较为详细，可资参考。公孙龙之生卒年亦不可考，近人胡适《中国哲学史大纲》谓其大概生于公元前 325 - 公元前 315 之间，卒于公元前 250 左右④，学界基本沿用此说。公孙龙的著作情况上文已述，《汉书·艺文志》著录 14 篇，今仅存 6 篇。

名家的核心学说即是名实关系问题，但是有所偏重。"名家是以'名'

① 陈国庆：《汉书艺文志注释汇编》，北京：中华书局，1983 年版，第 139 页。

② 参见高流水《尹文子及其思想》，《慎子、尹文子、公孙龙子全译》，高流水，林恒森译注，贵阳：贵州人民出版社，1996 年版，第 89 页。

③ 如台湾学者李贤中、大陆学者朱前鸿在博士论文中均以此四人学说作为名家学术的主要研究对象。参见李贤中：《先秦名家"名实"思想探析》，台北：文史哲出版社，1992 年版；朱前鸿：《先秦名家四子研究》，北京：中央编译出版社，2005 年版。

④ 胡适：《中国哲学史大纲》，长沙：岳麓书社，2010 年版，第 175 页。

这种符号自身作为其主要研究对象，而不是以'名'所指称的'实'为其主要对象，虽然它不可能完全撇开'实'来讨论'名'的问题。"① 也即名家主要研究的是符号的能指问题，而非如道家所主要关注的所指问题。如邓析就提出循名责实、按实定名的观点："循名责实，实之极也；按实定名，名之极也。参以相平，转而相成，故得之形名。"（《邓析子·转辞篇》）名与实之间要相互参证，名要求反映实，实与名要相符。那么如何才能做到名实相符呢？必须要"见其象，至其形，循其理"才能达到"正其名，得其端，知其情"的效果（《邓析子·无厚篇》），通过事物的"象、形、理"来正其名，再通过名来了解事物的端由、情理，其中心在于探寻符号与其指称或描写事物的外在关系问题，即语义问题。尹文子对这一问题进行了申发，其指出："名也者，正形者也。形正由名，则名不可差。……名生于方圆，则众名得其所称也。"（《尹文子·大道上》），名是从各种不同的事物中抽象出来的，所以名要与其指称的事物相对应。名来自于形，是形的反映；反过来说，"形者，应名者也"，那么形也必须要与名相适应。"故亦有名以检形，形以定名，名以定事，事以检名"，名可以检验形，形可以确定名；名可以规定事物的性质，事物的性质可以检验其名称，总之，名与形是相统一而不是背离的。

三、名墨之关系

名家思想学说与墨家思想学说之间有较深的渊源关系，吕思勉也曾说名家之学"与墨家关系有尤密者"②。我们在这里将名、墨符号思想研究放在一起回顾，也正是因为历史上这两派有密切联系。无论是从学术史上分析还是从名墨二家自身的学术旨趣来看，他们都颇有相同之处。

《庄子·天下》篇论及尹文与宋钘的学术时曰："见侮不辱，救民之斗，禁攻寝兵，救世之战。""先生恐不得饱，弟子虽饥，不忘天下，日夜不休……以禁攻寝兵为外，以情欲寡浅为内，其小大精粗，其行适至是而止。"这种自苦节用、禁攻寝兵的思想与墨家何其相似。《荀子·非十二子》中论及墨子与宋钘的学术时曰："不知壹天下、建国家之权称，上功用、大俭约而慢差等，曾不足以容辨异、县君臣。然而其持之有故，其言之成理，足以

---

① 李先焜：《论先秦名家的符号学》，《湖北大学学报》，1995年，第5期。
② 吕思勉：《先秦学术概论》，北京：中国人民大学出版社，2011年版，第94页。

欺惑愚众，是墨翟、宋钘也。"这里将墨翟与宋钘并举，谓其尚同、节用的思想听起来有道理，足以欺骗百姓。在这里我们看到，先秦诸子论及尹文和墨子的学术时，都提到了宋钘，在这里我们可以将宋钘视作联系名、墨二家学术的桥梁，这并不是说宋钘学术渊博广大，包含名墨，而是他们有共同的学术旨趣，如尚同、兼爱、节用、非攻等。

《吕氏春秋·审应览》也曾记载赵惠王与公孙龙论"偃兵"之事，公孙龙对曰："偃兵之意，兼爱天下之心也。兼爱天下，不可以虚名为也，必有其实。今蔺、离石入秦，而王缟素布总。东攻齐得城，而王加膳置酒。秦得地而王布总，齐亡地而王加膳，所非兼爱之心也，此偃兵之所以不成也。"①赵王煞有介事地说他十余年来致力于停止军事战争，但是一直未能如愿。公孙龙认为既然论及偃兵，就应该有兼爱天下之心，兼爱不能是虚名，比如赵国的城池被秦国人占据了，赵国举国皆哀；而赵国攻占了齐国的城池，则置酒欢庆，都想占便宜，哪里有兼爱之心，如此则不能停止征战。这里用兼爱之名与赵王行战争之实相对，名与实不符，一方面是名家的名实之论，另一方面，其言兼爱则是墨家之学说，由这一则材料也可看出名墨学术的密切关系。

从名辩学说来看，名家先辈邓析被认为是名辩思潮的开拓者，刘向《别录》谓："邓析好刑名，操两可之说，设无穷之辞。……其论无厚者言之异同，与公孙龙同类。"②而名辩学在《墨子》里面则有专门之论，也是墨子教学的一项重要内容，《墨子·耕柱》论及治徒娱、县子硕问墨子"为义孰为大务"时，墨子回答说："譬若筑墙然，能筑者筑，能实壤者实壤，能欣者欣，然后墙成也。为义犹是也，能谈辩者谈辩，能说书者说书，能从事者从事，然后义事成也。"墨子先用了一个筑墙的譬喻，能筑的筑，能挑土的挑土，能测量的测量，各行其是，各尽其能，然后墙就筑成了。行义也是如此，能谈辩的谈辩，能说书的说书，能做事的做事，然后义就可以成了。在这里我们可以看到，谈辩是墨子教学的一项重要内容，乃是墨家"为义"的一大要务。

晋朝鲁胜曾将《经上》《经下》《经说上》《经说下》抽出来命名为《墨

① 许维遹：《吕氏春秋集释》，北京：中华书局，2009年版，第475~476页。
② 中国逻辑史研究会资料编选组：《中国逻辑史料选·先秦卷》，兰州：甘肃人民出版社，1985年版，第9页。

经》或《墨辩》，并在《墨辩注叙》中云："墨子著书，作《辩经》以立名本，惠施、公孙龙祖述其学，以正别名显于世。……自邓析至秦时名家者，世有篇籍，率颇难知，后学莫复传习，于今五百余岁，遂亡绝，《墨辩》有上下《经》，《经》各有《说》，凡四篇，与其书众篇连第，故独存。"① 认为名家公孙龙皆祖述墨家之学，而名家学说幸藉《墨辩》传存下来。而被视为名家的惠施、公孙龙等都以"善辩"著称于世，他们在名辩之学上是有相互发明之处的，如《经下》第六十八条谓："正名者彼此彼此，可。彼彼止于彼，此此止于此，彼此不可。"而战国时公孙龙《名实论》中谓"谓彼而彼，不唯乎彼，则彼谓不行。谓此而此，不唯乎此，则此谓不行"②。墨子是从正面提出命题，而公孙龙是从反面提出命题，基本符合黑格尔提出的关于哲学史发展遵循的"正、反、合"的过程规律，从他们的名辩学说中也可窥见其学术渊源。

近人伍非百认为，《墨子》中的《经上》《经下》《经说上》《经说下》《大取》《小取》，《庄子》里面的《齐物论》，《荀子》里面的《正名》篇，都是"名家者流"的专著。在伍非百看来，所谓名家，即是专门研究与"名"有关的学术问题，如名法、名理、名辩等，其中以公孙龙为代表的学者主研"正名""析辞""立说""名辩"等学问，被司马谈、班固命为"名家"，而其他如儒家的孔子、孟子、荀子、墨家的墨子及南方的墨者，因为别有专长，故而没有列入名家。伍非百指出："'名家'之学，始于邓析，成于别墨，盛于庄周、惠施、公孙龙及荀卿，前后二百年，蔚然成为大观，在先秦诸子学术中放一异彩，与印度的'因明'，希腊的'逻辑'，鼎立为三。"③ 这一论述将先秦"名学"囊括无遗，但庄子与荀子之学我们另有专论，此处即主要着眼于名墨之学，无论是从其学术旨趣还是学术史上对名墨之学的论述来看，此二家都有密切的关系。

综上所论，我们可以看出这两派学术思想确实存在很深的渊源关系。将名墨符号思想合而论之，也是有其学理渊源的。

---

① 房玄龄等：《晋书·隐逸》，北京：中华书局，1974 年版，第 2433~2434 页。

② 谭戒甫：《公孙龙子形名发微》，北京：中华书局，1963 年版，第 60 页。

③ 伍非百：《中国古名家言》，成都：四川大学出版社，2009 年版，第 3 页。

四、名辩与符号

现代符号学的兴起虽然是 20 世纪初的事情，但是符号学思想却源远流长，中国、古希腊、印度的古代哲人都曾经对这一问题进行了思考，而中国古代的名家、墨家的学者的思考与探索则使其成为中国古代符号思想研究的集大成者。

名、墨二家的名辩之学于汉代后湮没不彰，至晚清诸子之学研究复兴，名、墨诸家之学才得以重新为学界所重视，但是当时的研究主要集中于文献辑佚、考证、训诂诸方面，如陈澧的《公孙龙子注》、孙诒让的《墨子闲诂》等。这为后人的进一步研究提供了扎实可靠的资料，功莫大焉。清末民初，西方逻辑学东渐，为国内学界研究名墨之学注入了新的思想因子。逻辑学进入中国的时候，就是以"名学""辩学"的名称翻译进来的，如严复 1905 年翻译英国逻辑学家弥尔（J. S. Mill）的《逻辑学体系——归纳与演绎》时用的中文名字是《穆勒名学》，1908 年翻译英国逻辑学家耶方斯（W. S. Jevons）的《逻辑入门》时用的汉译名称为《名学浅说》；王国维 1908 年翻译出版的耶方斯的《逻辑基础教程：演绎与归纳》用的汉译名字即是《辩学》，名学、辩学即是逻辑学的汉语意译（两个意译在理解上有差别，但这种差别不是个人偏好，有意思的是，不同的译名代表了不同的逻辑学观念）。这种翻译表明逻辑学进入中国伊始，最初的那些逻辑学的介绍者在学科立场上，并不是为了用中国古代学术去印证西方学说，而是因为名辩学说确实包含丰富的逻辑思想，"春秋战国时期的辩者虽也有以'正名'议论政治、讲习道德的风气，但是他们的重点还是放在纯逻辑的探究上"①。名辩之学亦成为中国古代逻辑学的代称。一般说来，以西学为本位，以西统中，一般用"论理学"；以中通西，从中国本位出发，一般用"辩学"，但并不是每一个人都有这样清楚的认识。中国亦展开了以古代名辩之学为主的逻辑学研究，如 1904 年梁启超发表了《墨子之论理学》，开启了近代名辩逻辑研究之先河；1905 年王国维撰有《周秦诸子之名学》（值得注意的是，胡适的博士论文乃至后来的《中国哲学史大纲》，可以说是从这篇文章展开的）；1917 年胡适用英文写成的《先秦名学史》则是我国第一部断代逻辑史专著；1919 年章太炎的《国故论衡·原名》在浙江出版，文中对中国名学、印度因明学

---

① 温公颐：《先秦逻辑史》，上海：上海人民出版社，1983 年版，第 5 页。

与西方逻辑学进行了比较。此后名辩逻辑研究逐渐风行。屠孝实于 1925 年出版了《名学纲要》，陈显文也于是年出版了《名学通论》，郭湛波 1932 年出版了《先秦辩学史》，为集中研究先秦逻辑史的专著，伍非百的《中国古名家言》亦于是年脱稿；虞愚于 1937 年出版了《中国名学》；伍非百的《中国古名家言》在多次修订之后于 1949 年以石印线装本行世，他用逻辑学来疏解古代名学，对中国古代名辩逻辑的研究有较大的开拓。特别有意思的是伍非百在阐释公孙龙子的《指物论》的时候，也用到了"能指"与"所指"的概念：

> 本篇意指谓天下之所谓物者，其本体不可径而知也。可得而知者，皆"指"而已。故曰"物莫非指"。然指非物也。指为"能指"，物为"所指"。所指虽藉能指而显，然能指究竟不是所指。故曰"而指非指"。上指字，谓能指，下指字，谓所指也。[1]

据李先焜先生估测，伍非百生前不大可能读过索绪尔的《普通语言学教程》，但是其创造性的"能指""所指"却与索绪尔的 signifiant 与 sigifie 的中译相同，可谓有异曲同工之妙，当然两者的意义终究不是完全一样的，但是伍非百的解释对当代学者的启示却是巨大的。[2]

此外在当时出版的一些命名为"哲学史"的学术著作中对名辩逻辑也有一定的发掘。新中国成立后名辩学说研究继续发展，如周云之的《公孙龙子正名学说研究——校诠、今译、剖析、总论》（社会科学文献出版社 1994 年版）、《名辩学论》（辽宁教育出版社 1996 年版），崔清田主编的《名学与辩学》（山西教育出版社 1997 年版），林铭钧、曾祥云的《名辩学新探》（中山大学出版社 2000 年版）等。此期间出版的诸多命名为"逻辑史"的著作对名辩逻辑也多有论述，如周文英的《中国逻辑思想史稿》（人民出版社 1979 年版），温公颐的《先秦逻辑史》（上海人民出版社 1983 年版），周云之、刘培育的《先秦逻辑史》（中国社会科学出版社 1984 年版），李匡武主编的《中国逻辑史·先秦卷》（甘肃人民出版社 1989 年版），周云之主编的《中国逻辑史》（山西教育出版社 2004 年版）等，皆用了较大篇幅探析名辩逻辑

---

① 伍非百：《中国古名家言》，成都：四川大学出版社，2009 年版，第 537 页。
② 参见李先焜：《语言、符号与逻辑》，武汉：湖北教育出版社，2006 年版，第 420～421 页。

问题。

名辩之学与逻辑学关系密切，而逻辑学与符号学也是紧密相连，如符号学家皮尔斯就认为"逻辑学在一定意义上只是符号学的别名，是符号学带有必然性的或形式的学说"[①]。符号学家吉罗亦云："逻辑学的目的在于确定可以在实体之间或在各总体之间建立的各种类型的关系，并保证这些关系的真实。在它表明这些关系的情况下，它就是一种编码。"[②] 中国学者李先焜也在20世纪80年代中后期先后撰文《语言、逻辑与语言逻辑》（载《哲学研究》1986年第8期）、《指号学与逻辑学》（载《哲学研究》1988年第9期），剖析逻辑学、符号学二者之间的关系，指出逻辑学本身研究的对象就是一种符号，但影响效果似乎并不理想，"由于它跟传统的观念相距太远甚至背道而驰，因此很难为逻辑学界一些同志所接受"[③]。从后面的实际研究情况我们也可以看出研究队伍确实比较狭窄。直到20世纪末，中国学者才开始惊呼："今天我们应该走出误区，抛弃过去的研究方法，采用现代符号学理论，重新探讨和评价名辩学。20世纪新兴起的现代符号学理论比传统的逻辑学和语言学更具概括性、更接近思维活动的自然。借助于符号学，我们可以对名辩学进行多层次、多角度的分析研究，以期寻找出名辩学的学科体系及发展规律。……名学从其整体上说，主要是关于词项符号的理论；辩学史研究辩论学的学问。名辩学的许多问题，必须用符号学分析才能解决。"[④] 绕了一圈之后，人们发现还是回到符号学的角度来剖析先秦名辩逻辑之学比较可取，个中原因正在于名辩之学与符号学有诸多相通以及相互发明的地方，中国名辩逻辑学蕴含的符号思想也值得我们发掘。

第二节　墨学符号思想

平民出身的墨子在推扬自己学派的学术时，非常重视言说的功效，如前文所言，墨子甚至将谈辩视为墨家"为义"的一大要务。墨家在谈辩的过程中，总结出了一套自己的语言逻辑学，并且提出了"取实予名"论，这种新

---

① 转引自朱前鸿：《先秦名家四子研究》，北京：中央编译出版社，2005年版，第29页。
② ［法］皮埃尔·吉罗：《符号学概论》，怀宇译，成都：四川人民出版社，1988年版，第68页。
③ 李先焜：《指号学与逻辑学》，《哲学研究》，1988年第8期。
④ 林铭钧，曾祥云：《名辩学新探》，广州：中山大学出版社，2000年版，第361页。

的正名论与儒家的政治伦理正名论不同，如论者所言："墨家则从精确表达思想的角度，从语言学、逻辑学和符号学的角度对'名'本身进行了分析，找出'名不正'的原因，然后提出正确用'名'的原则，使'正名'超越于政治、伦理的范围，而成为'名辩学'的有机组成部分。"① 以下我们将就墨家符号思想作一剖析。

一、名实举

伍非百的《中国古名家言》将《墨子》中的《经上》《经下》《经说上》《经说下》《大取》《小取》俱录入"名家言"中，而且墨子的此 6 篇基本占据了中国古代"名家言"的绝大部分的篇幅，足见墨子在名学中的地位。而《墨子》包含的符号学思想也是从名辩这一主题切入的。如鲁胜言："名者所以别同异，明是非，道义之门，政化之准绳也。……墨子著书，作《辩经》以立名本。"② 在鲁胜看来，墨子的《辩经》部分乃是立名之本，名辩在墨家学派的重要性可见一斑。

墨子生活的年代，正值韩、赵、魏三家灭智氏而分晋（公元前 453 年）。韩、赵、魏三家本为大夫，三家分晋而政由大夫出，这正是孔子曾经批评的"天下有道，则政不在大夫"（《论语·季氏》）。三家分晋作为中国历史上划时代的大事，标志着历史的车轮由春秋驶入战国时代。兼并战争成为这个时代的常态，"尊王攘夷"则被弃之不顾，频繁的战争使得传统的宗法关系和等级制度进一步瓦解。礼乐名分也失去了其固有的作用，并且再一次被纳入智者思考的范围之中。墨子即是其中之一。《墨子》中的《三辩》《耕柱》《公孟》等篇章记录了墨子与儒家学者程繁、巫马之、公孟子等人的辩论，如墨子认为"圣王不为乐"（《三辩》），礼乐徒增加社会祸乱；而关于"仁或不仁"的问题，墨子认为不在"古服与古言"（《公孟》）。从符号学的角度而言，儒家重"名"，属于能指偏执，而墨家重"实"，更为看重符号行为的实际效果。那么，墨家是如何看待名实的呢？

1. 辩"名"与"实"

《经说上》云："所以谓，名也。所谓，实也。名实耦，合也。"伍非百《中国古名家言》解释说：

---

① 李先焜：《语言、符号与逻辑》，武汉：湖北人民出版社，2006 年版，第 376 页。
② 房玄龄等：《晋书·隐逸传》，北京：中华书局，1974 年版，第 2433 页。

名者，我所以藉以称物之符号也。如言"牛"，言"马"，不必其物
生而固有之名，乃我藉此以称其物之符号也。实者，名所指拟之对象
也。如言牛，是指有角四足而服田者。言马，是指无角四足而乘骑者。
名属在我，实属在彼。实为知之所谓，名为知之所以谓。……合者，谓
此名与此实相应也。如牛名名牛，马名名马。闻牛之名，即知指牛之
实。见马之实，即知有马之名也。①

伍非百在这里用到了"符号"这一概念，"名"是用来指代"物"的符
号，如"牛""马"之名称符号乃是指代事物之牛、马的，"实"则是所指对
象物。名是用来指称实的，名与实对应，此即为名实相合。索绪尔在《普通
语言学教程》中建议用能指和所指分别表示概念和音响形象，而概念和音响
形象的结合则叫作"符号"，因此语言符号实际上是一个双面的实体，它包
括所指和能指两方面。能指是构成物理现实的声音系列，而所指即是能指在
人脑中触发出的概念；能指与所指的联系实际上是非物质的，是一种抽象的
联系。但是索绪尔也指出，在日常使用中，"符号"一词"一般只指音响形
象"②，也即是偏重能指部分，这与伍非百解释"名"乃是称物的符号有相
同之处。"名"作为事物的"符号"偏重于能指层面，如"牛"之名，能够
触发我们脑海中关于牛的概念，是"有角四足而服田者"的一种动物。但是
中国古名家之"实"却并不能简单等同于索绪尔的"所指"，毕竟索绪尔的
"所指"乃是抽象的心理实体，而不是现实中的实际事物；名家的"名"是
与实在之物对应的，"闻牛之名，即知指牛之实"，而不是一种抽象的心理实
体，这是我们需要区别的。当然我们在论述时，为了方便起见，往往容易将
"名"与能指对接，将"实"与所指对接，名实相合，完成一个符号表意的
过程，但是实际上这一认知过程是在公孙龙那里才初步完成的。

墨子还对名进行了分类，"名，达，类，私"（《经上》），即所谓达名、类
名、私名，分类所依据的也即名与实结合的方式。"名，物，达也；有实必待
文多也。命之马，类也，若实也者必以是名也。命之臧，私也，是名也止于
是实也。声出口，俱有名，若姓、字。"（《经说上》）孙诒让校订曰"多"当作

① 伍非百：《中国古名家言》，成都：四川大学出版社，2009 年版，第 84 页。
② ［瑞士］索绪尔：《普通语言学教程》，高名凯译，商务印书馆，1980 年版，第 102 页。

"名"，即言名乃是实之文。① 达名范围最广，如物，可以泛指万物；而类名次之，如马，凡属马类动物，不论白马黑马大马小马，皆可谓马；私名最小，只用于特定的称谓，如"臧"为一人之私名，只对应这个叫臧的人。詹剑峰曾制"名的内涵与外延"图（见图4—1），② 简单明了，一看即知，其图4—1如下：

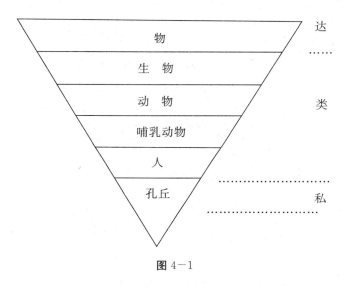

图4—1

达名和类名，也即型符（legisign）、类型符，是指向概念的符号，如皮尔斯所言"所有的常规符号都是型符"，达名和类名的区别只在于所指称类型的大小。不仅如此，墨子在这里还意识到名的特点，"声出口，俱为名"（《经说上》），名是有音响的，是能被感知的部分，这种音响还对应一定的形象。

墨子特别重视名实对应的原则问题，《贵义》篇云："今瞽曰：'钜者白也。黔者黑也。'虽明目者无以易之。兼白黑，使瞽取焉，不能知也。故我曰瞽不知白黑者，非以其名也，以其取也。今天下之君子之名仁也，虽禹汤无以易之。兼仁与不仁，而使天下之君子取焉，不能知也。故我曰天下之君子不知仁者，非以其名也，亦以其取也。"名固然重要，但是更重要的是维护名与实的对应关系，必须"察名实之理"（《小取》），因为"当符号系统形

---

① 参见孙诒让：《墨子间诂》，北京：中华书局，2001年版，第348页。
② 詹剑峰：《墨家的形式逻辑》，武汉：湖北人民出版社，1956年版，第51页。

成时，能指与所指的关系就不再是任意的了，相对固定的社会契约保证了能指与所指关系的确定性，从而保证了信息传达的有效性"①。一旦符号系统形成，名实之间的关系就得以固定，也即具有了"名实之理"。墨子在这里举了一个例子，盲人不辨黑白，当把黑白两种东西混在一起，让盲人识辨时，就要根据他所拿到的具体的东西来正名，所取为白则是白，所取为黑则应为黑，不能随意更名，而要根据实际所取之颜色与约定俗成的法则来定名，这样才能保证信息传达的有效性，而不至于黑白淆乱。这就是说一旦命名完成，名与实之间的结合就具有强制性，不能随意更改。

同时，墨子十分注重概念的明确性，因为现实世界确实存在诸多同名异实或同实异名的现象。"所谓，非同也，则异也。同则或谓之狗，其或谓之犬也。异则或谓之牛，其或谓之马也。俱无胜，是不辩也。辩也者，或谓之是，或谓之非，当者胜也。"狗犬，是同物异名，牛与马，是不同之物，要对这些事物进行区分，必须明确各自概念的意指内涵，只有概念明确了，事物才能得以区别。《经说下》举了这样一个例子："牛与马惟异，以牛有齿、马有尾，说牛之非马也，不可。"如果要辨别牛与马，说牛有牙齿，马有尾巴，这是不行的，因为马亦有牙齿，牛亦有尾巴，牙齿与尾巴不是两者的本质差别，因为辨者没有抓住牛和马的本质属性，所以据此二者不能辨别牛与马的差别。针对名实误用的现象，墨子提出"取实予名"与"以名举实"的观点。在墨家看来，名是事物符号（能指），事物的命名是从实出发，赋之以名的一个过程。命名一旦完成，名之间的区别也就是实之间的区别，即"以名举实"。

2. 名实关系：取实予名，以名举实

在名实关系问题上，墨子认为名的作用乃是标记实，即"以名举实"（《小取》）。何谓"举"？《经上》："举，拟实也。"《经说上》云："举，告以文名，举彼实也。"伍非百言："举者，以此名举彼实也。譬如口言石之名，意乃指石头之实。"② 也即是说，举其实就是用事物之"实"来与事物之"名"对接，具有"概念"或者"意义"的性质。比如我们说"石"这样一个名词，其意指乃是石头这样的一种坚硬的矿物质。《经上》在解释时用了一个"拟"字，此意与《周易·系辞上》"圣人有以见天下之赜，而拟诸其

---

① 赵毅衡：《文学符号学》，北京：中国文联出版公司，1990年版，第12页。
② 伍非百：《中国古名家言》，成都：四川大学出版社，2009年版，第36页。

形容，象其物宜"之"拟"同，吴毓江《墨子校注》谓"'举'，称谓也。'拟'，拟象也"①，可知"拟"即是模拟、描画、度量的意思，"举"即是依据其名描摹其实，传达出想要表达的意思。谭戒甫《墨辩发微》认为："盖凡物在未举之先为实；在既举之后为名。万物皆实，可以指令人知；异实有名，始可举以相告。所以指则不必用名；举则定须拟实矣。"② 比如有人说"白马"一词，听者不知道是什么意义，于是解释说"白马为马"，闻者即知白马乃是马的一种，这里"白马"乃此之谓"实"；而"马"则此之谓"名"，解释者用"为马"之名去拟议"白马"之实，如此相告，则释义明了。

那么，"举"是靠什么完成的呢？《经上》云："言，出举也。"《经说上》云："故言也者，诸口能之出民者也。民若画俍也。言也，谓言犹石致也。"据孙诒让校订，"民"乃是"名"之误，而后面的"石"也疑是"名"之误③。吴毓江云："出名为口之本能，凡口能所出举者，皆言也。"④ "举"要"告以文名，举彼实也"，这一过程必须用到"言"，故而凡是从口所出之"举"——事物的概念和描摹的实象，都是用言来完成的。言从口出，以诸多不同的发音（能指）来区别不同的意思（所指）。在墨家看来，从口出之"言"可以表示不同的"名"，比如我们言"石"，以"shí"之音，来表示"石"之名，而这个"石"之名乃是用来指"石"之实。 "举"既然是用"言"来完成的，那么就涉及另外一个问题，也即符号的任意性问题。如伍非百言："今人言石之名，固是指石，假令始制有名之时，于彼石者，不与以石名，未始不可。如今人类言'石'音虽各殊，而俱无害于言石。可见名无固宜。石名非石，名成而谓之石。"⑤ 把石头命名为"石 shí"，这是一个很偶然的情况，但是一旦"名成"——约定俗成之后，那么名与实就有了约定性与固定对应关系。索绪尔在谈到能指与所指时指出此二者之间是任意的关系，即体现了语言的第一原则，也就是任意性原则。它是指一个简单的词汇单位形式和该词汇单位所代指的事物之间一般不存在自然的联系，当然他是以表音文字为例的，而我们知道，汉字很多是表意文字，如"名若画俍"

---

① 吴毓江：《墨子校注》，北京：中华书局，2006 年版，第 487 页。
② 谭戒甫：《墨辩发微》，北京：中华书局，1964 年版，第 108 页。
③ 参见孙诒让：《墨子间诂》，北京：中华书局，2001 年版，第 338 页。
④ 吴毓江：《墨子校注》，北京：中华书局，2006 年版，第 488 页。
⑤ 伍非百：《中国古名家言》，成都：四川大学出版社，2009 年版，第 36 页。

（"俿"为虎之异文），在汉语中，名是拟实的，画虎即是拟实的方法之一。吴毓江指出："古代象形文字即简单之图画。名之拟实较画为简便，画之拟实较名为普及。如举虎名以告语文不同之外国人，彼将不知所谓，举画虎以示之，未有不知其为虎者也。"[①] 英语中的"Tiger"与"虎"之间没有必然联系，是任意性的，但是在汉语中，"虎"是象形文字，如李乐毅所绘下图4-2中"虎"的演变[②]：

图 4-2

如果有人不懂汉语中的"虎"，他肯定不解其意，不过若画之以"虎"，其义自然明了，但是从口出之言"hǔ"来举"虎"还是一种任意性的关系。总之，声音同意义之间不存在规则对应，而只是规约的或约定俗成的，这一点墨家先贤早有体悟。

在实与名的先后问题上，墨家认为实在先，名在后，取实予名。如前文所引《经说上》之言"有实必待文多也"（"多"应为名），"实"以待"名"，实先而名后可知。《经说下》云："有文实也，而后谓之；无文实也，则无谓也。"孙诒让《墨子间诂》谓"文实"之"文"当为"名"[③]，孙氏认为此意为"谓有名实始有所谓，无名实则无所谓"。而伍非百《中国古名家言》录之原文为："有之实也，而后谓之。无之实也，则无谓也。"[④] 谭戒甫《墨辩

---

① 吴毓江：《墨子校注》，北京：中华书局，2006年版，第488页。
② 李乐毅：《汉字演变五百例》，北京：北京语言学院出版社，1992年版，第133页。
③ 孙诒让：《墨子间诂》，北京：中华书局，2001年版，第358页。
④ 伍非百：《中国古名家言》，成都：四川大学出版社，2009年版，第122页。

发微》录之原文为："有之实而后谓之，无之实也则无谓也。"[①] 笔者以为当以伍、谭校勘之原文为是。这里的"谓"即是"名"，也即是说，先有实，然后才有命名的情况，名是用来命实的。"无谓，则报也。"（《经说下》）伍非百注曰"报，犹应也。呼一则一实应之，呼二则二之实应之。名与实应，实与名符。无实则无名，无名则无实"[②]。当然，依唯物主义的观点来看，"鬼"没有实，但是有名，也即是说，有些概念，只有内涵，而没有外延，这种情况在当时的思维阶段还不足以发明。

3. 名实举与符号三角

钱锺书在《管锥编》中论及陆机《文赋》"恒患意不称物，文不逮意"时，认为"意"内而"物"外，"文"者发乎内而著乎外，宣内以象外，"文"作为符号连接的是"意"与"物"。这与《墨子》中提出的"举""名""实"、《文心雕龙》中的"情""事""辞"以及美国符号学家皮尔斯的"符号三角"颇有异曲同工之妙：

"思想"或"提示"（interpretant，thought or referent）、"符号"（sign，symbol）、"所指示之事物"（object，refrent）三事参互而成鼎足。"思想"或"提示"、"举"与"意"也，"符号""名"与"文"也，而"所指示之事物"则"实"与"物"耳。[③]

皮尔斯所谓的"符号三角"即是符号的三种相互关联的要素：再现体（representatum）、对象（object）、解释项（interpretant）。以此观之，《墨子》之"名"即是符号"再现体"，而"物"则相当于"对象"，"举"即相当于"解释项"。比如我们在路上看到一块石头，然后说出"石头"之名，用这样一个再现体来指代路上的"石头"之实（对象），而理解"石头"这个词的人都知道我说的石头是指一种坚硬的矿物质（解释项），这时大家理解出来的意思即是解释项，也即是《墨子》的"举"。皮尔斯的"符号三角"很容易让我们联想起奥格登的"语义三角"。我们知道，符号是用来传达意义的，任何意义必须借符号来传达，语言符号是现实生活中使用最为深广的一套符号系统，语言具有一种三元关系，也即是符号、对象与意义，奥格登

---

① 谭戒甫：《墨辩发微》，北京：中华书局，1964 年版，第 210 页。
② 伍非百：《中国古名家言》，成都：四川大学出版社，2009 年版，第 123 页。
③ 钱锺书：《管锥编》，北京：生活·读书·新知三联书店，2008 年版，第 1863～1864 页。

与理查兹所著的《意义之意义》中曾对此三者的关系做了一幅示意图（见图 4-3）[①]：

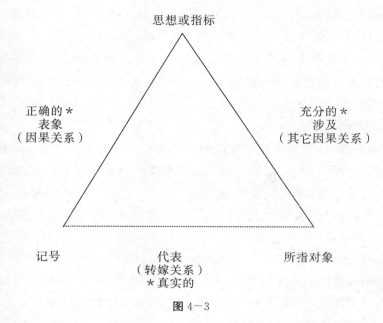

图 4-3

由这幅图我们可以看出，其实语言符号（记号）与对象（所指对象）之间的关系是通过意义（思想或指称）来实现的。语言符号是意义的载体，意义是语言符号所携带的来自所指对象的信息，所指对象是作为意义存在的感性物质形式而存在；意义（思想或指称）则是对象的反映，是对象在思维层面的表现形式。也即是说语言符号通过意义而与对象联系起来，意义是语言符号与所指对象之间的中介。《墨子》之"名"其实就相当于符号，而"实"即相当于对象，其"举"也可理解成意义。正是因为"举"连接了"名"与"实"，意义才能够传递。

二、辩辞说

先秦诸子百家在宣传自己的学说主张的时候，不免要同其他的学派进行论争。《淮南子·泛论训》言："夫弦歌鼓舞以为乐，盘旋揖让以修礼，厚葬

---

① ［美］奥格登，［英］理查兹：《意义之意义》，白人立等译，北京：北京师范大学出版社，2000 年版，第 8 页。

久丧以送死，孔子之所立也，而墨子非之。兼爱、尚贤，右鬼、非命，墨子之所立也，而杨子非之。全性保真，不以物累形，杨子之所立也，而孟子非之。"所谓"百家争鸣"即是指此类情形。《墨子》中也多次记载墨家学派的成员与其他学派辩论的事情，如《三辩》中墨子与程繁之辩，《耕柱》中与巫马子、治徒娱、县子硕、子夏之徒、公孟子的辩论，《公孟》中与公孟子、程子的辩论，《公输》中与公输盘的辩论，此外《兼爱·中》墨子与"今天下之士君子"的辩论，《非攻·中》墨子与"饰攻战者"的辩论，《节葬·下》墨子与"执厚葬久丧者"的辩论，《明鬼·上》中墨子与"执无鬼者"的辩论，《非命·上》与"执有命者"者的辩论，这些都是模糊的指代对象，可见墨家不仅注重在现实中与人辩论，在著作中也是以与人论辩的形式展示其思想学说的。"辩"成为墨家学派的一大特征，在先秦诸子中，没有哪个学派像名墨学派这么好辩，如道家的老子主张"大辩若讷"，认为"善者不辩，辩者不善"（《老子》第八十一章），庄子主张"大辩不言"（《庄子·齐物论》）；儒家的孟子虽然好辩，但是是"予不得已也"之举，他好辩的目的在于"正人心，息邪说，距诐行，放淫辞"（《孟子·滕文公下》）。墨家学派对"辩"的作用、方法、原则、形式乃至道德要求等都进行了深入探讨，而不仅仅是"辩论"之辩，如论者所言："这是作为探索自然与社会的所然及其所以然的逻辑科学的运用，绝不是巧辩以取胜的诡辩术。"[①] 其中也有对符号表意问题的思索，蕴含着丰富的符号思想。

在《小取》篇首，墨家学派对"辩"进行了界定："夫辩者，将以明是非之分，审治乱之纪，明同异之处，察名实之理，处利害，决嫌疑。焉摹略万物之然，论求群言之比。以名举实，以辞抒意，以说出故。以类取，以类予。有诸己不非诸人，无诸己不求诸人。"这里论述了"辩"的目的："明是非之分，审治乱之纪，明同异之处，察名实之理，处利害，决嫌疑。""辩"的知识基础："焉摹略万物之然，论求群言之比。""辩"的基本方法步骤："以名举实，以辞抒意，以说出故。以类取，以类予。"以及"辩"的基本道德准则："有诸己不非诸人，无诸己不求诸人。"如伍非百言："《小取》明'辩'之义，其条理明晰，文字完整。"[②]

"辩"在墨家这里，不仅是一种论争的方法，更是一种认识事物的过程。

---

① 温公颐：《先秦逻辑史》，上海：上海人民出版社，1983 年版，第 101 页。
② 伍非百：《中国古名家言》，成都：四川大学出版社，2009 年版，第 441 页。

名辩之学的集大成者荀子曾云："实不喻然后命，命不喻然后期，期不喻然后说，说不喻然后辩。"（《荀子·正名》）王先谦指出所谓"命"即是"谓以名命之也"①，从认识论的角度来说，实、名、说、辩（按：《荀子》"辩"常假用"辨"字，如本篇言邓析析辞作名，导致"人多辨讼"，亦是用"辨"，当作"辩"），逐层上升，逐步深入。作为一种认知思维的过程，《经上》对"辩"是如此界定的："辩，争彼也。辩胜，当也。"《经说上》云："辩，或谓之牛，谓之非牛，是争彼也。是不俱当，不俱当，必或不当，不若当犬。"语言不仅是交际的工具，也是体现思维的工具，而思维则是人脑对客观世界的反映，这种反映形成一定的概念，概念依据一定的逻辑规则组成判断。因为对客观世界的反映和运用的逻辑规则不同，所以人们会对一些命题产生不同的判断，这个时候就产生了"辩"。在墨家学派看来，辩即是对某一命题展开争论，符合客观实际的一方为胜。在《经说上》中墨家又举了事例来论述，譬如两个人发生了争论，一个人说是牛，另一个人说不是牛，于是产生了"争彼"，怎么判断呢？假如那是一只狗，那么说"是牛"的错了，说"非牛"的人好像胜利了。但胜利的一方实际上与客观事物并不符合，所以判断不在于双方的言辞，而是取决于事物本身究竟是不是牛。也即是"实"与"名"是否对应。"争彼"的双方都认为自己是第三方"实"，但实际上他们错误地把"言"当成了"实"。这是语言符号学中的一个常见的问题，即把语言符号与实际事物等同起来，误认为符号就是事物的实在。

当然有人会认为如果论辩的双方都没有胜利，肯定不恰当，如《经下》云："谓辩无胜，必不当，说在辩。"如论者言："辩必有胜，谓辩无胜者比其辞不当，故当反求其辩也。"②《经说下》："谓，所谓非同也，则异也。同则或谓之狗，其或谓之犬也。异则或谓之牛，牛或谓之马也。俱无胜，是不辩也。辩也者，或谓之是，或谓之非，当者胜也。"假若在"争彼"的过程中，一方认为是狗，另一方认为是犬，而实际上狗与犬辞异实同，他们争的"彼"实际上是同一事物，也就没有胜负可言；又如有狗在此，一方说是牛，另一方说是马，牛与马，跟第三方"彼"之实皆不同，二者皆错，同样没有胜负可言。由此可见，"辩"在认识事物的过程中非常重要，但是"辩"的认知过程不能停留在表面胜负之上，而且墨家学派已经注意到表面胜负的双

---

① 王先谦：《荀子集解》，北京：中华书局，1988 年版，第 422 页。
② 孙诒让：《墨子间诂》，北京：中华书局，2001 年版，第 330 页。

方往往与实际的"彼"都不符合，真正的认知应该是通过思维对客观事物的反应形成的概念与客观事物实际相符。

在这里墨家学派还谈到了"辩"的基本方法步骤的问题："以名举实，以辞抒意，以说出故。"其中"以名举实"的符号思想我们在上文中有过分析，这里重点来谈一谈"以辞抒意，以说出故"中蕴含的符号思想。

"以辞抒意"中的"辞"即我们今天所说的"判断"，如《周易·系辞上》云"辩吉凶者存乎辞"，"辞"即是判断吉凶用的。伍非百指出，古人所谓的"辞"即是相当于今人逻辑学上的"命题"。"古谓之辞，今谓之句。以辞抒意者，谓辞也者，所以抒意也。何谓抒意？盖名之为道，只一字或多字表一个概念，不能成为思辨。必有二个以上之概念相连属，乃能成为思辨。故一名祇于可念，二名而后可思。一名祇于可道，二名而后可谓。"① 也即是说，单个的概念并不能形成命题，也不能给人以指示，只能用判断将概念所含的意义表示出来。一般而言，命题所表达的思想内容即是命题的意义，句子的内涵即是命题，而句子的外延则是真假。

《大取》云："以故生，以理长，以类行也者。立辞而不明于其所生，忘也。今人非道无所行，唯有强股肱，而不明于道，其困也，可立而待也。夫辞以类行者也，立辞而不明于其类，则必困矣。"据孙诒让《墨子间诂》本所言，"以故生"前当有"夫辞"二字，也即下文乃是对"辞"的解说；"忘"字当为"妄"；"道"与"理"同。② 这里论述了立辞的基本原理："以故生，以理长，以类行。"所谓"以故生"，即是立辞正确必须出故正确，如果立辞而不明其故，乃是妄说；"以理长"即是立辞必须依照客观事物的条理进行，假如不遵循客观规律，就好比人虽然有强健的身体，但是不按照规律行事，其行动必然受挫；"以类行"即是所立之辞还应该能以类为推，从已知领域推理至未知领域，假如所立之辞不能够同类相推，其辞自然受困。吴毓江在《墨子校注》中曾举一例对这个"三物"逻辑进行阐发，比如人窒息必死，那么窒息即是死之"故"，也即是"辞以故生"，依照生理学的原理，可得出窒息导致死亡的规律，这就是"辞以理长"；再以人窒息必死，推导其他诸多倚仗呼吸生存的动物在窒息后也会死亡，这就是"辞以类

---

① 伍非百：《中国古名家言》，成都：四川大学出版社，2009年版，第450~451页。
② 参见孙诒让：《墨子间诂》，北京：中华书局，2001年版，第413页。

行"①。"辞"作为人类对客观世界的反映、认知之后的判断，可能会真，也可能会假，这里墨家学派给我们提出了立辞的一些基本规律，由此来引导人们正确立辞，确保符号表意的准确性。

所谓"以说出故"，即是指推论或者论证"辞"（命题）的过程，这个过程就是墨家学派所言的"说"。《经上》："说，所以明也。""明"即是"出故"，也即是解释原因。伍非百解释说："凡说必俱二辞：一曰'谓'，说者所示之主张也；二曰'故'，说者所持之理由也。有'谓'，止于可知，有'故'而后可信。说也者，以'故'明'谓'。"② 由此可知"说"其实就是用语言符号告诉我们是什么，并且要让我们知道为什么，通过"说"的过程，接收者就会明白个中缘由。

《小取》中介绍了"以说出故"的一些基本方法："辟也者，举他物而以明之也。侔也者，比辞而俱行也。援也者，曰：子然，我奚独不可以然也？推也者，以其所不取之，同于其所取者，予之也。""辟"，即是譬喻，孙诒让《墨子间诂》援引毕注云："辟同譬。《说文》云'譬，谕也。'谕，古文'喻'字。"③ "举他物以明"就是用另外一件相同事物来说明这件事物；"侔"乃是"比辞而俱行"，以辞义齐等的判断来做推理，如《小取》中所言的"白马，马也；乘白马，乘马也。骊马，马也；乘骊马，乘马也。获，人也；爱获，爱人也。臧，人也；爱臧，爱人也"等皆是。总体来说，"辟"与"侔"都是用类似的东西来说明所欲说明的东西，但是两者有所不同，"辟在两件具体事物间的比喻，而侔则是在两种辞类见的比喻"④，一为事物，一为语词，此其不同。"援"类似于间接推理的类比法，"推"即是类推。据温公颐研究，《墨子》中的推理多是从已知事例中分析出若干共同点，然后推到未知事物中去，以此扩大知识范围，属于归纳推理。⑤《小取》中关于"以说出故"的一些基本方法，其实业已涉及符号修辞的一些基本问题。在西方，为了寻找一个普遍的准则，亚里斯多德发明了"存在"这一概念，主张实证逻辑；在东方，有印度的因明逻辑、中国的墨辩逻辑。这些都对符号修辞起到了重要的推动作用。"从广义的角度看，修辞是利用一切可

---

① 吴毓江：《墨子校注》，北京：中华书局，2006年版，第625页。
② 伍非百：《中国古名家言》，成都：四川大学出版社，2009年版，第67页。
③ 孙诒让：《墨子间诂》，北京：中华书局，2001年版，第416页。
④ 温公颐：《先秦逻辑史》，上海：上海人民出版社，1983年版，第151页。
⑤ 参见温公颐：《先秦逻辑史》，上海：上海人民出版社，1983年版，第154页。

能的形式、方法手段等，也即任何具有表意功能的符号，包括语言的和非语言的，来有效地传递信息，取得最佳的表达效果的一种活动。在这种观念中的修辞学，就是符号修辞学。"① 墨家学者为了达到"出故"的效果，分别提出了"辟""侔""援""推"等语言符号修辞方法。"辟"与"侔"与比喻修辞关系密切，其中"侔"更接近概念比喻（Conceptual metaphor）；"援"与曲喻（Conceit）有颇多共同之处，"推"与类推（analogy）亦很近似，都值得深入研究。以下仅就"辟"的符号修辞做一分析。

"辟"的方法在实际生活中使用最为广泛，已成为影响中国符号修辞的一大门类。《墨子》中间这样谈到"辟"这样一种修辞方式："辟也者，举他物而以明之也。"（《小取》）也即是说，当人们不知道某一事物时，为了让意义传达得以实现，我们用另外一个有关的事物进行类比阐释，让听众明白其中的意义。这其实就是一个符号修辞的问题。

墨家的"譬"其实就是一种类比托喻的符号修辞，这种符号修辞对中国的传统修辞产生了重要影响，甚至影响到中国人的思维方式，如红枣补血、蛇胆明目、腰花补肾等。所谓类比，其实就是根据事物之间某些方面的相似之处来推论其他方面的相似之处。这种类比思维在中国古代还是比较发达的，儒、墨诸家在论述自己的学说思想的时候，就经常采用这种说理方法，如《论语·雍也》记载："夫仁者，己欲立而立人，己欲达而达人。能近取譬，可谓仁之方也已。"清人刘宝楠在注疏中指出："譬者，喻也。以己为喻，故曰'近'。"② 这种类比托喻的方法在先秦诸子中应用极为普遍，墨子、惠施、孟子等在论述自己的主张时多用此法，"固以其所知谕其所不知，而使其知之"③。即通过别人知道的事物来做类比，让别人了解他所不知道的事物，达到思想交流的目的。陈望道在《修辞学发凡》中指出，所谓的譬喻，其实就是一个思想对象与另外的思想对象之间有相似之处，于是写文章或者说话时就用另外的事物来比拟这个思想对象。这里有两个重要的参考因素，其一是譬喻和被譬喻的两个事物必须有一点极其相似，其二是这两个事物又必须是不同的。④ 其实先秦诸子对譬喻的功用早有透析，刘向在《说

① 傅惠均：《略论符号修辞学》，王德春，李月松：《修辞学论文集（第十集）》，上海：上海外国语教育出版社，2006年版，第47页。

② 刘宝楠：《论语正义》，北京：中华书局，1990年版，第250页。

③ 向宗鲁：《说苑校证》，北京：中华书局，1987年版，第272页。

④ 参见陈望道：《修辞学发凡》，上海：上海教育出版社，1997年版，第72~76页。

苑·善说》中讲了这样一个故事：

> 客谓梁王曰："惠子之言事也善譬，王使无譬，则不能言矣。"王
> 曰："诺！"明日见，谓惠子曰："愿先生言事则直言耳，无譬也。"惠子
> 曰："今有人于此而不知弹者，曰：'弹之状何若？'应曰：'弹之状如
> 弹。'则谕乎？"王曰："未谕也。""于是更应曰：'弹之状如弓，而以竹
> 为弦。'则知乎？"王曰："可知矣。"

有人在梁惠王面前说惠施善于用譬喻言事，假如王不让他取譬言事，那
么惠施就不会言说了。梁惠王见到惠施之后，果然让他不要取譬言事。聪明
的惠施就举了一个"弹之状如弹"结果其义"不谕"的例证，证明"辟"作
为一种修辞方法的重要性。当然墨家学者对这种"取辟"的修辞方法进行了
理论总结，其著作中也多有运用，如《非攻上》开篇：

> 今有一人，入人园圃，窃其桃李，众闻则非之，上为政者得则罚
> 之。此何也？以亏人自利也。至攘人犬豕鸡豚者，其不义又甚入人园圃
> 窃桃李。是何故也？以亏人愈多。苟亏人愈多（东按：此句依孙诒让
> 《墨子间诂》增补），其不仁兹甚，罪益厚。至入人栏厩，取人马牛者，
> 其不仁义又甚攘人犬豕鸡豚。此何故也？以其亏人愈多。苟亏人愈多，
> 其不仁兹甚，罪益厚。至杀不辜人也，扡其衣裘，取戈剑者，其不义又
> 甚入人栏厩、取人马牛。此何故也？以其亏人愈多。苟亏人愈多，其不
> 仁兹甚矣，罪益厚。当此，天下之君子皆知而非之，谓之不义。今至大
> 为攻国，则弗知非，从而誉之，谓之义。此可谓知义与不义之别乎？

到人家的果园里面去偷桃窃李的人自然会受到谴责，甚至会受到官方的
处罚，这是由于其"亏人自利"造成的；至于偷鸡摸狗的人，他的不义之举
在大家看来，有甚于那些偷桃窃李的；而偷人牛马的人，其不义之举又超过
了偷鸡摸狗者；杀害无辜，持刀抢劫的人，其不义之举更甚于偷人牛马者。
大家为什么会这样认为呢？因为他们"亏人愈多"，也即是对于别人的损害
愈来愈严重，所以在大家看来，他们的不义之举的罪责就越发深重。因此，
对于这样的人，天下的士君子都知道起来批评反对。但是，有人为了自己的
利益，带兵攻打其他的国家，造成尸积如山，血流成河，诸多家庭毁于战

火，诸多生命沦为炮灰。相对于偷鸡摸狗乃至拦路抢劫、杀人越货来说，发动战争的人给人类造成的伤害和罪责更大，可是人们却不去谴责，与之相反，甚至有人去赞美他。这是懂得义与不义的区别吗？墨家学者按照常人逻辑，指明从小偷小摸到杀人越货，其损人利己相同，其造成的危害因为"量"的不同而逐渐升级，因此也越发应该谴责阻止，但是对于危害最大的"攻国"，却没有受到应有的谴责劝阻。《非攻上》用生动的比喻，层层诱入，借此来说明为什么要"非攻"，因为进攻他国是最大的损人利己的行为。这样逐层"取辟"，其义逐渐深入明了，其劝服力自然更强，修辞效果当然更佳。

在《墨子》一著中，这种"取譬"的例子不胜枚举，如《所染》中的"非独染丝然也，国亦有染"，从染丝到染国，由此取譬，说明环境对人影响的重要性，最后得出"必择所堪，必谨所堪"的道理；《节葬下》中的仁者为天下的谋虑如同孝子对亲人的谋虑，"天下贫则从事乎富之，人民寡则从事乎众之，众而乱则从事乎治之"，但是仁者提倡厚葬哀丧，把大批的财物埋进了地下，大量的劳动力因为居丧而不事生产。"财以成者，扶而埋之，后得生者而久禁之，以此求富，此譬犹禁耕而求获也，富之说无可得焉。"这也是取譬明义的修辞方法，同篇中的"譬犹使人负剑而求其寿也""譬犹使人三寰而毋负己也"也是这样的修辞方法，不再赘述。

第三节　名家符号思想

论及战国名家学派，一般将其缕分为二，即"合同异"与"离坚白"，前者以惠施为代表，后者以公孙龙为主导①。惠施将万物看成是"毕同毕异"，认为同异无别；而公孙龙则主张"白马非马""坚白相离"，于同中求异。其中蕴含的符号思想亦值得探析。

一、历物论

名家学者惠施现存的生平资料及著作都少得可怜，《庄子·天下》说："惠施多方，其书五车，其道舛驳，其言也不中。"司马迁在《史记》中没有

① 参见冯友兰：《中国哲学史》，上海：华东师范大学出版社，2011年版，第126页。

为其立传，《汉书·艺文志》中班固自注云其"名施，与庄子并时"①，据胡适推论，惠施大约生活在公元前 380－公元前 300 之间②。惠施的学说保留下来的只有《庄子·天下》中记载的 10 个命题，也即是"历物十事"，这里为了标题上的整齐姑且称作"历物论"，其为：

（一）至大无外，谓之大一；至小无内，谓之小一。

（二）无厚，不可积也，其大千里。

（三）天与地卑，山与泽平。

（四）日方中方睨，物方生方死。

（五）大同而与小同异，此之谓小同异；万物毕同毕异，此之谓大同异。

（六）南方无穷而有穷。

（七）今日适越而昔来。

（八）连环可解也。

（九）我知天下之中央，燕之北、越之南是也。

（十）泛爱万物，天地一体也。

以上便是《庄子》一书中残存下来的关于惠施"历物"的学说。所谓"历物"即是对天下万物进行分辨③，从惠施所"历"之"物"来看，基本上是以客观世界为对象的自然之物，已经超出了儒家政治伦理的狭小范围。

先看（一）与（二）。从认识论的角度来看，人们对世界的认识是通过语言来进行的，如 E. 帕尔默所言："语言塑造了人的观照方式和思维——是他自身的概念，又是他的世界（二者看上去似可分却又不可分离）。他对实在的洞察形成于语言中。"④ 人通过思维认识世界，通过语言将思维的内容反映出来，并在此基础之上形成一定的概念。这些认识和概念逐渐固定下来，成为人类认识世界、了解世界的基准，有时候甚至被视作唯一的标准，

---

① 陈国庆：《汉书艺文志注释汇编》，北京：中华书局，1983 年版，第 140 页。
② 参见胡适：《中国哲学史大纲》，长沙：岳麓书社，2010 年版，第 169 页。
③ 参见朱前鸿：《先秦名家四子研究》，北京：中央编译出版社，2005 年版，第 82 页。
④ 参见［美］E. 帕尔默：《诠释学》，潘德荣译，北京：商务印书馆，2012 年版，第 20 页。

因此有学者甚至将语词视作人类生活中最保守的势力①，虽然有点夸张，但亦足以警醒人们注意对语言的过度信赖的情况。人类所有的认识和概念都是在有限的时空内进行的，比如中国的先辈们认为构成世界的基本物质为金、木、水、火、土这五种基本元素，而依照现代科学对世界的认识当然不是这样。也即是说，任何一个时空内的认识都是有限的，当今人类对"大"的认识，有太阳系、银河系以至河外星系；对"小"的认识有分子、原子、质子等。相信随着人类科技的进步，这些认识还会进一步深化。本乎此，于（一）就可了解了。再看（二），冯友兰认为所谓"无厚"，一如今天几何学所讨论的"面"，虽然没有体积，但是可以有面积。亦是豁然开朗。因而惠施的历物论还有认识论上的意义，破除了人类对既定语言知识的迷信。

（三）（六）（七）（八）（九）涉及的其实是语用学的问题，英国学者利奇曾经指出如果对意义的讨论考虑到语境问题，那么就属于语用学范围②。任何"意义"都只能是在一定的时空之中呈现出来的意义，这一点我们在易学元语言那一章已经有过探讨。"意义"在时间和空间中会发生变化。如对"山之高"这一意义的获取，本是我们站在地上观看并获取的意义，但是现代的科技早已把人送到了太空，从太空中看地球上的山，还会获得"山之高"这样的意义吗？答案恐怕该是惠施所言的"山与泽平"了。由此我们也就可以理解其"南方无穷而有穷"的意思了，如果没有"有穷"这一个点，那么南方的"无穷"从哪里算起？无穷和有穷都是相对而言的。"今"的意义也只能相对于"昔"而存在的，"中央"这一意义的实现也必须是居于一定的空间之中，没有东南西北的方位，中央也就无从谈起。至于（八），古今训解多有不同，窃以为成玄英疏较为可取："夫环之相贯，贯于空处，不贯于环也。是以两环贯空，不相涉入，各自通转，故可解者也。"③ 如果多环相连，环环相扣，实不可解。但是仅就环环相连中的每一个环而言可以自转，亦是可解。认为"不可解"乃是就多环相连而言，认为"可解"乃是就每一环而言的，区别在于采用的"语境"不同。所以李先焜认为惠施的这些

---

① 参见［美］奥格登，［英］理查兹：《意义之意义》，白人立等译，北京：北京师范大学出版社，2000 年版，第 23 页。

② 参见［英］利奇：《语义学》，李瑞华等译，上海：上海外语教育出版社，1987 年版，第455 页。

③ 郭庆藩：《庄子集释》，北京：中华书局，2004 年版，第 1105 页。

命题如果"给予一定语境，它们都是可以理解的"①，因此从符号学的角度来看，惠施的这几个命题讨论的应该是语境与意义的关系问题。

关于（四），从语义学的角度来看，符号与其指称的事物是相联系的，事物之性质发生转变，那么"名"也就要相应转变过来，以适应其变化。如惠施认为"日方中方睨，物方生方死"；朱前鸿指出："日中和日睨，生和死，都是相对的。……由于事物的含义呈开放增长的状态，所以事物之名迟早是要变动的，这体现了符号代表事物含义的开放性特点以及名随实变、名实相应的思想。"② 这与稍后公孙龙的符号学思想有相同之处，一方面承认符号系统内部的规范性，另一方面又没有将其绝对化，而是承认名随实变的观点，如果对象变了，那么其指称也要发生相应的改变。

关于（五）和（十），从名实关系角度来看，自从人类创造了"名"之后，事物之间的差异才得以在人的观念意识中反映出来，而且"名"的细化也说明人类对事物认识的逐步深刻化。据《五体清文鉴》，满语有关河流形态的词有130多个，有关冰雪形态的词有60多个，有关鱼类的词有70多个。③ 但是从大的方面来说，不同的河流形态都可归于"河"这一名称之下，雪、鱼类也是如此。从"物"的角度来看，河、雪、鱼都是物的名称，同属于"物"又各有不同，也即"毕同毕异"，推而广之，从"至大"的角度来看，"天地一体"也就可以理解了，泯灭了差别，则可"泛爱万物"。

然而这里我们不禁要追问一句，为什么会产生差别呢？显然，差别是"始制有名"之后的产物，人类用语言符号塑形他所面对的世界，使之从无序到有序。一旦人类习惯了他用语言塑形的这个世界之后，就会误以为这个观念中的世界就是真实的世界，而实际上他塑形的这个世界 也受到了语言知识本身及观察视角等一系列人自身局限所带来的限制，也即是说，人们通过语言来把握的这个世界其实从开始就形成了"习惯的固执"④。而惠施的这10个命题则穿透了语言符号的本质及其自身的缺陷，其论看似消极荒诞，但却在"消解经验知识给人们带来的确定和语言知识给人们带来的固执"⑤，于符号学思想史意义重大。

---

① 李先焜：《语言、符号与逻辑》，武汉：湖北人民出版社，2006年版，第403页。
② 朱前鸿：《先秦名家四子研究》，北京：中央编译出版社，2005年版，第87页。
③ 参见罗常培：《语言与文化》，胡双宝注，北京：北京大学出版社，2009年版，第21页。
④ 葛兆光：《中国思想史》，上海：复旦大学出版社，2005年版，第194页。
⑤ 葛兆光：《中国思想史》，上海：复旦大学出版社，2005年版，第195页。

二、白马论

公孙龙是先秦名家学派的代表人物，"白马非马"是其重要命题之一。据《公孙龙子·迹府》篇记载，赵穿与公孙龙相会于赵平原君家，赵穿说如果公孙龙愿意主动抛弃其白马非马的学说，就愿意拜他为师。公孙龙则认为白马非马之说乃是其所以出名的根本，如果去掉这个学说，那么他也就没什么好教人的了，可见名家对这个命题的重视，其云：

> "白马非马，可乎？"
>
> 曰："可。"
>
> 曰："何哉？"
>
> 曰："马者所以命形也；白者所以命色也。命色形非命形也。故曰白马非马。"

这里有一个关键的字义必须训解清楚，也即"非"字，《说文·非部》谓："违也。从飞下羽，取其相背。"段玉裁《说文解字注》谓"非以相背为义，不以相离为义"[①]，陈宪猷据此分析考证，指出"非"字的本义与"靠"字同，为相背靠又相依存之意，如两翅相背相依，而彼翅异于此翅，这即是非指本义，这在先秦诸子中还有义例可证[②]。明乎此，对"白马非马"才可理解。在公孙龙看来，"白马"之所以"非马"，乃是因为马是从形体角度着眼的命名，白是从颜色的角度着眼的命名，包括颜色与形体的名称（白马）不等于只表示形体的名称（马）。从逻辑学的角度来看，内涵与外延是一种反变关系，一个概念的内涵越少，其外延越广；相反，一个概念的内涵越多，其外延就越少。"马"的内涵少于"白马"的内涵，故而其外延大于"白马"的外延，因此这两个符号不能等同。符号是所指（概念）与能指（音响形象）的结合，"马"是从一类动物中抽象出来的概念，其所指为所有马类动物；"白马"的所指为所有白色的马类动物，红、黄、黑之类的马则不在此类。因为所指的不同导致能指也不同，也即是说，不同的符号对应的客观事物是不同的；反之，不同的事物也对应着不同的符号，故而符号才可

---

① 段玉裁：《说文解字注》，杭州：浙江古籍出版社，2006年版，第583页。

② 陈宪猷：《公孙龙子求真》，北京：中华书局，1990年版，第15~16页。

以顺利表达客观世界而不会相混淆。

"白马非马"之论让名家饱受非议，但据其弟子编纂的《迹府》篇记载："公孙龙，六国时辩士也，疾名实之散乱，因资材之所长，为'守白之论'。假物取譬，以'守白'辩，谓'白马为非马'也。白马为非马者，言白所以名'色'，言马所以名'形'也。色形，非形，非色也。……欲推是辩，以正名实而化天下焉。"① 这里指出公孙龙发展名家学说的原因在于不满当时社会名实关系混乱的现状，借用事物做比喻，指出"白马"不等同于"马"，因为白是颜色，马是形体，白马是形色的混合体，二者的外延不同，故不能等同。公孙龙推举这个学说的目的在于审名正实、教化天下，这应是符合实际的，先秦诸子百家争鸣的目的并不在于著书立说、流芳后世，而是在于拯救时世。公孙龙的这种想法纵然可嘉，但是其言论却并不被同样试图正名实的儒家所喜，反而被斥为异端邪说，致使其学不传，甚为可惜。

三、名实论

名实论系先秦名家之名学的主要观点。《荀子·正名》篇指出："贵贱不明，同异不别，如是则志必有不喻之患，而事必有困废之祸。故知者为之分别，制名以指实，上以明贵贱，下以辨异同。"名学的主要作用为明贵贱、别异同。明贵贱偏重于社会伦理方面，儒家正名学为其代表；别异同则是名家名实论的主要内容。

名家之"名"，重在逻辑思辨，以正名实为主要任务。名家尹文子主张"以名正形""以形应名"，"名"（所指）应该与"形"（能指）对应，公孙龙"疾名实之散乱"，主张"审其名实，慎其所谓"，注重名与实的内涵相应，循名责实、名实相符。名家的名实论富含丰富的语义学思想。宇宙万物是由各种不同的"实"组成的，各种"实"皆有其相应的名称，或者概念。② 从符号学的角度来看，事物的概念，也即是所指，有其相应的音响形象——能指来对应，这样才能形成一个符号系统。"当符号系统形成时，能指与所指

---

① 谭戒甫：《公孙龙子形名发微》，北京：中华书局，1963年版，第7~8页。

② 当代学者周云之曾经明确指出："在先秦，'名'既具有语词的性质，又具有概念的性质。毫无疑问，概念总是要通过语词来表达的，因此许多的词（具有实际意义的词）都具有概念性质。这些'名'当然既可以是语词的'名'，又可是概念的'名'，但绝不能把语词的'名'和概念的'名'等同起来。"明确指出概念、所指事物及名称是有所不同的，因此在使用时要注意。参见周云之：《先秦名辩逻辑指要》，成都：四川教育出版社，1993年版，第81页。

的关系就不再是任意的了，相对固定的社会契约保证了能指与所指关系的确定性，从而保证了信息传达的有效性。"① 名实论者看到了需要通过一些约定的手段方法来保证能指与所指关系的对应性，这样信息传递才具有有效性，否则的话，"谓彼而彼，不唯乎彼，则彼谓不行；谓此而此，不唯乎此，则此谓不行。其以当，不当也；不当而当，乱也"（《公孙龙子·名实论》）。如果我们用一个名称去称谓一物，而别人却以另外的名称去称谓该物，大家各行其是，这样系统就乱套了。故而名实论不仅要使事物名实相应，而且对系统内部的约定俗成性也提出了要求。

公孙龙在《名实论》中指出："天地与其所产焉，物也。物以物其所物而不过焉，实也。实以实其所实而不旷焉，位也。出其所位非位而位其所位焉，正也。"在公孙龙看来，宇宙天地都是由"物"组成的，一个事物之所以被称之为该"物"而没有错误，是因为它占据了自己的"位"而非"非位"，也即它与他物有所区别。在系统之中占据自己应有的位置，这就是"正"，任意性使得符号不能自行解释，必须依靠系统的同型性来确定意义。符号能表意在于与其他符号相比有区分特征。在公孙龙生活的时代，礼乐征伐出自诸侯，名实不正，"谓彼而彼，不唯乎彼，则彼谓不行。谓此而此，不唯乎此，则此谓不行。其以当，不当也；不当而当，乱也"。彼与此之间没有明显的区分：被称为"彼"的并不仅仅可以被称为"彼"，那么"彼"这个称谓也是不合适的；被称为"此"的并不仅仅可以被称为"此"，那么"此"这个称谓就是不合适的。将不合适的当作合适的，那么天下就会大乱。为使天下秩序井然，故而亟须正名。正名就是要确定名与实的一一对应关系，"故彼彼当乎彼，则唯乎彼，其谓行彼。此当乎此，则唯乎此，其为行此。其以当而当也；以当而当，正也"。要让彼事物之名与彼事物之实相符合，此事物之名与此事物之实相符合，彼物之名与此物之名相区分，那么彼物与此物自然也就区分开来了。公孙龙没有停留在儒家伦理道德的正名层面上，而是推而广之，要让天下之物皆名实相符，每一个名称都有其对应的确定的指称对象，名称与名称之间互相区分，扩展了名实论的内涵。

四、指物论

公孙龙的《指物论》被当代学者视为其符号思想的纲领性文章，为现存

---

① 赵毅衡：《符号学文学论文集》，天津：百花文艺出版社，2004 年版，第 12 页。

《公孙龙子》五篇中的核心，起着提纲挈领的作用①，故而谭戒甫的《公孙龙子形名发微》将其移至篇首；陈宪猷亦从谭论，并指出《指物论》乃是论概念与物的关系，为公孙龙名辩之学的基础②。可见这篇文章的符号学意义不可小觑。

首先，公孙龙指出了符号的抽象性，它与具体事物是有差别的。他在《指物论》中指出"物莫非指，而指非指"，任何事物都需要通过符号（"指"）来表示，但是这个"指"并不等同于其所指的事物。在公孙龙看来，事物的符号"指"是由物抽象出来的。"指也者，天下之所无也；物也者，天下之所有也。"这里论及了"指"与"物"的关系，"物"是实在的，而"指"是由抽象思维形成的，并非客观存在。符号并非实实在在的具体之物，而是实在之物的抽象化，是事物抽象的概念，"指者天下之所兼"，即概念是天下万物本质的反映。符号并非天下万物，而符号所指的具体事物则是实实在在存在着的，所以符号并不等同于具体之物，如索绪尔言："语言符号联结的不是事物和名称，而是概念和音响形象。"③"指"是概念，"指"从"物"中抽象而生。当我们说"马"这个词时，人们会想到其对应之实物，但是"马"并不是具体之马，它是从所有的马中抽象出来的一个概念符号，也即它是一个"型符"，不同于任何一匹单个的、具体的马。然而人们往往会误以为"马"这个符号就是指具体的马，这其实是忽视了符号的抽象性，所以公孙龙指出了这种错误："以'有不为指'之'无不为指'，未可。"所谓"有不为指"即是认为符号本身即是意义，能指即是所指，根据这个观点有人进而指出"无不为指"，把天下之物皆看成符号。这是对公孙龙意思的曲解，所以公孙龙指出这是错误的。公孙龙认为名所指称的是概念，概念不是具体之物，但是我们可以根据"名"去了解概念外延所包含的事物，如弗雷格言："如果一个指号的指称是感觉对象，则我关于它的意象是一种内心图像，这种内心图像来自于对我的内部或外部的感官印象与活动的记忆。"④进而产生自己的理解，也即解释项。

其次，公孙龙指出了符号的历时演变性。从共时的角度看："当符号系

---

① 朱前鸿：《先秦名家四子研究》，北京：中央编译出版社，2005 年版，第 120 页。
② 参见陈宪猷：《公孙龙子求真》，北京：中华书局，1990 年版，第 1 页。
③ ［瑞士］索绪尔：《普通语言学教程》，高名凯译，商务印书馆，1980 年版，第 101 页。
④ 涂纪亮：《语言哲学名著选辑·英美部分》，北京：生活·读书·新知三联书店，1988 年版，第 4～5 页。

统形或时，能指与所指的关系就不再是任意的。"① 此名必须对应此物，彼名须对应彼物，其符码一旦形成，就不能任意更改，否则在传递信息的时候，就容易出错。"信码（符码）必须是强制式的"②，如果一个语言系统内部的符码在一定的时空内形成了，那就有其强制性，故而公孙龙认为"彼此而彼且此，此彼而此且彼"（《名实论》）是不符合符号系统规范的。但是，公孙龙并没有把符码绝对化，如果时空转移，社会的约定改变，名实也可以发生转换，如其所言："知此之非此也，知此之不在此也，则不谓也。知彼之非彼也，知彼之不在彼也，则不谓也。"（《名实论》）事物的名称（指）与对象体（物）是约定俗成的，对应关系发生转变，那么其名实也就需要做出相应的调整，彼名不再能称谓彼物，需要根据社会的约定来重新编码。

总之，公孙龙作为先秦名家的代表人物，发展了先秦的名学思想，并对古典符号学做出了卓越的贡献。总体说来，名家的符号思想主要有两点，一是名实论，一是指物论，在这两大议题中，名家对符号意义的思索达到了前所未有的高度。

第四节　研究现状与前瞻

名、墨二家学术渊源密切，其名辩学蕴含丰富的符号思想。由于现代符号学兴起并大规模引入中国学界是 20 世纪 80 年代的事情③，所以此前对名墨思想的探索集中在哲学逻辑学领域，此后学界才开始用符号学方法解析。20 世纪 80 年代为名墨符号思想研究的发轫期，90 年代为兴盛期。在老一辈学者的推动下，名墨符号学研究得到了拓展。21 世纪的前十年则为名墨符号学研究的深化期。通过对研究现状的回顾，我们发现不仅其研究队伍及学术背景比较单一，而且后继乏人，在名、墨符号学之间偏重于名家符号思想研究，因此 21 世纪必须加大研究梯队的建设，扩大研究人员的学术背景与事业，加大对墨家符号思想的研究。

中国学者较早从现代符号学角度观照名墨符号思想的允推钱钟书先生，他在 20 世纪六七十年代就曾注意过中国言意论与西方现代符号学之间的关系：

① 赵毅衡：《符号学文学论文集》，天津：百花文艺出版社，2004 年版，第 11 页。
② 赵毅衡：《符号学文学论文集》，天津：百花文艺出版社，2004 年版，第 14 页。
③ 参见赵毅衡：《中国符号学六十年》，《四川大学学报》，2012 年第 1 期。

"言""文""物"三者析言之，其理犹墨子以"举""名""实"三事并列而共实也。《墨子·经》上："举，拟实也。"《经说》上："告、以之名举彼实也。"《小取》："以名举实，以词抒意。"……近世西人以表达意旨（semiosis）为三方联系（trirelative），图解成三角形（the basic triangle）、"符号"（sign，symbol）、"所指示之事物"（object，referent）三事参互而成鼎足。"思想"或"提示"、"举"与"意"也，"符号"、"名"与"文"也，而"所指示之物"则"实"与"物"耳。①

钱钟书先生以其学贯中西的宽广视野敏锐地观察到中国先秦墨家学术与现代西方符号学之间的学术关联，这在文化饥荒的年代尤为可贵，然而像钱先生这样的研究在当时也确实是凤毛麟角。由钱先生的论述我们甚至可以认为，中国即便是"拿来"符号学，至少还有这样的学术意义，即发现了中国原有的"符号学思想"。接下来的问题就是，如何在进一步引进的同时，消化，乃至清理或者建立"中国的"符号学乃是我们对人类的责任。

现代符号学开始成规模传入中国并在学界引起反响是20世纪80年代的事情。然而相对于易学符号学的研究来说，名辩学符号思想研究确实相对慢了半拍，我们现在能够检索到的资料可以看出，20世纪80年代用符号学理论研究名辩学的论文不多，只有胡绳生、余卫国的《〈指物论〉：文化史上第一篇符号学论文》及刘宗棠的《〈指物论〉与指号学》（载《哲学研究》1989年第12期）等。胡文用索绪尔的能指/所指符号学概念对公孙龙《指物论》中的"指""名""实"等概念进行了辨析，指出："公孙龙子的'指'范畴，实际上包含了从主体、能指到所指、对象的整个指认过程，体现了符号化过程的本质。"② 胡文作为国内第一篇用符号学理论阐释名辩学的论文，文章的创建之功还是值得称许的，但是作者直接将名等同于事物的名称、概念却是有欠考虑的，直到20世纪90年代才由李先焜辨明。这也说明国内学界对符号学理论还需要一个学习消化的过程。

中国学界主流开始将现代符号学应用于名辩学研究始于20世纪90年代中期。1993年李先焜发表了论文《公孙龙〈名实论〉中的符号学理论》，文

---

① 钱钟书：《管锥编》册三，北京：生活·读书·新知三联书店，2007年版，第1863~1864页。
② 胡绳生，余卫国：《〈指物论〉：文化史上第一篇符号学论文》，《宝鸡师院学报》，1988年第3期。

章依据皮尔斯与莫里斯的符号理论对公孙龙的《名实论》进行了剖析，指出公孙龙的"名"是"名称"，而非"概念"，因为公孙龙的语义理论属于指称论，只考虑了名称的外延意义，而忽略了其内涵意义。[①] 这也算是对胡绳生文章的一种修正，反映出中国学者对符号学研究的深化，这篇论文影响较大，常为国内学者称引。1989 年中国逻辑学符号学专业委员会成立，1994年中国语言与符号学研究会在苏州大学成立，这两个学会对促进中国传统符号学研究有较大推力作用。如林铭钧、曾祥云、吴志雄的论文《从符号学的观点看先秦名学》（1995 年逻辑研究专辑）；1996 年逻辑研究专辑则有相关论文多篇，如陈克守的《墨辩、因明与亚里士多德演绎逻辑比较》、周文英的《〈公孙龙子〉中的哲学和逻辑思想》、曾祥云的《〈指物论〉：中国古代的符号学专论》、王左立的《公孙龙的名实观》、赵平的《〈公孙龙子·名实论〉的指称观》等，分别从不同角度对中国古代名辩逻辑进行了探析。林铭钧等人的论文根据汉字的表意文字特征，指出名学之名并非对象本质属性的反映，汉字中的"名生于形"，名是对形的模拟，如"马"字是对马这种动物形象的模拟，因而名只是一种带"象"的观念，名的能指与所指之间存在着一定的因果关系，也即是说，现代符号学中的约定俗成说对先秦名学而言，是有一定的区别的；而先秦诸子探讨的名实问题亦并非现代意义中的概念与事物之间反映与被反映的关系，因为当时的社会礼崩乐坏，名实散乱，名与所指对象间的确定性遭到了破坏，正名是为了名与所指对象相符合；最后作者得出结论，即先秦名学中的"名"并非所谓的"概念"，而是一种词项符号，先秦名学不是传统逻辑的概念学，主要是关于词项符号的理论。这种精细入微的分析可谓鞭辟入里。

随着逻辑、语言符号学会的影响的扩大，从事先秦名辩符号思想研究的论著也越来越多，其中有苟志效的《先秦哲学的符号学致思趋向》（载《学术论坛》1995 年第 2 期），林铭钧、曾祥云的《以符号学析"白马非马之辩"》（载《学术研究》1996 年第 2 期），李先焜的《论先秦名家的符号学》（载《湖北大学学报》1995 年第 5 期）、《〈墨经〉中的符号学思想》（载《湖北大学学报》1996 年第 3 期）、《名辩学、逻辑学与符号学》（载《哲学研究》1998 年增刊），徐阳春的《论中国古代正名理论的符号学意义》（第一届、第二届东亚符号学国际会议论文集）、《从符号学看中国古代名学》（载

① 李先焜：《公孙龙〈名实论〉中的符号学理论》，《哲学研究》，1993 年第 6 期。

《绍兴文理学院学报》1998 年第 2 期），曾祥云、刘志生的《名学与符号学》（载《长沙电力学院学报》1999 年第 1 期）等。这其中李先焜的论文是为数不多的对墨学符号进行探析的论文，探析了墨经中的言语行为理论，指出"言（话语）"是墨经语用学的基本范畴，而"名"则同时具有符号性与行为性，墨经是将符号性与行为性结合起来论述的；墨家的正名学说不同于儒家的正名学说，墨家从精确表达思想的角度，从语言学、逻辑学和符号学的角度对"名"本身进行了分析，使正名超越了政治伦理范畴，成为名辩学的组成部分；而墨家的辩也超越了单纯的政治学、伦理学范围，谈的是语言学、逻辑学与符号学的问题，特别是语义学与语用学方面的问题，具有逻辑语用学性质①。在《论先秦名家的符号学》一文中作者指出名家学派公孙龙对"名"的定义揭示出了名的符号性，名家在先秦诸子中是一个真正以研究"名"的符号为主的学派，作者还具体分析了邓析、尹文、惠施、公孙龙的符号学思想，尤为值得称道的是作者用元语言理论去分析公孙龙"白马非马"的命题，指出"非"不是"不属于"，而是"异于"之意，在这里"白马"和"马"应理解为对象语言，而"非"则是元语言，另辟蹊径，视角新颖，可备一说。

从 20 世纪的名辩符号学研究的现状来看，我们发现研究者非常集中，而且从事研究的主体基本上都是有逻辑学专业背景的学者，这种现象说明先秦名辩符号思想研究的领域并没有真正扩展开来，社会的前进和学术的发展迫切需要有更多不同学术背景专长的学者参与进来从事这项研究工作。21 世纪以来，名辩之学的研究队伍有所扩展，但是研究主体的学术背景依然以从事逻辑哲学的学者为主，间或有从事语言学研究的学者参与。

21 世纪以来发表的名辩符号学研究的主要论文有张长明、曾祥云的《从符号学的观点看〈尹文子〉的名学》（载《广东社会科学》2001 年第 1 期），曾祥云的《〈墨经〉名学的现代解读——从语词符号的角度》（载《长沙电力学院学报》2002 年第 1 期），杨文的《从符号学的角度看〈墨经〉名学》（载《湖南科技大学学报》2005 年第 2 期），李瑾的《先秦诸子的名实论与符号学》（载《山东教育学院学报》2008 年第 2 期），刘湘平的《从墨家的"名"论看起语言哲学思想》（载《武汉大学学报》2008 年第 6 期），邹劼的《〈公孙龙子〉中的语言学思想研究》（陕西师范大学 2011 届硕士论

---

① 李先焜：《〈墨经〉中的符号学思想》，《湖北大学学报》，1996 年第 3 期。

文）等，从研究现状我们可以看出其主要研究趋向是在向精细化方向发展，诸如上述曾祥文、刘湘平、邹劼等人的论文皆是从语言符号学角度切入，相对于 20 世纪 90 年代以来从逻辑符号学的角度切入来说，多少算是"另辟蹊径"，但是 21 世纪以来的研究总体来说还是创见不多。

这里有必要要单独提出来的是朱前鸿的名学符号学研究，朱氏硕博阶段皆以名家符号学为主攻方向，先后发表了《从符号学看"指物论"》（载《逻辑今探——中国逻辑学会第五次代表大会暨学术讨论会论文集》）、《以符号学析公孙龙子的〈指物论〉》（载《学术研究》1997 年第 2 期）、《公孙龙子〈指物论〉逻辑哲学思想分析》（载《学术研究》2002 年第 1 期），作者后来在博士论文《先秦名家四子"名实"思想符号学分析》的基础上整理出版了《先秦名家四子》这部专著，将名家先秦名家四子作为一个学术流派，以符号学思想为发展脉络，进行了细致入微的分析，而不是简单地用先秦的典籍去印证西方的符号学理论，其研究不仅有重要的学术意义，还有重要的方法论意义。如作者所言："从符号学的角度探析先秦名家四子的名实思想，可以丰富对现代符号学的认识和对方法论的认识，廓清中华民族特色的符号学思想，加深对我国古代逻辑思想和思想家的认识，同时，也可以为中国古代逻辑的研究提供新的方法论工具和研究案例。"[1] 在研究中作者也确实是这样做的，如在第三章中，朱氏系统探讨了公孙龙子"白马非马"的命题，并得出其符号学意义，论述可谓鞭辟入里、深刻精到；而对《指物论》符号学思想的疏解则更见作者绵密的思维及深刻的学术洞察力。总体而言，朱氏将名家符号学研究推向了一个新的高度，值得肯定。

通过文献梳理，我们发现从逻辑学到符号学的引入，中国传统名墨之学被逐步激活。从对名辩符号思想研究的回顾我们可以看出，先秦名辩符号思想研究在 20 世纪最后的十年取得了较大的成绩，但是 21 世纪以来其研究现状却不容乐观，基本上是对前期研究的重复或者细化，总体上缺少突破。这其中一个重要的原因是无论是研究队伍还是研究者的学术背景都较为单一，主要研究者基本不超过 10 人，研究者也多是出身逻辑学的研究背景，间或有从事语言学研究的学者参与，但是为数极少，而且还有一个重要的现象即是研究队伍后继乏人。其中林铭钧已于 2011 年冬逝世；李先焜虽然研究水平很高，但也年事已高；朱前鸿虽然年富力强，但是后来似乎没有继续从事

---

[1]　朱前鸿：《先秦名家四子研究》，北京：中央编译出版社，2005 年版，第 34 页。

相关学术科研工作，近年来也少有新的研究成果发表。由于从事研究的学者队伍稀缺，加上主要研究者学术背景单一，缺乏交流碰撞，故而难以为继。对此笔者认为要想将这一课题继续深入下去，必须从以下几个方面继续拓展。

首先是研究队伍的问题。任何一门学术要想发扬光大，必须要有一批稳定的、成梯队状的学者群体，通过前面对研究现状的审视我们可以看出从事这个课题研究的成员比较单一，而且后继乏人，为此，必须加紧培养一批热爱这项研究并对名辩符号学有一定悟性的，能够稳定从事该项研究的研究队伍出来，如果没有一支专业的研究队伍，那么其他就无从谈起。

此外，鉴于前期研究者学术背景单一的问题，笔者建议要扩展研究者的学术背景，以宽容的心态吸纳具有不同学术背景的人参与到这个研究中来，比如从事语言学的研究者，从事中国思想史的研究者，从事中国古代文学的研究者，他们分别有自己的学术兴趣和视角，看问题的角度肯定也各异其趣，思想的碰撞肯定会产生新的火花。

最后是研究范围的问题。从研究现状我们可以看出在对名、墨二家的符号思想的研究中，名家显然热于墨家，这种冷热不均的现象势必造成学术资源的浪费及研究空白的持续闲置，因此21世纪必须加大对墨家符号思想的研究力度，全面探讨墨家符号学资源，为丰富中国符号学思想研究服务。虽然从21世纪的研究中我们也窥见了一些端倪，但仍需扩大。

第五章　名法之学与先秦符号思想的总结

自周平王东迁都城于洛阳之后，周王朝的雄风与统治力急剧下降，周天子的政治地位也是一落千丈，代之的是礼崩乐坏、王纲解体、诸侯争霸。到了战国时期，"尊王"的口号也被弃之不顾，群雄竞起、攻城略地、争王称霸成为这个时期的显著特征。传统的礼乐文化符号系统早已失去维系社会政治秩序的能力，"究竟如何才能使这普遍混乱的社会从无序到有序"成为百家争鸣时代三种话题之一①。此期间列国之间的兼并战争变得更加激烈，"天下争于战国，贵诈力而贱仁义，先富有而后推让。故庶人之富者或累巨万，而贫者或不厌糟糠。有国强者或并群小以臣诸侯，而弱国或绝祀而灭世"②。欲望的膨胀，使人们不再相信人性的善良，反而走向了另外的极端，即"人性恶"的提出；与之对应的则是用严峻刑罚来重整秩序，从礼乐文化符号系统到法律符号系统，是历史的产物，也是历史的选择。分久必合，政治走向大一统，学术思想也出现总结与融合。随着秦帝国的统一，以及对学术思想界的整肃，百家争鸣的时代逐渐成为绝响，中国先秦符号思想的高潮也逐渐落下了帷幕。

第一节　师承与转向：荀、韩关系

战国后期的荀子对儒家的学说进行了总结，其学出自儒家又不拘泥于儒家；韩非综括其他诸子学术入于法家，并对法家学说进行了集大成的总结。二人的学术都有对前代学说综括集成的性质，而且韩非学于荀子，他选择性地继承了荀子的学说，并将其推扬到了一种极致。从符号学的角度来看，荀子兼顾礼乐文化符号的教育调理作用与法律符号系统的强制控制作用，内外

---

① 参见葛兆光：《中国思想史》（第一卷），上海：复旦大学出版社，2005 年版，第 158 页。
② 司马迁：《史记》，北京：中华书局，1982 年版，第 1442 页。

兼治；而韩非则主要致力于法律符号系统对人的表意行为的规训作用。韩非的学说促进了秦帝国的大一统，但是其偏于外治而不屑于内治，也是秦帝国"亡也忽焉"的一大动因。

关于礼乐文化符号系统在第二章中我们有过分析，对法律符号则有必要先做一个简要说明。人类生活的世界本是自然物质的世界，但是人类通过对世界的认识，用语言思维的"世界"对物质世界进行了"塑形"，所有地域空间时间的划分，无不是人类语言思维"塑形"的结果，我们面对的其实是一个已经高度符号化的时空。随着语言思维的发展，人类的活动也由动物本能性活动变成一种具有表意性质的活动，礼仪行为即是人类特有的表意活动，能够传达出人类能够识别的意义。本来礼乐活动就是对人类活动的一种规约，但是礼崩乐坏之后，其规约性也遭到破坏。法家学者认为要用暴力形式来规训人类的活动，使无序变成有序，这些要求诉诸语言文字，如子产铸的"刑书"，李悝的《法经》等，便形成了一套可以解释意义、规范行为的系统，它能够对人类的行为活动"塑形"。如莫里斯言："法律的论域，指谓一个有组织的社会有权在有人做出某些行动或没有做出某些行动时所采用的那些处罚；它的目的是要使人们去做出或不做出这些行动。"① 通过暴力立法的形式对人的表意行为的规范形成的系统，就是法律符号系统。

一、荀子及其学说

有关荀子的生平资料，司马迁在《史记·孟子荀卿列传》有载录，按照司马迁的记载，荀子是赵人，曾经游学齐国，在齐国担任过祭酒一职。后来有人谗言相害，于是荀子去了楚国，楚国的春申君让他担任兰陵令。春申君死后荀子不复任职，但是家于兰陵，他目睹了社会现实的种种乱象，著书立说："荀卿嫉浊世之政，亡国乱君相属，不遂大道而营于巫祝，信机祥，鄙儒小拘，如庄周等又猾稽乱俗，于是推儒、墨、道德之行事兴坏，序列著数万言而卒。"② 荀子死后亦葬于兰陵。关于荀子的生平情况司马迁就介绍了这么多，其生卒年等都没有记载。学界对此也多有考论，但是也没有一个具体的结果。而只是将荀子的主要学术活动界定于公元前 298 到公元前 238 年

---

① ［英］莫里斯：《指号、语言和行为》，罗兰，周易译，上海：上海人民出版社，2011 年版，第 136～137 页。

② 司马迁：《史记》，北京：中华书局，1982 年版，第 2348 页。

之间。清人汪中《荀卿子通论》谓："荀卿生于赵，游于齐，尝一入秦而仕于楚，卒葬于楚，故以四国为经，讬于赵惠文王、楚倾襄王之元（东按：此即前298年），终于春申君之死（东按：此即前238年），凡六十年。庶论世之君子，得其梗概云尔。"① 由这个为了方便后人知人论世的活动年代考证可知荀子大约生活在战国后期，公元前230年，秦灭韩；前225年，秦灭魏；前223年，秦灭楚；前222年，秦灭赵、灭燕；前221年，秦灭齐，统一全国。这些惊心动魄的大事，荀子或者看到了，或者没看到，但是社会发展的趋势，他肯定是感觉到了，在他的著作里面也有体现，这一点我们将在下文中论述。

在这里，司马迁将荀子与孟子并列同传，用意显然，即是荀子与孟子同属儒家学派的学者，在战国至汉初都备受学者推崇。据汪中的考证，汉初的儒家经典《毛诗》《鲁诗》《韩诗》《左氏春秋》《谷梁春秋》《大戴礼记》《小戴礼记》等经典皆经荀子而得以继续流传。"盖自七十子之徒既没，汉诸儒未兴，中更战国、暴秦之乱，六艺之传，赖以不绝者，荀卿也。周公作之，孔子述之，荀卿子传之，其揆一也！"② 荀子对儒家经典、学说的继承传播起到了重要的作用，故而汪中谓"荀卿之学，出于孔氏，而尤有功于诸经"③。

但是我们知道，同样是儒家的学者，孔子和孟子的著作被列入经典之列，而《荀子》却在"十三经"之外。究其原因，与荀子的思想学说有关。荀子一方面继承了儒家学说，吸收了儒家学说的优点长处，同时又受到社会现实的影响，既定秩序的崩溃，人欲的无限膨胀，急剧动荡的现实，促使荀子对儒家先哲孔子、孟子提出的仅靠人心的自觉、道德的自律来维护传统秩序产生了怀疑，其性恶论则是对这种现实的反映；而《非十二子》则站在统一的学术立场，对诸子争鸣进行了批判，认为诸子是"饰邪说，交奸言，以枭乱天下"（《非十二子》），其中对同属儒家的子思、孟轲、子张氏、子夏氏、子由氏等都进行了批判，提出了"一天下，财万物"④ 的主张，这本是顺应历史大势的见解，但是却遭到了儒家后学、特别是宋明理学家的激烈批

---

① 汪中：《汪中集》，台北："中央研究院"中国文哲研究所筹备处，2000年版，第134页。
② 汪中：《汪中集》，台北："中央研究院"中国文哲研究所筹备处，2000年版，第119页。
③ 汪中：《汪中集》，台北："中央研究院"中国文哲研究所筹备处，2000年版，第120页。
④ 杨倞注谓"财与裁同"，参见王先谦：《荀子集解》，北京：中华书局，1988年版，第97页。

判。四库馆臣曾谓："况之著书，主于明周、孔之教，崇礼而劝学。其中最为口实者，莫过于《非十二子》及《性恶》两篇。"① 荀子以孔子、子弓的真正的学术继承者自居，却遭到了儒家后学的批判，这与儒家学术后来的走向关系密切。孔子提倡恢复周礼，以个体道德的自觉来维系，这便是"仁"。如果把礼视作外在规范的符号体系的话，那么仁则是内在心理认同。孟子认为人性善论，荀子认为人性恶，不会自然认同礼乐符号系统，因此需要外力来维护，这就是法的符号系统。宋明理学的姓名修养论是以孟子的性善论为基础的，故而排斥荀子。当然这是另外一个议题，不再赘言。

据《史记》所言，《荀子》一书是荀子晚年所著，《汉书·艺文志》著录为33篇，据刘向《叙录》则为32篇，宋人王应麟认为"三十三篇"当为"三十二篇"之误。今传32篇本一般认为多是荀子自己所作，有少数篇章，如《大略》《在宥》等，据说为荀子弟子辑录，但基本上都是荀子学术思想的反映。总体说来，荀子继承了孔子的学说，并有所发展，他在以儒家学说为主的同时也兼采了其他诸家学术的思想，反映了先秦诸子百家学术走向融合的趋势。

二、韩非与其学说

韩非的生平事迹主要见于《史记·老子韩非列传》。据司马迁所言，韩非乃是韩国的王公贵族，他喜欢刑名法术之学，为人口吃，不善言谈，却善于著书。韩非亲眼看见了韩国的衰落，曾经多次上书韩王，提出崇尚法术、富国强兵的主张，可惜韩王没有采纳。"以为儒者用文乱法，而侠者以武犯禁。宽则宠名誉之人，急则用介胄之士。今者所养非所用，所用非所养。悲廉直不容于邪枉之臣，观往者得失之变，故作《孤愤》《五蠹》《内外储》《说林》《说难》十余万言。"② 这些文章传到秦国，秦王大为赞赏，恨不得与其同时。秦王得李斯告知这是韩国公子韩非所著，派军攻打韩国，韩非出使秦国进行外交活动，于是被留在了秦国。然而他并没有得到秦王的信用，后又遭李斯、姚贾谗言，被投入狱中，终被李斯药杀。关于韩非的生卒年，现在学界一般认为其大约生于前280年左右，卒于前233年，其后约十来年的时间，秦国就统一了六国，建立了大一统的秦朝。

① 纪昀等：《四库全书总目》，北京：中华书局，1997年版，第1194~1195页。
② 司马迁：《史记》，北京：中华书局，1982年版，第2147页。

　　司马迁将韩非与老子合为一传，是有其用意的。在他看来，韩非的学说也是源于老子，这是有道理的。从学术源流上来说，百家之学源于史，"道家者，上所以接史官之传，下所以开百家之学者也"①。这是近人江瑔在《论道家为百家所从出》一文中的主要观点，结合中国古代的学术情况来看，有一定的依据。上古三代之时，学在官方而不在民间，老子作为史官，对中国古代学术自然再为熟悉不过，"故老子一出，遂泄尽天地之秘藏，集古今之大成，学者宗之，天下风靡，道家之学遂及于民间"②。在江瑔看来，得道家"刻忍"一派的即是法家。

　　所谓法家，《汉书·艺文志》是这么讲的："法家者流，盖出于理官，信赏必罚，以辅礼制。《易》曰'先王以明罚饬法'，此其所长也。及刻者为之，则无教化，去仁爱，专任刑法而欲以致治，至于残害至亲，伤恩薄厚。"③ 如果法家之学从学术思想渊源上讲乃是源于道家的话，那么从其产生的具体近源而言，则是起于"理官"。郑玄注《礼记·月令》"命理瞻伤"时言："理，治狱官也。"根据《汉书·艺文志》载录，法家学者及其著作主要有《李子》32 篇，《商君》29 篇，《申子》6 篇，《处子》9 篇，《韩子》55 篇，《游棣子》1 篇，《鼌错》31 篇，《燕十事》10 篇，《法家言》2 篇。共计 10 家 217 篇。其中李子即是李悝，商君即是商鞅，申子为申不害，慎子即是慎到，韩子即是韩非，皆是战国时期有名的法家人物。其中《韩子》宋以后改称《韩非子》，因为宋人推尊韩愈为韩子，为了不致混淆，故而改称之。其实法家之学在春秋时期已有萌芽，如管仲、子产、邓析等，而托名管仲所作的《管子》在《汉书·艺文志》中则被纳入道家之中，直到《隋书·经籍志》中才归为法家著作之中，《邓析子》在《汉书·艺文志》与《隋书·经籍志》中都归于名家之中，实际上他们对刑名之学也多有发明，"其旨同于申、韩；……然其大旨主于势、统于尊，事核于实，于法家为近"④。所以《四库全书总目》最后还是将其纳入法家之中。总而言之，法家学术思想的源流可以追溯到春秋时期的管仲、子产、邓析等，到战国时期则有李悝、吴起、申不害、慎到、商鞅、韩非等。其中商鞅重"法"，申不害重"术"，慎到重"势"，他们在理论实践上的创获则被韩非批判继承，创立了包含融合

---

① 江瑔：《读子卮言》，上海：华东师范大学出版社，2012 年版，第 63 页。
② 江瑔：《读子卮言》，上海：华东师范大学出版社，2012 年版，第 64 页。
③ 陈国庆：《汉书艺文志注释汇编》，北京：中华书局，1983 年版，第 137 页。
④ 纪昀等：《四库全书总目》，北京：中华书局，1997 年版，第 1315 页。

"法""术""势"为一炉的法治之学，成为法家学派的集大成者。

所谓"法"，《管子·任法》谓："故法者，天下之至道也，圣君之实用也。今天下则不然，皆有善法而不能守也。"认为法乃是治国之宝，没有什么可以超越法的。但是当时的实际情况是有法而不守法，由是容易造成祸乱："为人君者，倍（东按：'倍'与'背'通，违背之义）道弃法而好行私，谓之乱。"（《管子·任法》）因此亟须维护法律权威，商鞅对此提出严峻赏罚以促进法令威严的主张："凡赏者文也。刑者武也。文武者法之约也。故明主慎法。"（《商君书·修权》）依据高亨《商君书注译》，"约"当读为"要"，即是纲要之要①。赏是文，刑是武，赏罚并用，乃是为法的主要纲领。商鞅崇法，重视赏罚和威严，曾经因为太子犯法，为了显示法律面前人人平等，"刑其傅公子虔，黥其师公孙贾"②。商鞅的重法观为韩非所继承，韩非提出"信赏必罚"（《韩非子·外储说右上》），用重赏与重罚来加强法律威严并用厚利来刺激军功，鼓励将士作战："是以赏莫如厚而信，使民利之；罚莫如重而必，使民畏之；法莫如一而固，使民知之。故主施赏不迁，行诛无赦。誉辅其赏，毁随其罚，则贤不肖俱尽其力矣。"（《韩非子·五蠹》）赏罚并重，毁誉并存，利害共存，但是法律始终统一固定，这样自然就能加强统治。

所谓"术"，即是权术，为君主驾驭臣下的手段方法。一般认为申不害重术。其著作《申子》在《汉书·艺文志》中的著录为6篇，但宋以后基本亡佚。《史记·老子韩非列传》中附有申不害的简要传记："申不害者，京人也，故郑之贱臣。学术以干韩昭侯，昭侯用为相。内修政教，外应诸侯，十五年。终申子之身，国治兵强，无侵韩者。申子之学本於黄老而主刑名。"③申子学"术"，并且借其术干谒王侯，受到韩昭侯重用。《韩非子·二柄》中记载韩昭侯醉寝为下人加衣，醒后同罪"典衣"与"典冠"者；《韩非子·内储说上》记载韩昭侯"韩昭侯握爪，而佯亡一爪"来测试左右是否诚实，此类事例还有很多。这些都可见出韩昭侯深受申不害法术的影响。韩非对申不害的术学是这样解释的："今申不害言术，而公孙鞅为法。术者，因任而授官，循名而责实，操杀生之柄，课群臣之能者也，此人主之所执也。"

---

① 高亨：《商君书译注》，北京：商务印书馆，1974 年版，第 111 页。
② 司马迁：《史记》，北京：中华书局，1982 年版，第 2231 页。
③ 司马迁：《史记》，北京：中华书局，1982 年版，第 2146 页。

（《韩非子·定法》）韩非认为，"术"是君主掌握的东西，君主依照"术"才能给臣下授予官职，按照臣下的名位而责求其实际功效，掌握生杀大权，考核群臣的能力。相对而言，"法"则是臣下等人要遵循的内容。韩非认为法与术应该结合起来使用，对加强君主集权更有帮助。

　　所谓"势"，与"术"一样，为君主独享，《管子》中多次指出这一点："凡人君之所以为君者，势也。"（《管子·法法》）"人主之所以制臣下者，威势也。"（《管子·明法解》）"明主之治天下也，威势独在于主而不与臣共。"（《管子·明法解》）对"势"有独到研究的一般认为是战国初期的慎到。慎到的传记附录在《史记·孟荀列传》中，为赵人，其学为黄老道德之术。《慎子·威德》中论及势时云："故贤而屈于不肖者，权轻也；不肖而服于贤者，位尊也。尧为匹夫，不能使其邻家。至南面而王，则令行禁止。由此观之，贤不足以服不肖，而势位足以服不肖（东按：此句依许富宏《慎子集校集注》增补），而势位足以屈贤矣。"因为权轻，故而贤者屈居不肖者之下，而不肖者之所以服从贤者，乃是因为其地位尊贵，接着举出了尧做王前后的境遇，借此证明势位的重要性，这恰好与儒家的贤人政治相反。慎到的这一论点为韩非所继承，在《韩非子·难势篇》中引用了慎子的文章，并有所发挥，提倡法与势并用："抱法处势则治，背法去势则乱。"总之，在韩非看来，要巩固君王的权势，必须法、术、势三者并用，此三者才是真正的"帝王之具"（《韩非子·定法》）。

　　关于韩非的作品，《汉书·艺文志》著录的是55篇，与今本所存篇目相同。古今亦有人认为今存《韩非子》中也混入了他人的作品，如《初见秦》《存韩》等篇目，或许不是出自韩非手笔。今人施觉怀曾对韩非的作品进行了详细的考辨，最后得出这样一个结论，即除《初见秦》或有可疑之处外，其他诸篇均可信为韩非所著，而少此一篇《初见秦》也不影响对韩非思想的评价。[①] 因此我们基本上可以将现存《韩非子》视作韩非思想学说的载体。于此，四库馆臣其实也早有分析："疑非所著书本各自为篇，非殁之后，其徒收拾编次，以成一帙。故在韩、在秦之作，均为收录。并其私记未完之稿，亦收入书中。名为非撰，实非非所手定也。以其本出于非，故仍题非名，以著于录焉。"[②] 这个分析依照古代著书的实际情况来看是有道理的，

---

①　施觉怀：《韩非评传》，南京：南京大学出版社，2002年版，第83页。
②　参见纪昀等：《四库全书总目》，北京：中华书局，1997年版，第1316页。

今存《韩非子》不一定完全出自韩非手笔，但是基本上应视作其学术思想的主要载体。相较而言，笔者认为四库馆臣的见解似更为可取，即现存《韩非子》应视作韩非这一派法家学者的学术思想的载体。

三、荀韩学术渊源

有关荀子与韩非的学术渊源关系，我们在这里有必要再说几句，因为这关系到先秦符号思想的发展走向及归结问题。据司马迁《史记·老子韩非列传》记载，荀子有两个弟子，都是法家的代表人物，即韩非和李斯。"（非）与李斯俱事荀卿，斯自以为不如非"①，韩非的同门李斯在求学时自认为不如韩非，说明他们是一起求过学的，在荀子门下求学有过交集。李斯是在公元前246年离开荀子去秦国的，也即是说韩非作为荀子的弟子应该在此之前。韩非师从荀子，在礼法关系、人性善恶等问题上的观点与其有相同之处，也有不同之处。应该说韩非将荀子的学说发展到了另一个极端，荀、韩之间的学术关系流变实际上与当时社会大一统的思潮与趋势是有关联的。

荀子以孔子的弟子自居，但是其生活的时代背景与孔子的时代已经有很大的不同，激烈的政治斗争、军事战争让人目不暇接，传统的礼乐文化符号系统进一步崩溃瓦解，如何恢复或重建新的社会秩序成为这个时代的社会思潮。荀子尽管也强调礼制，但是他的礼已经与孔子倡导的礼不同了。孔子恢复周礼是维护既定的等级符号秩序，并且引入伦理学范畴，由个体从内在道德上自觉接受并认同礼制划分的社会身份等级秩序，而荀子则认为新的礼仪制度应该重新洗牌："虽王公士大夫之子孙，不能属于礼义，则归之庶人。虽庶人之子孙也，积文学，正身行，能属于礼义，则归之卿相士大夫。"（《荀子·王制》）由此可见荀子的礼强调的不是先天的身份等级，而是由后天的素养、才能重新划定身份等级。王公士大夫的子孙，如果没有相应的文化知识，则应归于庶人；相反，庶人的子孙如果有相应的文化知识和技能，是可以提升自身社会地位，晋升为卿相士大夫的。从这个转变中我们已经可以感受其中已有事功的思想倾向暗含在内了。

从荀子倡导的"道"来看，也与孔子有所不同。孔子之"道"以仁为核心，以礼为准则，是一种抽象化的精神诉求，孔子一生求道不舍，修道不止。而荀子的"道"又是什么意义呢？《荀子·儒效》说："道者，非天之

---

① 司马迁：《史记》，北京：中华书局，1982年版，第2146页。

道，非地之道，人之所以道也，君子之所道也。"荀子的道没有孔子的道那么形而上，他的道乃是一种形而下的"道"。王先谦《荀子集解》引王念孙之言："人之所以道者，道，行也，谓人之所以行也。君子之所道者，道为人之所行，而人皆莫能行之，唯君子为能行之也。"① 道是人们行走的道路，而这个道路乃是在君子的引导下形成的。而在《荀子·君道》中，其"道"的意义则更趋明显："道者何也？曰：君道也。君者何也？曰：能群也。能群也者何也？曰：善生养人者也，善班治人者也，善显设人者也，善藩饰人者也。善生养人者人亲之，善班治人者人安之，善显设人者人乐之，善藩饰人者人荣之。四统者具而天下归之，夫是之谓能群。"在这里，荀子直接把道定义为一种君上施行的治术，也即是"能群"，能够笼络人，能够养人、治人、用人、夸人。这样人们就会亲近他、服从他、喜欢他，并且以此为荣。具备了这四个要点，天下就会归附于他了。这样荀子就把孔子的那种追求自我完善超越的形而上的道拉了下来，成为一种形而下的治术，由礼而趋法。当然这与荀子的人性恶的哲学观也有很大的关系。

荀子与儒家另外一位宗师孟子的明显区别就在于他认为人性恶，反对孟子的性善说：

> 孟子曰"人之学者，其性善。"曰：是不然。是不及知人之性，而不察乎人之性、伪之分者也。凡性者，天之就也，不可学，不可事；礼义者，圣人之所生也，人之所学而能，所事而成者也。不可学、不可事而在人者谓之性，可学而能、可事而成之在人者谓之伪，是性、伪之分也。（《荀子·性恶》）

在这里荀子开门见山地指出孟子关于人之有学而成其天性之善的观点，认为其没有分清楚性与伪的区别。荀子认为人之性乃是天生的，不需要经过学习；而伪于人来说则是需要经过学习之后才形成的。《荀子集解》引杨倞注曰："伪，为也，矫也，矫其本性也。凡非天性而人作为之者，皆谓之伪。故为字'人'傍'为'，亦会意字也。"② 这里说得很清楚，"伪"乃是人为，而不是虚伪之"伪"。在荀子看来，人生而有好利之性，有嫉恶之性，有耳

---

① 王先谦：《荀子集解》，北京：中华书局，1988 年版，第 122 页。
② 王先谦：《荀子集解》，北京：中华书局，1988 年版，第 434 页。

目之欲，如果顺之，则会出现争夺、残贼、淫乱等，因此需要礼仪、法度的规整，使之顺于治道。当然荀子并没有全部否定人性："直木不待隐栝而直者，其性直也；枸木必将待隐栝、烝、矫然后直者，以其性不直也。今人之性恶，必将待圣王之治，礼义之化，然后皆出于治，合于善也。"（《荀子·性恶》）木有直木、枸木之别，人性也应有善与不善之分，对于不善者，才应该用"圣王之治，礼义之化"，通过这种人为的方式使其出于治、合于善。当然，后天的环境对人性的影响也是重要的，所谓"干、越、夷、貉之子，生而同声，长而异俗，教使之然也"（《荀子·劝学》），所谓"蓬生麻中，不扶而直"（同上），都是这个意思，这一点荀子当然也有省察。其实从人的天性来说，本没有善恶之分，善恶乃是后天环境熏染而成的。荀子的性恶论从积极的方面来说，即是让人们看到了后天学习的重要性；从消极的方面看，则是将一切人性视为邪恶，由此引出了君主集权统治思想，他的学生韩非就是这一思想的发挥者。

韩非继承了荀子的性恶论，但是他的性恶论又不同于荀子的观点。如果说荀子的性恶论是说人天性趋利避害而不加限制就会走向恶之途的话，那么韩非则认为人的天性就是邪恶的；如果说荀子的思想里面还有一些"直木"的话，那么到了韩非这里就没有一根"直木"了："自直之箭，自圜之木，百世无有一。"（《韩非子·显学》）正是因为不相信人有善的一面，所以他用一种阴暗的心理猜度身边的一切，《韩非子·备内》篇把这种思想发挥到了极致。韩非根本不相信人，其出发点则在于人性本恶。在他看来，如果君主信人，则会受制于人。臣子侍奉君主乃是因为迫于权势，他一刻不停地窥探君主的心理，如果君主懈怠就可能遭到他们的杀害。甚至连自己的儿子、妻子都不能相信，后妃、夫人希望君主早死，太子也希望君主早死，这样他们就可以获得更大的利益。在韩非看来，对一切都要怀疑，所有的人都是坏人，必须防备。由这一论点出发，君主就应该综合运用前文提到法、术、势来驾驭臣下，以期为己所用。

相较而言，荀子还是注重后天的教育学习，来化性起伪，用礼仪法度来引导规范现实世界；而韩非则根本不相信这一套，在他生活的时代及世界里，充满了尔虞我诈、钩心斗角、征伐杀戮，眼前所见的人性之恶让其无法相信人性中的善良和美好，残酷的现实击垮了诗意的人生。如葛兆光言："人在那个时代已经发展出来最冷酷和最彻底的实用理性，早已经不再相信那些不能直接获得利益或遭受惩罚的仪式和象征，也早已经不再相信那些没有实用意义的良心和道德。"[①] 这应是时代使之然吧？信然[②]！

第二节　荀子的符号思想

荀子的符号思想集中于对儒家礼学与名学的探求与总结。在礼乐符号的问题上，他既崇尚礼乐符号对社会秩序的内在调节和规范作用，同时又不忘用法律符号来强制规范社会秩序，由礼而趋法。荀子对名学符号思想的总结主要体现在其对名的界定、名的来源的探讨、命名原则的分析、正名的原因及意义等问题的研究上，由此对先秦名学进行了系统深入的总结。其通过正名来统一学术思想客观上也加速了先秦列国走向统一的步伐，学术思想的统一为政治上的大一统吹响了集结号。

一、荀子对礼乐符号思想的总结

在第二章我们讨论孔孟儒家符号思想的时候，就曾指出孔子将周公制定的带有政治区别作用的礼乐符号系统注入了伦理的内容，在礼崩乐坏的年代以一种伦理的方式让人们从道德伦理上自觉认同并接受西周以来的礼制，而礼制实际上是通过区别能指以区分所指的双重分节形式来划分人的社会关系、等级秩序，假如每个人都自觉遵从礼制，那么天下社会就趋于太平、免于纷争，这其实就是莫里斯指出的从孔子的时代开始的一种信念，即"如果把人们的语言加以整理，而这种整理了的语言又成为所有人的共同财产，那么人们就会相互理解，社会就会稳定，冲突就会让位于和平"[③]。当然这是儒家提出的一种非常理想化的构想。在当时社会的实际生活中，诸侯争霸、大夫篡权、家臣作乱、人欲膨胀、僭礼求名成为一种普遍现象，而且愈演愈烈。

---

① 葛兆光：《中国思想史（第一卷）》，上海：复旦大学出版社，2005 年版，第 164 页。
② 钱穆论儒法关系时曾经指出："人尽谓法家源于道德，顾不知实渊源于儒者，其守法奉公，即孔子正名复礼之精神，随时势而一转移耳。"儒家正名复礼与法家循名责实、严峻刑罚都是为了整顿社会秩序，而韩非等法家人物所处之时代背景与孔孟时期多有不同，此即随时势而转移之谓。参见《先秦诸子系年》，北京：九州出版社，2011 年版，第 238 页。陈奇猷也认为，韩非的著作思想乃是战国时代尖锐激烈的政治斗争与复杂诡诈的社会道德在理论界的投影。参见陈奇猷：《韩非子导读》，成都：巴蜀书社，1990 年版，第 2 页。
③ ［英］莫里斯：《指号、语言和行为》，罗兰，周易译，上海：上海人民出版社，2011 年版，第 221 页。

　　荀子所处的时代，已经趋于战国末期，经过长期的纷争合并，最终只剩下为数不多的几个大国在继续争战，包括孔子推尊的周朝也在公元前 256 年被秦国灭掉了。为了功名利禄，人们"心如虎狼，行如禽兽"（《荀子·修身》），人性中较为阴暗的一面在残酷的战争中暴露无遗，如公元前 273 年，秦将白起的华阳之战，斩首十三万，前 260 年的长平之战，斩首四一万。动荡的社会、残酷的人生乃至阴暗的人性都毫无保留地呈现出来了，孔子倡导的依靠人心道德的自觉来维系社会秩序的观点在这个时代的人看起买已经近乎迂腐可笑。作为孔子的继承者，荀子一方面承认礼乐符号的教化作用，另一方面则吸收了法家法制主义的思想，重视法律符号对社会人生的规训作用。

　　首先，荀子依然重视礼乐符号系统的双重分节作用，这一点在其著作中已有表述：

> 礼起于何也？曰：人生而有欲，欲而不得，则不能无求；求而无度量分界，则不能不争；争则乱，乱则穷。先王恶其乱也，故制礼义以分之，以养人之欲，给人之求，使欲必不穷乎物，物必不屈于欲，两者相持而长，是礼之所起也。故礼者，养也。（《荀子·礼论》）

　　在关于礼的起源及其作用的论述中，荀子指出人是有欲望的，如果任意放纵人性中的欲望，就会走向"性恶"一端，这一点在《荀子·性恶》篇中已有阐述。人们放纵自己的欲望而不加节制，就易引起纷争，进而引起社会混乱，难以为治。为了防止纷乱，故而先贤制定了礼乐符号系统，以此来"分"人，通过人为制定礼乐符号的差别规则，以此来划分人们在社会生活中的尊卑等级、亲疏远近等。礼乐的基本作用即是"养人之欲，给人之求"，如用刍豢稻粱，五味调香养口之欲求，用椒兰芬苾养鼻之欲求，用雕琢、刻镂、黼黻、文章养目之欲求，用钟鼓、管磬、琴瑟、竽笙养耳之欲求，用疏房、檖貌、越席、床笫、几筵养体之欲求。这样通过"养"来满足人的基本欲求，通过"礼"的节制使欲望不至于过分膨胀，如唐人杨倞所言："先王为之立中道，故欲不尽于物，物不竭于欲，欲与物相扶持，故能长久，是礼所起之本意者也。"① 因此礼之源即是"养"。

---

　　① 王先谦：《荀子集解》，北京：中华书局，1988 年版，第 346 页。

　　作为统治阶层的君子，他们更为看重的是通过"养"体现出来的差别："君子既得其养，又好其别。"（《荀子·礼论》）具体而言，也就是"贵贱有等，长幼有差，贫富轻重皆有称者也"（同上），"养"在满足人的基本欲求之后，通过其在"养"的分级中来体现人在社会生活中的贵贱、长幼、尊卑之别，荀子在此不仅举出了天子养体、养鼻、养目、养耳的不同，而且还特意指出其养信、养威、养安的更高一层次的"养"，养中有别。如果说小人之养乃是生理之养的话，那么君子之养则是符饰之养。《荀子·礼论》谓"凡礼，始乎悦，成乎文，终乎悦校"，即是此意。王先谦《荀子集解》引郝懿行之言曰："此言礼始乎收敛，成乎文饰，终乎悦快。"① 礼的起源是为了约束人的欲求，以免滑向"性恶"之一端，因此要用基本的"养"来供给。然而君子之养是一种高层次的养，不同于众庶那种生理层次之养，而是一种"成乎文饰"之养。所谓"成乎文饰"其实就是指这种君子之养已经符号化，成为一种携带意义的符号，以其符号能指来区别不同人的身份地位、尊卑等级。尽管荀子的时代没有符号学这门学科，但是他们其实早已具有了符号学的思想与方法。这一点在荀子的下文中有更加明显的表露：

　　　　礼者，以财物为用，以贵贱为文，以多少为异，以隆杀为要。文理繁，情用省，是礼之隆也；文理省，情用繁，是礼之杀也；文理、情用相为内外表里，并行而集，是礼之中流也。（《荀子·礼论》）

　　财物作为行礼之用，作为一种物质性的东西，本身只有"用"而无意义，但是通过财物的纹饰、多少、厚薄等来传示出不同的意义，这样礼之"用"就成为携带能被感知意义的符号。《荀子集解》引杨倞之注文曰："文理，谓威仪；情用，谓忠诚。若享献之礼，宾主百拜，情唯主敬，文过于情，是礼之隆盛也。"② 符号是用来表达意义的，任何意义的表达都需要借助符号才能进行。作为礼乐符号来说，一定形式的礼乐符号是用来传达出一定的内容意义的，一定的内容意义也需要借用一定的礼乐符号形式来传达。在这里杨倞举了一个享献之礼作为例子，这个礼的"文理"是为了表达"情用"的。而且荀子特别推崇"中"，也即"形式"对"内容"的传达是否恰

――――――――

　　① 王先谦：《荀子集解》，北京：中华书局，1988 年版，第 355 页。
　　② 王先谦：《荀子集解》，北京：中华书局，1988 年版，第 357 页。

到好处。"礼者断长续短，损有余，益不足，达爱敬之文，而滋成行义之美者也。"（同上）贤者通过礼之文来表达敬爱之意，不肖者用礼成行义之美，"皆谓使贤不肖得中也"①，比如荀子在接下来举出的丧礼过程中，提倡持中的原则，认为达哀伤敬奉之意即可，丧礼之文即可帮助人传达这种意思，"凡礼，事生，饰欢也；送死，饰哀也；祭祀，饰敬也"即是，因此人不至于因为过度居丧而伤害身体。由此可见，荀子之礼论虽然源自孔子，但是与孔子的"能指偏执"还是有很大的不同，他的"持中"观点说明其对礼乐文化符号的态度更趋理性，符号形式的达意效果成为其礼学的元语言。而荀子对乐的态度也是如此。

所谓"乐"，荀子是这么看待的："夫乐者，乐也，人情之所必不免也，故人不能无乐。乐则必发于声音，形于动静，而人之道，声音、动静、性术之变尽是矣。"（《荀子·乐论》）"乐"的符号系统，是通过声音、动静等可感知的符号形式来传递人的思想意义，可以"饰喜"，也可"饰怒"，喜怒之情都可通过音乐符号传达出来。荀子认为，音乐符号有"和敬""和亲""和顺"的作用，当然也有"使人心淫"的郑卫之音，因此需要引导：

> 故曰：乐者，乐也。君子乐得其道，小人乐得其欲。以道制欲，则乐而不乱；以欲忘道，则惑而不乐。故乐者，所以道乐也。（《荀子·乐论》）

最后一个"道"字即引导之意，这就是先民提倡的乐教传统，利用音乐移风易俗的特征来引导人们，如王小盾言："所谓'乐教'，其实就是仪式之教、礼仪之教。它脱胎于祭祀仪典，把音乐当作天人交通的媒介，主旨在于借助超自然事物来提升人的精神，达到人与社会的和谐。……乐教并不是音乐技艺之教。其中音乐要么配合仪式而运行，要么配合礼节而运行，并不独立。……乐教本质上不是艺术活动，不是审美活动，更不是娱乐活动，而是一种教育教化的方式——通过对人的精神和行为的协调，造成个体对于族群整体、对于社会秩序的敬畏和顺服。"② 礼与乐的配合，其实都是为了调整社会秩序、为社会统治管理服务的，当然礼与乐的功能侧重点并不完全相

---

① 王先谦：《荀子集解》，北京：中华书局，1988 年版，第 363 页。
② 王小盾：《寓教于"乐"——从三个侧面看乐教》，《文史知识》，2014 年第 4 期。

同，"乐和同，礼别异"（同上），礼的重点在于"别异"，分出尊卑贵贱；乐的重点在于"和同"，搞好内部团结，让人们和睦相处。

通过荀子对礼乐符号的论述我们可以看出其在注重礼乐符号系统对社会秩序的规范调整之用与孔子是相同的。这一点在其与秦昭王的对话中也有体现。《荀子·儒效》篇记载秦昭王与荀子的对话，秦昭王认为儒者于国无用，于是荀子进行了辩驳："儒者法先王，隆礼义，谨乎臣子而致贵其上者也。人主用之，则执在本朝而宜。不用，则退编百姓而悫。必为顺下矣。虽穷困冻馁，必不以邪道为贪；无置锥之地而明于持社稷之大义；呜呼而莫之能应，然而通乎财万物、养百姓之经纪。执在人上则王公之材也，在人下则社稷之臣，国君之宝也。虽隐于穷阎漏屋，人莫不贵之，道诚存也。"（《荀子·儒效》）儒者法先王，崇礼义，他们遵守自己的职分，敬重自己的君主；他们不管是用是藏，都会安于己位而不逾越，哪怕他们穷无立锥之地，也不搞歪门邪道；他们受过礼乐的教化，其道德为人尊敬。荀子在这里强调了儒家之学对社会秩序的作用，对礼乐符号的内在认同也利于教化人民，治理国家，使社会稳定。《荀子·大略》篇谓："礼者，政之挽也。为政不以礼，政不行矣。""挽"即是牵引、拉的意思，如果为政没有礼乐教化的牵引，势必引起混乱。"礼"也像是人的鞋子："礼者，人之所履也，失所履，必颠蹶陷溺。所失微而其为乱大者，礼也。"如果丢失了礼，就像人们走路丢失了鞋子，必然会栽跟头，其失虽小，其害实大，其实也是对礼乐教化作用的重视。总之，在荀子看来："礼之于正国家也，如权衡之于轻重也，如绳墨之于曲直也。故人无礼不生，事无礼不成，国家无礼不宁。"（同上）礼乐符号系统的教化作用不可小觑。

荀子除了重视礼乐符号对建立社会秩序的导向作用之外，也注重政治法律符号对人的强制规训作用。因为在荀子的时代，仅凭没有强制约束力的"礼"来规范社会秩序无异于痴人说梦，要重建社会秩序，不仅要用礼乐来教化，对于那些不听话的人来说，必要的法制暴力是必不可少的。在《荀子·王制》篇中有云："听政之大分：以善至者待之以礼，以不善至者待之以刑。两者分别则贤不肖不杂，是非不乱。贤不肖不杂则英杰至，是非不乱则国家治。若是，名声日闻，天下愿，令行禁止，王者之事毕矣。"这里荀子明确指出行政的要领，即是对于"善至者"和"恶至者"要区别对待，一个用之以礼，一个待之以刑，这样贤人与不肖者就有了区别，人才就会到来，是非不会淆乱，国家也就会太平安宁。而对于身份地位不同的人，其

"礼"也各不相同:"礼者,贵贱有等,长幼有差,贫富轻重皆有称者也。故天子袾裷衣冕,诸侯玄裷衣冕,大夫裨冕,士皮弁服。德必称位,位必称禄,禄必称用。由士以上则必以礼乐节之,众庶百姓则必以法数制之。"《荀子·富国》"礼"是区分社会等级身份的一套符号系统,如天子、诸侯、大夫、士的服饰即是用来区别其身份地位的符号,其中携带着身份地位的意义,而不再是一种生理上保暖性质的衣服。当然这段文字的重点在最后两句,即士人以上用礼,士人以下用刑,用杨倞之言说即是"君子用德,小人用刑"[①],礼与刑在社会治理上也有等级之别,这其实就是《礼记·曲礼》中那句广为人知的"礼不下庶人,刑不上大夫"的意思。

由此,荀子开始了他由礼乐教化到礼治的转变。《荀子·儒效》云:"礼者,人主之所以为群臣寸尺寻丈检式也,人伦尽矣。"杨倞谓:"寸尺寻丈,所以知长短也。检束,所以制放佚。……礼可以总统群臣,人主之柄也。"[②]以礼治人,则有法度可循。既然君主提倡礼治当然要学习《礼》的内容:"《礼》者,法之大分,类之纲纪也,故学至乎《礼》而止矣。"(《荀子·劝学》)《荀子》一书中喜欢法、类对举,如《王制》《大略》中都言及"其有法者以法行,无法者以类举",依张舜徽所言,这里的"法"即今天的成文法,而"类"则近似于习惯法[③],其实就是根据成文的礼仪规定和约定俗成的习惯来规范行为,而这些礼仪文本及风俗习惯其实都是规范人表意的符号系统。最后,荀子得出这样一个结论:"法者,治之端也。"(《荀子·君道》)"端"者,首也,即谓法乃是治理国家的首要大事。

礼乐符号系统与法律符号系统在荀子治理国家事务中的权重是不一样的,这一点也是他与法家的差别。《荀子·议兵》中讲到荀子的学生李斯与荀子关于仁义的辩论,荀子反驳李斯说:"礼者,治辨之极也,强国之本也,威行之道也,功名之总也。王公由之,所以得天下也;不由,所以陨社稷也。故坚甲利兵不足以为胜,高城深池不足以为固,严令繁刑不足以为威,由其道则行,不由其道则废。"秦国自商鞅变革起,就一直注意奖励军功,令严法禁,以极端的法制暴力来统治人民。荀子指出了其中的弊病,后来秦朝历史的发展也证明了荀子观点的正确。因此在荀子看来,尽管法于治理国

---

① 王先谦:《荀子集解》,北京:中华书局,1988年版,第178页。
② 王先谦:《荀子集解》,北京:中华书局,1988年版,第146页。
③ 参见张舜徽:《旧学辑存》,武汉:华中师范大学出版社,2008年版,第681页。

家社会功莫大焉，但是最好的治理方法还是礼与法结合，在《荀子·成相》中有谓："治之经，礼与刑，君子以修百姓宁。明德慎罚，国家既治四海平。"礼乐与刑法都是治理国家的根本，但是后面的"明德慎罚"却道出了其中的不同。如俞荣根言："'礼与刑（法）'只是讲治国应具备这样两种手段，'明德慎罚'才讲到两者的关系。前后相较，可知在荀子思想中，礼法德刑之间有轻重、本末之差，并非半斤八两，不分轩轾。"① 依据《荀子》一书的礼法思想来看，其论允称典当。

二、荀子对名学符号思想的归纳

名实关系之学一直是先秦符号研究的一大议题，儒家、墨家、道家、名家、法家学者对此都有自己的观点，其理论思辨渐趋成熟，到了荀子的时代，由于长期的社会战乱使得人心思治，七国争雄勇者为盛，反映在学术思想上则是通过统一学术思想来收拾人心，消除思想界混乱不一的现状，如孔繁所言："荀子站在统一学术的立场对当时各家名辨思潮展开清算，以使学术上造成的混乱得以澄清。"② 荀子对名实之学的总结，具有集大成的性质。

要对名学进行总结，也面临着一个"正名"的问题，毕竟"名不正，则言不顺"（《论语·子路》），因此这里出现了一个对"名"正名的关键性议题，《荀子·正名》篇云：

> 名闻而实喻，名之用也。累而成文，名之丽也。用、丽俱得，谓之知名。名也者，所以期累实也。

当我们听到一个"名"，就很容易将此"名"与其反映之"实"对应起来，这就是"名之用"，讲求的是概念与其反映的事物之间的准确对应关系，而不至于发生淆乱。而多名的排列组合成文辞、文章，即是"名之丽"。杨倞谓："或曰：丽与俪同，配偶也。"③ 其实即是指名与名之间的组合搭配和谐准确。如果"名之用"与"名之丽"都使用得当，那么就可称为"知名"。本乎此，荀子提出他对"名"的界定："名也者，所以期累实也。"名是用来

---

① 俞荣根：《儒家法思想通论》（修订本），南宁：广西人民出版社，1998年版，第417页。
② 孔繁：《荀子评传》，南京：南京大学出版社，1997年版，第176页。
③ 王先谦：《荀子集解》，北京：中华书局，1988年版，第423页。

与其反映之实"期",《说文·月部》:"期,会也。从月,其声。"《荀子·正名》:"期命也者,辩说之用也",杨倞注为"期,谓委曲为名以会物也"①,《荀子·正论》:"故凡言议期命",杨倞注为"期,物之所会也"②,可见此处"期"当解释为会合。因此这句话的大意即名是用来与实相会的,共其约名以相期也。从语言思维的角度而言,事物的名是人类抽象思维出来的结果,目的是便于人类社会的交流沟通,要想顺利交流,必须对一定事物有一个约定俗成的"名"才行,也即是"是所以共其约名以相期也"(《荀子·正名》)。

其次,荀子对当时"名"的主要来源进行了总结归纳:"后王之成名:刑名从商,爵名从周,文名从《礼》。散名之加于万物者,则从诸夏之成俗曲期,远方异俗之乡则因之而为通。"(同上)所谓"后王",即是指代周王。据冯友兰分析,当时诸子百家在宣传自己的学说时喜欢托古自重,孔子维护周制,故常言及文王、周公;墨子继起,提出法夏不法周,于是又搬出大禹来压倒文王、周公;孟子继起,又搬出尧、舜来压倒大禹。到了荀子的时候,文王、周公被搬出来的先贤挤到后面去了,故而称之为"后王"③。所谓"成名"即是已经确定下来的名称,这些固有的确定下来的名称是怎么来的呢?刑法之名来自殷商,爵位之名来自西周,礼节仪式之名者来自《礼》,《荀子集解》引郝懿行之言曰:"文名谓节文、威仪,《礼》即周之'仪礼',其说是也。古无《仪礼》之名,直谓之《礼》,或谓之《礼经》。"④"散名"即是杂名,万事万物各有其名,谓之杂名。伍非百谓散名与刑名、爵名、文名等专有名词相对,相当于今天的普通名词。万物的散名则依从诸夏地区的成俗,因为还没有来得及整理,则暂从各地之通名方言而称之,如果各有其名而不能相同,则因其俗名互译,使之互通⑤。如《尹文子·大道下》中的一个例子:"郑人谓玉未理者为璞,周人谓鼠未腊者为璞。"郑人如果到了周人处,则要把其"璞"理解为没有晒干的老鼠;周人到了郑人处,则要将璞理解为没有雕琢加工的玉石,这样就不会出现交流中的"因谢不取"的情况。

---

① 王先谦:《荀子集解》,北京:中华书局,1988年版,第423页。
② 王先谦:《荀子集解》,北京:中华书局,1988年版,第342页。
③ 冯友兰:《中国哲学史》,上海:华东师范大学出版社,2011年版,第165页。
④ 王先谦:《荀子集解》,北京:中华书局,1988年版,第411页。
⑤ 参见伍非百:《中国古名家言》,成都:四川大学出版社,2009年版,第744页。

第三，荀子对命名的一些基本原则进行了总结归纳。《荀子·正名》谓："制名以指实"，杨倞注云："无名则物杂乱，故智者谓之分界制名，所以指明事实也。"① 如果万物没有名的话，那么人类面对世界时势必感到杂乱无序、无法归类、无法交流，所以有智者对事物进行命名，然后以名来区别事物之实，并且用一定之名指明一定之实，这就是制名指实。有必要指出的是荀子的"制名"与孔子的"正名"是不同的，孔子的正名乃是用固有之旧名正已经发生变化之实际，而且尤为注重政治伦理层面之名；荀子的制名其实是承认了名实系统的改变，也即对业已成为事实的新的政治伦理的接受，由此产生新的名实系统也就是自然而然的事情，而且荀子之"名"也超出了孔子主要集中于政治伦理之名的范围，而将名效用归纳为"上以明贵贱，下以辨同异"。明贵贱即从儒家政治伦理符号思想角度着眼，而辨同异则是从墨家语言逻辑符号思想角度着眼。明贵贱依据的原则是人本身的社会地位身份等级，而辨同异的依据则是"天官"，"天官谓之同则同，天官谓之异则异"②，即依照人的耳、目、鼻、口、心、体对事物的感觉、认知来进行。

命名的另一原则即要遵从约定俗成的习惯。《荀子·正名》篇谓："名无固宜，约之以命。约定俗成谓之宜，异于约则谓之不宜。名无固实，约之以命实，约定俗成谓之实名。名有固善，径易而不拂，谓之善名。"杨倞谓："名无固宜，言名本无定也。约之以命，谓立其约而命之，若为天，则人皆谓之天也。"③ 这里其实已经涉及符号的任意性问题。从语言符号的角度来看，事物的"名"是具有任意性的，比如我们命名的"天"，虽然从汉字造字法来看，是有理据性的，但是其"名"为"天"，其音"tiān"则是任意的，一旦这个任意的命名约定俗成之后，就不能随意更改了。起初名并没有固定的指实对象，后来相约以此名指彼实，然后此名与彼实之间的关系就固定下来，此名亦成为彼实之名，这样才不至于发生混乱。比如"马"之名对应马之实，如果固定下来之后，就不能指"鹿"之实，否则就造成指鹿为马的混乱了。而"指鹿为马"的故事其实就是看人们是遵从约定俗成的名称还是服从权势而临时更改事物的名称，承认"鹿"之实乃是"马"之名成为一种检验政治态度的标准。"名有固善，径易而不拂，谓之善名"，即谓名与实

---

① 王先谦：《荀子集解》，北京：中华书局，1988 年版，第 342 页。
② 王先谦：《荀子集解》，北京：中华书局，1988 年版，第 415 页。
③ 王先谦：《荀子集解》，北京：中华书局，1988 年版，第 420 页。

对应之后，得到大家的普遍认同，一人呼其名则众人皆知其实，无须另行解释，这就是"善名"，也即名与实的完美结合。宇宙万物是由各种不同的"实"组成，各种"实"皆有其相应的名称，也即是概念。从符号学的角度来看，"当符号系统形成时，能指与所指的关系就不再是任意的了，相对固定的社会契约保证了能指与所指关系的确定性，从而保证了信息传达的有效性"①。名实论者看到了需要通过一些约定的手段方法来保证能指与所指关系的对应性，这样信息传递才具有有效性。如果我们用一个名称去称一物，而别人却以另外的名称去称谓该物，大家各行其是，这样系统就乱套了。

命名还有一个原则即"稽实定数"（《荀子·正名》），也即考察事实来定名之多寡。我们知道，汉语名词没有单数复数形式的变化，仅从名上面看不出数的多寡，因此"稽实定数"被伍非百指为"为制名说最宜注意之事"②。荀子在这里列举了这样的情况："物有同状而异所者，有异状而同所者，可别也。状同而为异所者，虽可合，谓之二实。状变而实无别而为异者，谓之化。有化而无别，谓之一实。"所谓"同状而异所"，如两匹马，同状而异，虽然其名可合，但是还是"二实"，也即同类之二物；"异状而同所"，如少年闰土与中年闰土，异状但是一人，这就是"化"，有化而无别，这还是"一实"。因此在命名时要注意稽实定数，"即通过考核事物的实际数量来确定名称多寡及其变化，使名实相符，则名之指实更为明确"③，这也是命名的一大原则。

第四，荀子还对正名的原因做了详细的解释。先秦时代政治动荡，学派蜂起，各持己说，是己所是，非己所非，奇辞异说迭起，引起了思想界的极大混乱。无尽的战争使得人们渴求和平统一，面对人心思治的情况，荀子提出了通过正名来统一思想、统一学术的主张。

从社会现实角度而言："今圣王没，名守慢，奇辞起，名实乱，是非之形不明，则虽守法之吏，诵数之儒，亦皆乱也。"（《荀子·正名》）像文王周公那样通过制名指实，用符号系统来规范世界秩序的圣王早已随着历史的进程而湮没尘埃，周王室对权力控制的失衡首先表现在人们对具有等级秩序象征意味的礼乐系统的破坏，对名分、名实的怠忽、轻慢，由此引发了名实的

---

① 赵毅衡：《符号学文学论文集》，天津：百花文艺出版社，2004年版，第12页。
② 伍非百：《中国古名家言》，成都：四川大学出版社，2009年版，第760页。
③ 孔繁：《荀子评传》，南京：南京大学出版社，1997年版，第186页。

淆乱和思想的混乱，是非不明，甚至连"守法之吏，诵数之儒"这些执守法令、传统的人都对其所守所习的东西产生了怀疑，这些都是名实乱而引发的灾难。像《荀子·儒效》篇中所云的行"奸事""奸道"的大有人在："若夫充虚之相施易也，坚白、同异之分隔也。"对于这些"淫词邪说"荀子将其归纳为"三惑"：

> "见侮不辱""圣人不爱己""杀盗非杀人也"，此惑于用名以乱名者也。验之所以为有名而观其孰行，则能禁之矣。"山渊平""情欲寡""刍豢不加甘，大钟不加乐"，此惑于用实以乱名者也，验之所缘无以同异而观其孰调，则能禁之矣。"非而谒楹有牛，马非马也"，此惑于用名以乱实者也。验之名约，以其所受悖其所辞，则能禁之矣。凡邪说辟言之离正道而擅作者，无不类于三惑者矣。（《荀子·正名》）

由此可见，所谓"三惑"即是：第一，"惑于用名以乱名者也"，第二，"惑于用实以乱名者也"，第三，"惑于用名以乱实者也"。关于第一种情况，有"杀盗非杀人也"等用名乱名的例子，此说见于《墨子·小取》篇，其混淆了"盗"这一名实也属于"人"这一名之中，解决方法是"验之所以为有名而观其孰行"；关于第二种情况，有"山渊平"等例子，依据《庄子·天下》篇"天与地卑，山与泽平"可知，大概属于惠施一类名学家的言论，此说肯定了命名的任意性，但是名一旦确定下来后，就有强制约定性，而且纵然现在强行更改其名，其实也不会随名而变动，也即山高之实和渊深之实不会因为"平"这一名的改变而改变，解决方法是"验之所缘无以同异而观其孰调"；关于第三种情况，有"马非马"等例子，这个应是公孙龙"白马非马"的缩写，其实白马属于马之一类，其逻辑错误与"杀盗非杀人"同，解决办法是"验之名约，以其所受悖其所辞"。在荀子看来，所有的邪说辟言基本上都属于这样几种情况。对于持"三惑"者，荀子也提出了他的总体解决方案："故明君知其分而不与辨也。夫民易一以道而不可与共故，故明君临之以埶，道之以道，申之以命，章之以论，禁之以刑。故其民之化道也如神，辩说恶用矣哉。"（《荀子·正名》）首先，明君掌握了这些邪说的基本路数之后，就不要去与他们争辩，而是从态度上冷淡他；其次，对于普通百姓来说，以道治之即可。因此作为圣明的君主，用权势来统治百姓，要把百姓导入正途，用命令告诫他们，用论说来彰明事理，用刑罚来禁止其行为，这

样百姓就能很快接受道的教化，不再需要什么辩说了。而辩说之术寝息，思想界自然就会平息争论，归于统一。从政治统一的角度来说，荀子对名学符号的总结有益于天下的统一；而从学术思想史的角度而言，这样的严禁政策必然导致思想学术的衰微，可谓利弊兼有。

第三节　韩非子的符号思想

无论是儒家还是法家，都是积极用世的。他们都希望发挥自己的学说参与国家的治理。不同的是儒家的学说在当时不受重视，儒家学者基本上也没有参与到权力中心，而法家的很多人物却在统治者的支持下一度跻身权力中心阶层，如李悝、吴起、申不害、商鞅等。在关于社会治理的具体方法上，儒家偏重于通过道德的教化让民众自觉接受由礼乐符号系统建构起来的社会秩序，而法家则主张用暴力统治让民众服从由刑法符号系统建构的社会秩序。从现实效用而言，儒家较慢，而法家较快，儒法二家治理之速效可比之如百年树人与十年树木，法家更受统治者欢迎。[①] 当然法家的崛起与当时的社会政治情况是密切相关的，如杨东莼言："法家能成立一学派，与当时社会政治经济的转变很有关系。前此贵族政治赖以维系主属关系的东西，就是礼。春秋战国之世，此种政治，业已崩坏，而渐趋于集权的君主专制政治，并且，新有产阶级勃兴，以前备受压迫的人民，渐次抬头，而获得独立与自由，于是前此维系主属关系的礼，便不足以言治，而不得不尚法，观管仲治齐、子产治郑，即可想见。"[②] 当内在自觉性质的礼不足言治的时候，人们自然会想到外在强制性的法。于是先秦符号思想从礼治走向了法治，从逻辑转向了政治。

一、道法者治：从礼治到法治

从战国后期的荀子开始，儒、法二家出现合流的倾向，这一点在前面第一节中我们已经做过分析。儒、法两家的学者都是积极入世的，都希望对现

---

①　如《史记·商君列传》记载，卫鞅拜见秦孝公，与之语帝道、王道皆不受欢迎，而与之与霸道，则秦孝公"数日不厌"，并明确表示不能等数十百年以成帝王，因为"帝道""王道"见效慢，而以法运之的"霸道"则见效快。参见司马迁：《史记》，北京：中华书局，1982年版，第2228～2229页。

②　杨东莼：《中国学术史讲话》，南京：江苏教育出版社，2005年版，第59页。

实社会的乱象提供自己的救治之方。荀子之前的儒家救治社会的良方即是倡导恢复周礼，而周礼实际上是一套等级符号系统。孔子的时代，诸侯争霸，僭礼求名，没有人愿意接受其学说；生于战国中期的孟子也是如此，率领门徒周游列国、游说诸侯、推行王道仁政，也不被热衷富国强兵、攻城略地的诸侯所采用。孔子和孟子提倡的"仁"其实是从道德伦理层面自觉接受并认同周王朝的以礼来划分阶层的统治秩序，故而不被想称雄争霸的诸侯看好。到了荀子的时代，他已经看到了要恢复社会秩序，仅凭道德的自觉是不够的，还必须重视外在的强制力量，也即是法的力量。荀子的学说以礼为主，以法为辅，二者交相为用。到了荀子的学生韩非这里，他偏执地认为人性恶，提倡法制，用极端的法制力量来收编混乱的社会秩序。如果说孔孟儒家的符号思想属于伦理符号学的话，那么韩非为代表的法家的符号思想则属于法律符号学范畴。

所谓法律符号学，即是人们用语言文字建构的法律符号体系，并以此来规范人类社会的各种表意行为。如学者谢晖所言："法律是人类交往行为的符号体系。同人类所表达的任何符号都指向某种事实一样，它只是人们对人类交往事实的归纳、总结和表达。但它又永远只是相关事实及其处理符号，而不是相关事实及其处理行为本身。"① 而关于法律符号学的思考，韩非尽管没有用到这样的概念，但是从其对法律的论述中可以看出他已经具有这样的思想：

> 法者，编著之图籍，设之于官府，而布之于百姓者也。术者，藏之于胸中，以偶众端，而潜御群臣者也。故法莫如显，而术不欲见。是以明主言法，则境内卑贱莫不闻知也，不独满于堂；用术，则亲爱近习莫之得闻也，不得满室。《韩非子·难三》

韩非认为所谓"法"，即是由官方设立、著录在图书上、颁布到民众中去的法典，并用"术"与之进行了对比，突出法的公开性、透明性，要让治下所有的人都能够知道。这样将成文法公开之后，民众都能够知晓，那么其表意行为就会受到法律符号文本的约束，毕竟"法律是人类构造秩序的符号

---

① 谢晖：《中国古典法律解释的哲学向度》，北京：中国政法大学出版社，2005 年版，第 2 页。

体系"①，法律的表达需要借助一定的语言符号来进行，而且是一定空间内人们都能够理解的语言文字，这样法的功效才能够发挥出来。秦朝统一之后，统一文字、颁布法令，其实是韩非法律思想的延续。在《韩非子·定法》中，韩非指出法的性质及功用："法者，宪令著于官府，刑罚必于民心，赏存乎慎法，而罚加乎奸令者也，此臣之所师也。君无术则弊于上，臣无法则乱于下，此不可一无，皆帝王之具也。"进一步强调法乃是官方制定并颁布下来、并深入民众内心去影响民众活动的规定，对于守法的人进行奖励，对于违法的人进行惩罚；法也是臣下必须遵守的，它是"帝王之具"，意即帝王必须具备的东西。

同样是维护社会秩序，孔、孟倡导礼制，以内心的道德伦理为内核；荀子礼制、法制兼用，本之以礼制，辅之以法制；韩非则倡导法制，以外在的暴力监控为主导。韩非根本不相信孔孟儒家所言的仁、义、礼、智、信那一套，从根本上说乃是源自于其人性恶的思想。《韩非子·八经》谓："忍不制则下上，小不除则大诛，而名实当则径之。"在韩非看来，如果对坏人宽容而不加制裁，坏人就会侵犯君主；如果不除掉奸邪的小人，那么势必会导致大的诛罚。因此，只要罪名与罪行相符，则立即处死。从人性上来看："民之性，有生之实，有生之名。为君者有贤知之名，有赏罚之实。"（同上）民众的本性既要好的名声，同时又要丰厚的实际利益。而君主也要好的名声，同时要具有赏罚的实权，这样才能操控民众。从社会治理的情况来看："夫严家无悍虏，而慈母有败子。吾以此知威势之可以禁暴，而德厚之不足以止乱也。"（《韩非子·显学》）韩非先举了个生活中的例子，也即家法严格的话就不会出现恶奴，而慈母宠爱孩子则容易让其走入歧途。根据这个理论，他认为儒家的那一套德治"不足以止乱"，因而需要法律的威势来整顿社会。由是引出为什么需要法律符号系统的问题，也即法律符号系统的价值意义问题。

从积极的功用上来说，用法律符号能够强有力地规范人的行为，奖惩系统也能够激励守法者，震慑违法者。韩非多次强调明法奉法对治理国家的重大意义：

---

① 谢晖：《法律的意义追问——诠释学视野中的法哲学》，北京：商务印书馆，2003年版，第35页。

奉法者强则国强，奉法者弱则国弱。（《韩非子·有度》）

明法者强，慢法者弱。（《韩非子·饰邪》）

从国家层面来说，以法治国则国家强盛，疏慢法律则国家变弱。从历史上的事实来看，秦国任用商鞅变法较为彻底，所以秦国由当时一边陲小国一跃成为称霸争雄的大国；楚国一直是南方的大国，但是吴起在楚国的变法还没来得及深入就被贵族联合反抗，将其杀死，楚国在后来的七国争雄中由强变弱。从社会治理层面来看，"法分明则贤不得夺不肖，强不得侵弱，众不得暴寡"（《韩非子·守道》）。意为如果国家法律分明，那么不论贤与不肖，都有遵守的准则，大家都按照法令形式，使自己的行为在法令符号规定的范围之内，则不会发生侵夺、征伐的情况。法在定分息争方面的功用其实在韩非之前的法家学者那里已经有了认知。如《商君书·定分》里面讲到这样一个故事，一只兔子在前面跑，百余人在后面追逐，但是街上卖的兔子却连偷盗者都不敢拿，为什么呢？因为前者名分未定，后者名分已定，这个故事在《吕氏春秋·慎势》篇中（引为慎到语）、《尹文子·大道上》中（引为彭蒙语）都有记录，可见在法家思想中其影响较广。而法的作用就是"定分"，定分之后就不会出现强侵弱、众暴寡的现象。

从消极的人性角度来看："今天下无一伯夷，而奸人不绝世，故立法度量。度量信则伯夷不失是，而盗跖不得非。"（《韩非子·守道》）在韩非看来，当时的社会没有一个像伯夷那样的好人，而坏人却不绝于世，也正是因为如此，才需要制定法律标准来规范人的行为，也正是因为有了法律标准，那么伯夷才不会改变其好的行为，盗跖也不敢为非作歹。这里其实也涉及了为什么需要法律符号的问题，因为建立了法律符号系统之后，人的表意行为才有了标准和解释的准则依据。在法律边界限定的范围之内活动，才不会遭到惩罚，而超出了法律范围之外，则不能免于处罚，如谢晖所言："之所以法律是行动的符号，在于法律直接根源于人类行动的无序，根源于人类对于行动秩序之呼唤。"[1]

既然法律作为人类行动秩序的标准，那么必须保证法律符号系统的强制性与权威性，《韩非子·问辩》篇指出：

---

[1]　谢晖：《法律的意义追问——诠释学视野中的法哲学》，北京：商务印书馆，2003年版，第41页。

明主之国，令者，言最贵者也；法者，事最适者也。言无二贵，法不两适，故言行而不轨于法令者必禁。

在英明君主的治下，命令和法律是最为重要的符号，除此之外，没有第二套符号系统能像这套系统重要的，故而凡是人们言论行动不符合法令都要禁止。也即是说人们的言行必须遵守法令，如果不遵守法令的，必须加以强行禁止乃至惩罚。这其实就是注重法令符号系统对人的表意行为的强制规范性，也即是除君主外的任何人的言行，都必须在法令符号系统之内进行，而不能逾越。否则就循名责实，依照法令进行处罚。如《韩非子·二柄》篇所言："人主将欲禁奸，则审合刑名者，言与事也。为人臣者陈而言，君以其言授之事，专以其事责其功。功当其事，事当其言，则赏；功不当其事，事不当其言，则罚。故群臣其言大而功小者则罚，非罚小功也，罚功不当名也。群臣其言小而功大者亦罚，非不说于大功也，以为不当名也，害甚于有大功，故罚。"很多人认为"言"指言论，而"刑（形）"指行为事实，"审合刑名"即是审查其言与其行是否相符。而依照这段文字前后的例证来看，审合刑名应是审其臣下之言之行（表意行为）是否符合其身份职责（法律规范），如前文举出的田成子施禄于百姓，结果导致君王失去民心被弑；后文举出典冠者越职给韩昭侯加衣。在韩非看来，这些人的表意行为都不符合其法定的身份职责，故而都应受到惩罚，哪怕是有功劳（像典冠者给喝醉的韩昭侯加衣）也要处罚，以显示法律的威严。

最后，要使刑法符号系统得到认同，还必须兼顾平等、公平问题，这一点韩非子也多次提到：

法不阿贵，绳不挠曲。法之所加，智者弗能辞，勇者弗敢争。刑过不避大臣，赏善不遗匹夫。（《韩非子·有度》）

不辟亲贵，法行所爱。《韩非子·外储说右上》

明主之国，迁官袭级，官爵受功，故有贵臣；言不度行，而有伪必诛，故无重臣也。（《韩非子·八说》）

韩非倡导法律面前的平等政策，是说不会因为犯法的是权贵而改变法律，就像绳墨不会因为弯曲的东西而改变一样，赏罚不会因为对象的身份而发生转变，这样才能服人，智者也好，勇者也罢，才会服气。儒家提倡的刑不上大夫在法家这里失效了，刑罚不避亲贵，乃至所爱之人，只要犯法都不能幸免。对于有功劳的贵臣，要依法奖赏，而对于弄虚作假的重臣，也格杀勿论。

法家将儒家的礼乐符号系统置换成法律符号系统，其社会治理也由德治转向法制，由依靠个体道德自觉转向依靠外在暴力系统维系，由是造成了礼、法符号系统的差异。简而言之，礼学符号系统强调的是"分"，通过礼乐符号来区别身份等级、尊卑贵贱；而法律符号则是强调在法律规则面前一视同仁，侧重点在于"齐"，如韩非所言："一民之轨，莫如法。"（《韩非子·有度》）。

二、形名参同：从逻辑到政治

"名"在儒家那里本是名号、名分，属于政治伦理范畴；"名"在名、墨诸子那里乃是名实、形名之名，属于逻辑哲学范畴。韩非论"名"，起于语言逻辑范畴，但最终还是落实到政治法理中去了，如冯友兰言："盖应用辩者正名实之理论于实际政治者也。"[1] 在他这里，形名关系成为一种检验臣民表意行为是否符合法令规范的标准。

首先，韩非之"名"，与墨家及荀子有相同之处，即"名"是语言概念之名，承认"名"乃是"实"的反映，如《韩非子·扬权》所言：

> 用一之道，以名为首，名正物定，名倚物徙。故圣人执一以静，使名自命，令事自定。不见其采，下故素正。因而任之，使自事之；因而予之，彼将自举之；正与处之，使皆自定之。上以名举之，不知其名，复修其形；形名参同，用其所生。

王先慎《韩非子集解》云："'一'，谓道。可以常行古今莫二者，唯其正名乎，故曰'以名为首'。"[2] 韩非认为名称乃是事物性质的反映，只有名称（概念）正确反映了事物的性质，那么事物的名与实才能够确定下来，如果物的性质改变，那么事物的名也应该因之而变，也即"名正物定，名倚物

---

① 冯友兰：《中国哲学史》，上海：华东师范大学出版社，2011年版，第186页。
② 王先慎：《韩非子集解》，北京：中华书局，1998年版，第45页。

徙"。"故圣人执一以静，使名自命，令事自定"（周勋初主编《韩非子校注（修订本）》），认为其大意是，运用道的方法，将确定事物的客观名称放在首位，这样如果名称正确地反映了事物，那么事物的性质也就清楚了；如果名称不能正确反映事物，那么其性质也就捉摸不定。所以君主用虚静的态度来把握道，名称由其反映的内容来确定，事情由其自身的性质去确定。[①] 这样任其自处，事物的性质也就会自然显示出来。此时如果要考察一个事物，而不知其名，就可以依据其形反映出来的性质确定其名，其方法即是参验之法，"形名参同"，审查概念的含义，明确分类的界限，事物形态性质应与其"名"保持一致。在《韩非子·功名》中也曾指出"名实相持而成，形影相应而立"，名与实的关系如形影相依。

韩非也很重视语言符号的逻辑性问题，在《韩非子·难一》中他讲了个今人都已耳熟能详的关于"自相矛盾"的故事：

> 楚人有鬻楯与矛者，誉之曰："吾楯之坚，莫能陷也。"又誉其矛曰："吾矛之利，于物无不陷也。"或曰："以子之矛陷子之楯，何如？"其人弗能应也。夫不可陷之楯与无不陷之矛，不可同世而立。

如果你的矛有无坚不摧之名，那么你的楯（同"盾"）就在"陷"之名下；如果你的楯坚不可摧，那么你的矛则不能享有无坚不摧之名，所以无坚不摧的矛与坚不可摧的楯是不能同时存在的。这个故事在《韩非子·难势》中也有记载，韩非进而得出了"为名不可两立"的结论。由此我们可以看出韩非不仅重视语言领域的名与实的对应关系，而且注重语言逻辑的问题。

然而韩非终究是法家学术的继承者，他的形名之学综合了儒、墨之学，又吸收了黄老之学，特别是对法家先辈的名法之学也多有继承。如托名管子的法家先辈指出的："修名而督实，按实而定名。名实相生，反相为情。名实当则治，不当则乱。"（《管子·九守》）其前面之言也是一般意义的名实关系的探讨，以实定名，用名责实，但是马上转移到社会政治领域内：名实相符则治，名实乖离则乱；又如法家先辈尹文子在探讨形名问题时指出："名者，名形者也；形者，应名者也。然形非正名也，名非正形也。则形之与名，居然别矣，不可相乱，亦不可相无。无名，故大道无称；有名，故名以

---

① 参见周勋初：《韩非子校注》（修订本），南京：凤凰出版社，2009 年版，第 50 页。

正形。今万物具存，不以名正之则乱；万名具列，不以形应之则乖。故形名者，不可不正也。"（《尹文子·大道上》）其逻辑顺序也是先一般意义的形名对应，进而转向：如果名与形的关系问题没有处理好，则会引发混乱。其重视形名乃是因为其政治上的效用，将形名问题由逻辑哲学领域引入社会政治领域。

韩非也是如此。如前文所言，他对名实的探讨起源于语言逻辑上的一般意义的探讨，然而他的逻辑落脚点却如法家先辈一样，落实到政治治理之上：

> 人主将欲禁奸，则审合刑名者，言与事也。为人臣者陈而言，君以其言授之事，专以其事责其功。功当其事，事当其言，则赏；功不当其事，事不当其言，则罚。（《韩非子·二柄》）
>
> 术者，因任而授官，循名而责实，操杀生之柄，课群臣之能者也，此人主之所执也。（《韩非子·定法》）

韩非认为君主要禁止奸邪，就要审察形名是否相符。"审合刑名"即是之臣下之言之行（表意行为）是否符合其身份职责（法律规范），进而决定奖惩情况。作为统治者，要根据臣下的能力授予官职，然后按照官职大小、名位高低来要求臣下相应的实际功效，循名责实的落脚点还是政治能效。而且这种考核形名的终极权力也即生杀之权为君主掌握。如翟锦程所言："韩非所言名实相符、相应并不是抽象的，而是紧贴社会政治效果，特别是围绕着君用术、臣尽忠这一中心展开的。"① 从韩非讨论形名的最终目的而论，确实如此。

在韩非看来，如果形名相符，则治：

> 有言者自为名，有事者自为形，形名参同，君乃无事焉，归之其情。（《韩非子·主道》）
>
> 君操其名，臣效其形，形名参同，上下和调也。（《韩非子·扬权》）

在《主道》中韩非认为如果臣下之"名"（言论观点）与其"形"（行事

---

① 翟锦程：《先秦名学研究》，天津：天津古籍出版社，2005 年版，第 88 页。

之实）相符，然后君主乃无事相安；《扬权》中也是君主用臣下的"名"（观点主张）来检验其"形"（行事效用），如果相符，则上下关系调和。

相反，如果形名不符，则暗藏祸害：

> 然则主有人主之名，而实托于群臣之家也。故臣曰：亡国之廷无人焉。（《韩非子·有度》）
>
> 安危在是非，不在于强弱；存亡在虚实，不在于众寡。故齐万乘也，而名实不称，上空虚于国，内不充满于名实，故臣得夺主。（《韩非子·安危》）

在《有度》篇中，人主有人主之名，但是没有自己的权力和地盘，依附于臣下之家，有君名无君实，一如东迁后的周王室，沦为傀儡；《安危》篇中韩非认为国家的安危在于君主是有实权还是徒有虚名，如果君上有其君名而无君权之实，名实不符，就很危险，如田氏篡齐即是。

由此可见，形名问题不仅是一个语言逻辑问题，更是一项重要的政治问题，而解决的方法即是循名责实、参验是非：

> 周合刑名，民乃守职；去此更求，是谓大惑。（《韩非子·扬权》）
>
> 循名实而定是非，因参验而审言辞。《奸劫弑臣》

在《扬权》篇中韩非认为检验形名是否相符是极其重要的，如王先慎言："刑名不差则民守职，此治之至要者也。"① 如果舍此他求，这就是"大惑"，即不明智之举。而在《奸劫弑臣》中则更明确地提出要按照名实是否相符来判断是非，参验言辞行为等是否符合法律规范，以此作为奖惩的依据。

韩非的形名之学为什么会从逻辑转向政治刑罚，在其《韩非子·心度》中是这么回答的："故民朴而禁之以名则治，世知维之以刑则从。"如果老百姓淳朴的话，那么只用毁誉之名即可规整社会秩序，但是如果社会上巧智奸猾之人太多了，你就必须得用法律来规范民众的行动，用刑罚来对付他们。归根到底，是一个政治治理的问题，仅有名实理论还不行，还必须有刑罚作

---

① 王先慎：《韩非子集解》，北京：中华书局，1998年版，第45页。

为对表意行为的规范才行，中国古代刑法学昌盛的道理也在这里。当韩非之时，社会乱象丛生，人心思治，法家循名责实、严峻刑罚的政治举措自然会取到短、平、快的治理之效，成为王者首选的治理之具。刑法成为规范人们表意行为的符号规范，对此，谢晖言："之所以法律是行动的符号，在于法律直接根源于人类行动的无序，根源于人类对于行动秩序之呼唤。"① 可谓道出了个中根源。

第四节　同"名"与异质

《庄子·天道》篇谓："故书曰：'有形有名。'形名者，古人有之，而非所以先也。古之谓大道者，五变而形名可举，九变而赏罚可言也。骤而语形名，不知其本也；骤而语赏罚，不知其始也。倒道而言，迕道而说者，人之所治也，安能治人！骤而语形名赏罚，此有知治之具，非知治之道；可用于天下，不足以用天下。此之谓辩士，一曲之人也。礼法数度，形名比详，古人有之，此下之所以事上，非上所以畜下也。"这段论及形名的文字在庄学史上不断有人争论，诸多学者认为非庄子所作，如王夫之认为："其意以兵刑、法度、礼乐委之于下，而按分守、执名法以原省其功过。此形名家之言，而胡亥督责之术、因师此意，要非庄子之旨。"② 张恒寿依照此篇将道德、仁义、形名、赏罚等排列在一起加以调和，怀疑其非庄子之作而系秦汉道家所作。③ 依照这段文字的内容来看，形名之学古已有之，这里所言的"辩士"当是指名家惠施、公孙龙一派；言礼法，当与儒家名学有关；论赏罚，则与法家之形名之学有联系。而老子、庄子也有其名学。也即是说，先秦儒、道、名、墨、法诸家其实都有自己的名学观，其"名"虽同，其实质则各有侧重。

老、庄道家倡导的是"无名"论，其实是从"名"的发生学的角度开始探讨的。"名"虽然是指向一定之"实"的，但作为对事物性质概念的抽象，是人类语言思维发展的产物，万事万物因为有了各自之"名"才有了区别。对人类而言，任何语言符号的"名"都是某种相应事物的规范，当人类对某

---

① 谢晖：《法律的意义追问——诠释学视野中的法哲学》，北京：商务印书馆，2003 年版，第41 页。

② 王夫之：《老子衍·庄子通·庄子解》，北京：中华书局，2009 年版，第191 页。

③ 张恒寿：《庄子新探》，武汉：湖北人民出版社，1983 年版，第156 页。

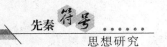
事物的认识达到一定的理性高度时，才能够用"名"来标示此物的性质特征，以其名别与他物之名。然而随着人类社会的发展，"名"从原来的语词之名上升为标示身份地位的身份之名，也即名位之名，并有一套与之相应的礼乐符号系统来维系名分的差别。人欲膨胀的结果自然是僭礼求名，于是人类社会不安于名，而乱于名，因而老庄道家从平息人类纷争痛苦的角度出发倡导"无名"，其实质是去符号化，试图以此来挽救人类早期遭遇的"符号危机"。

儒家正名分，是以主观政治伦理方面的实践法则为准，其基本意义在于定名分、治纲纪、明贵贱、别善恶，以封建政治伦理为基础，核心是价值判断问题。春秋战国时代，传统的伦理道德体系土崩瓦解，各种僭礼妄为的事情时有发生，如季氏之"八佾舞于庭"等，所以孔子曾经感叹："觚不觚，觚哉，觚哉！"（《论语·雍也》）觚没有觚的样子，其名与其实相乖，由此孔子想到社会伦理上这种名实相违的现象，如君不君、臣不臣、父不父、子不子，乃至臣弑其君者有之，子弑其父者亦有之，长幼无序，尊卑失位等，因此儒家之名学，注重名分的对应，社会伦理才不至于发生紊乱。任何事物之名都有其相应概念规范，指向一定的对象，而这些所谓的规范则是"礼"。从语义学的角度来看，即是符号（名）需与其所指谓对象相适应，其符码则是"礼"，礼是儒家伦理符号学的一套系统规则，各种社会活动，必须在"礼"的规则下进行，"非礼勿视，非礼勿听，非礼勿言，非礼勿动"（《论语·颜渊》）。以孔子为代表的早期儒家学者，强调的是符码的绝对权威。而随着时代的发展，儒家后期学者则更注重因实至名，"若有王者起，必将有循于旧名，有作于新名"（《荀子·正名》）。一方面强调要因循旧名，另一方面肯定要变更新名，因为随着时代的发展，事物的性质亦会发生变化，此时如果一味因循旧名则不能反映新的实际情况，因此后期儒家学者在承认符码权威的同时，亦注重对符码的重新编码，使之符合新的社会情况。

而名、墨二家之"名"，重在逻辑思辨，以正名实为主要任务。《荀子·正名篇》指出："贵贱不明，同异不别，如是则志必有不喻之患，而事必有困废之祸。故知者为之分别，制名以指实，上以明贵贱，下以辨异同。"将名学的主要作用归为明贵贱、别异同。明贵贱偏重于社会伦理方面，儒家正名学为其代表；别异同则是名家名实论的主要内容。墨家取实予名，以名举实，实是第一性的，名为第二性的。名家尹文子主张"以名正形""以形应名"，"名"应该与"形"对应，公孙龙"疾名实之散乱"，主张"审其名

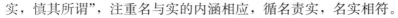

实，慎其所谓"，注重名与实的内涵相应，循名责实，名实相符。

荀子作为儒家向法家过渡的重要人物，其符号思想既是对儒家符号思想的总结，又有新变，如孔孟关于仁与礼的符号思想，出自其"性善"的哲学理念，因此讲求内圣外王，以发自内心的对传统礼乐文化符号的尊崇为主，其发展脉络是从宋元理学到阳明心学；而荀子的哲学理念为人性本恶，需要用外在的权力来规范人遵从现实生活中的符号系统，这种符号思想发展到极致，则是法家符号思想的出现。

法家在谈论礼之作用的时候，与儒家有相同之处，如《韩非子·解老》言："礼者，所以貌情也，群义之文章也，君臣父子之交也，贵贱贤不尚之所以别也。"即是认为礼对君臣、贵贱、亲疏远近有区别作用，可以调节人伦关系。但是法家，特别是韩非，继承的是荀子的性恶理论。法家一方面继承了儒家正名的符号思想，另一方面发展了儒家的符号思想，形成刑名法术之学。法家正刑名，属于自然、社会和一般事务的客观问题，其基本意义在于立名言，别异同，明是非，辨真伪，以事实判断为准则。同样是论形名问题，名家墨家等注重的是语言逻辑等方面，而法家韩非等关注的却是政治上的运用。法家学者看重的是法律符号系统对人的行动的指引规训作用，以及对人的表意行为的评价作用，其循名责实的目的是为了"其民用力劳而不休，逐敌危而不却"，最后实现"国富而兵强"的目的（《韩非子·定法》），同"名"而异质。

参考文献

一、著作

CHANDLER D. Semiotics：The Basics [M]. London：Routledge，2007.

CHANG HAN LIANG，Sign and Discourse：dimensions of Comparative Poetics [M]. Shanghai：Fudan University Press，2013.

阿恩海姆. 视觉思维 [M]. 滕守尧，译. 北京：光明日报出版社，1987.

阿尔斯顿. 语言哲学 [M]. 牟博，刘鸿辉，译. 北京：生活·读书·新知三联书店，1988.

奥格登，理查兹. 意义之意义 [M]. 白人立，国庆祝，译. 北京：北京师范大学出版社，2000.

巴尔特. 符号学原理 [M]. 李幼蒸，译. 北京：中国人民大学出版社，2008.

巴尔特. 神话修辞术批评与真实 [M]. 屠友祥，温晋仪，译. 上海：上海人民出版社，2009.

班固. 汉书 [M]. 北京：中华书局，1962.

蔡尚思. 十家论墨 [M]. 上海：上海人民出版社，2008.

曹慕樊. 庄子新义 [M]. 重庆：重庆出版社，2005.

陈鼓应，白奚. 老子评传 [M]. 南京：南京大学出版社，2001.

陈鼓应. 道家文化研究·"郭店楚简"专号 [M]. 北京：生活·读书·新知三联书店，1999.

陈鼓应. 老庄新论 [M]. 修订本. 北京：商务印书馆，2008.

陈鼓应. 老子注译及评介 [M]. 北京：中华书局，1984.

陈鼓应. 庄子今注今译 [M]. 北京：中华书局，2009.

陈国庆. 汉书艺文志资料汇编 [M]. 北京：中华书局，1983.

陈汉生. 中国古代的语言和逻辑 [M]. 周云之，译. 北京：社会科学文献出版社，1998.

陈嘉映. 语言哲学［M］. 北京：北京大学出版社，2003.

陈来. 古代思想文化的世界——春秋时期的宗教、伦理与社会思想［M］. 北京：生活·读书·新知三联书店，2009.

陈来. 古代宗教与伦理——儒家思想的根源［M］. 北京：生活·读书·新知三联书店，2009.

陈奇猷，张觉. 韩非子导读［M］. 成都：巴蜀书社，1990.

陈奇猷. 韩非子新校注［M］. 上海：上海古籍出版社，2000.

陈望道. 修辞学发凡［M］. 上海：上海教育出版社，2001.

陈宪猷. 公孙龙子求真［M］. 北京：中华书局，1990.

陈原. 陈原语言学论著［M］. 沈阳：辽宁教育出版社，1998.

陈柱. 诸子概论［M］. 南京：江苏文艺出版社，2008.

陈宗明，黄华新. 符号学导论［M］. 郑州：河南人民出版社，2004.

池上嘉彦. 符号学入门［M］. 张晓云，译. 北京：国际文化出版公司，1985.

崔大华. 庄学研究［M］. 北京：人民出版社，1992.

邓析，等. 邓析子·慎子·尹文子·鹖冠子［M］. 上海：上海古籍出版社，1990.

丁尔苏. 符号学与跨文化研究［M］. 上海：复旦大学出版社，2011.

冯契. 中国古代哲学的逻辑发展（上）［M］. 上海：上海人民出版社，2009.

冯友兰. 中国哲学简史［M］. 北京：生活·读书·新知三联书店，2009.

冯友兰. 中国哲学史［M］. 上海：华东师范大学出版社，2011.

高亨. 老子注译［M］. 郑州：河南人民出版社，1980.

高亨. 商君书译注［M］. 北京：中华书局，1974.

高亨. 周易大专今注［M］. 北京：清华大学出版社，2010.

高亨. 周易古经今注［M］. 北京：中华书局，1984.

高怀民. 先秦易学史［M］. 桂林：广西师范大学出版社，2007.

高流水，林恒森. 慎子、尹文子、公孙龙子全译［M］. 贵阳：贵州人民出版社，1996.

高名凯. 语言论［M］. 北京：商务印书馆，2011.

葛兆光. 中国思想史（第一卷）［M］. 上海：复旦大学出版社，2005.

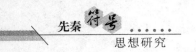

龚鹏程. 文化符号学——中国社会的肌理与文化法则 [M]. 上海：上海世纪出版集团，2009.

龚鹏程. 文化符号学导论 [M]. 北京：北京大学出版社，2005.

苟志效，等. 中国古代符号思想纲要 [M]. 西安：三秦出版社，1995.

苟志效. 意义与符号 [M]. 广州：广东人民出版社，1999.

顾炎武. 日知录集释 [M]. 黄汝成，集释. 上海：上海古籍出版社，2006.

郭庆藩. 庄子集释 [M]. 北京：中华书局，2004.

郭英德，等. 中国古典文学研究史 [M]. 北京：中华书局，1995.

何宁. 淮南子集释 [M]. 北京：中华书局，1998.

洪汉鼎. 理解与解释——诠释学经典文选 [M]. 北京：东方出版社，2006.

侯外庐. 中国古代思想学说史 [M]. 沈阳：辽宁教育出版社，1998.

胡明扬. 西方语言学名著选读 [M]. 北京：中国人民大学出版社，2007.

胡塞尔. 现象学的观念 [M]. 倪梁康译. 上海：上海译文出版社，1986.

胡适. 先秦名学史 [M]. 合肥：安徽教育出版社，2006.

胡适. 中国哲学史大纲 [M]. 长沙：岳麓书社，2010.

胡易容，赵毅衡. 符号学－传媒学词典 [M]. 南京：南京大学出版社，2011.

黄寿祺，张善文. 周易研究论文集 [M]. 第一辑. 北京：北京师范大学出版社，1987.

黄寿祺，张善文. 周易译注 [M]. 上海：上海古籍出版社，2001.

霍克斯. 结构主义和符号学 [M]. 瞿铁鹏，译. 上海：上海译文出版社，1997.

吉罗. 符号学概论 [M]. 怀宇，译. 成都：四川人民出版社，1988.

纪昀，等. 四库全书总目 [M]. 北京：中华书局，1997.

江琼. 读子卮言 [M]. 上海：华东师范大学出版社，2012.

焦循. 孟子正义 [M]. 北京：中华书局，1987.

金景芳，吕绍纲. 周易全解 [M]. 上海：上海古籍出版社，2005.

卡瓦拉罗. 文化理论关键词 [M]. 张卫东，等，译. 南京：江苏人民出版社，2006.

卡希尔. 人论 [M]. 甘阳，译. 上海：上海译文出版社，1985.

科布利. 劳特利奇符号学指南 [M]. 周劲松，赵毅衡，译. 南京：南京大学出版社，2013.

孔繁. 荀子评传 ［M］. 南京：南京大学出版社，1997.

匡亚明. 孔子评传 ［M］. 南京：南京大学出版社，1990.

朗格. 情感与形式 ［M］. 刘大基，傅志强，译. 北京：中国社会科学出版社，1986.

朗格. 艺术问题 ［M］. 滕守尧，朱疆源，译. 北京：中国社会科学出版社，1983.

劳思光. 新编中国哲学史 ［M］. 桂林：广西师范大学出版社，2005.

李道平. 周易集解纂疏 ［M］. 北京：中华书局，1994.

李鼎祚，王鹤鸣，殷子和. 周易集解 ［M］. 北京：中央编译出版社，2011.

李光地. 周易折中 ［M］. 北京：九州出版社，2002.

李镜池. 周易探源 ［M］. 北京：中华书局，1978.

李镜池. 周易通义 ［M］. 北京：中华书局，1981.

李乐毅. 汉字演变五百例 ［M］. 北京：北京语言学院出版社，1992.

李乐毅. 汉字演变五百例续编 ［M］. 北京：北京语言文化大学出版社，2000.

李先焜. 语言、符号与逻辑 ［M］. 武汉：湖北人民出版社，2006.

李贤中. 先秦名家"名实"思想探析 ［M］. 台北：文史哲出版社，1992.

李学勤. 十三经注疏 ［M］. 北京：北京大学出版社，1999.

李幼蒸. 理论符号学导论 ［M］. 北京：中国人民大学出版社，2007.

李泽厚. 中国古代思想史论 ［M］. 北京：生活·读书·新知三联书店，2008.

利奇. 语义学 ［M］. 李瑞华，等，译. 上海：上海外语教育出版社，1987.

廖名春.《周易》经传与易学史新论 ［M］. 济南：齐鲁书社，2001.

林铭钧，曾祥云. 名辩学新探 ［M］. 广州：中山大学出版社，2000.

林信华. 社会符号学 ［M］. 上海：东方出版中心，2011.

刘宝楠. 论语正义 ［M］. 北京：中华书局，1990.

刘大钧. 周易概论 ［M］. 成都：巴蜀书社，2010.

刘纲纪.《周易》美学 ［M］. 武汉：武汉大学出版社，2006.

刘明今. 中国古代文学理论体系：方法论 ［M］. 上海：复旦大学出版社，2000.

刘向. 说苑校证 ［M］. 向宗鲁，注. 北京：中华书局，1987.

刘笑敢. 庄子哲学及其演变 ［M］. 北京：中国社会科学出版社，1987.

陆玉林. 中国学术通史·先秦卷 [M]. 北京：人民出版社，2004.

吕思勉. 经子解题 [M]. 上海：华东师范大学出版社，1996.

吕思勉. 先秦史 [M]. 上海：上海古籍出版社，2005.

吕思勉. 先秦学术概论 [M]. 北京：中国人民大学出版社，2011.

罗常培. 语言与文化 [M]. 胡双宝，注. 北京：北京大学出版社，2009.

罗根泽. 古史辨 [M]. 第六册. 上海：上海古籍出版社，1982.

罗根泽. 古史辨 [M]. 第四册. 上海：上海古籍出版社，1982.

莫里斯. 开放的自我 [M]. 定扬，译. 上海：上海人民出版社，1987.

莫里斯. 指号、语言和行为 [M]. 罗兰，周易，译. 上海人民出版社，2011.

帕尔默. 诠释学 [M]. 潘德荣，译. 北京：商务印书馆，2012.

庞朴. 公孙龙子译注 [M]. 上海：上海人民出版社，1974.

钱穆. 国史大纲 [M]. 北京：商务印书馆，1996.

钱穆. 孔子传 [M]. 北京：生活·读书·新知三联书店，2012.

钱穆. 墨子·惠施·公孙龙 [M]. 北京：九州出版社，2011.

钱穆. 先秦诸子系年 [M]. 北京：九州出版社，2011.

钱钟书. 管锥编 [M]. 北京：生活·读书·新知三联书店，2007.

任继愈. 墨子与墨家 [M]. 北京：商务印书馆，1998.

阮毓崧. 庄子集注 [M]. 台北：广文书局，1972.

阮元. 十三经注疏 [M]. 北京：中华书局，1980.

尚秉和. 周易尚氏学 [M]. 北京：中华书局，1980.

施觉怀. 韩非评传 [M]. 南京：南京大学出版社，2002.

释德清. 道德经解 [M]. 上海：华东师范大学出版社，2009.

司马迁. 史记 [M]. 北京：中华书局，1982.

宋新潮. 殷商文化区域研究 [M]. 西安：陕西人民出版社，1991.

苏辙. 道德真经注 [M] 黄曙辉，注解. 上海：华东师范大学出版社，2010.

孙克强，耿纪平. 庄子文学研究 [M]. 北京：中国文联出版社，2006.

孙诒让. 墨子间诂 [M]. 北京：中华书局，2001.

孙中原. 中国逻辑研究 [M]. 北京：商务印书馆，2006.

索绪尔. 普通语言学教程 [M]. 高名凯，译. 北京，商务印书馆，1980.

谭戒甫. 公孙龙子形名发微 [M]. 北京：中华书局，1963.

谭戒甫. 墨辩发微 [M]. 北京：中华书局，1964.

谭业谦. 公孙龙子译注 [M]. 北京：中华书局，1997.

唐小林，祝东. 符号学诸领域 [M] 成都：四川大学出版社，2011.

童书业. 春秋史 [M]. 北京：中华书局，2006.

涂纪亮. 语言哲学名著选辑 [M]. 北京：生活·读书·新知三联书店，1988.

托多洛夫. 象征理论 [M]. 王国卿，译. 北京：商务印书馆，2004.

汪奠基. 中国逻辑思想史 [M]. 武汉：武汉大学出版社，2012.

汪中. 汪中集 [M]. 台北："中央研究院"中国文哲研究所筹备处，2000.

王弼. 王弼集校释 [M]. 楼宇烈，校释，北京：中华书局，1980.

王夫之. 老子衍·庄子通·庄子解 [M]. 北京：中华书局，2009.

王琯. 公孙龙子悬解 [M]. 北京：中华书局，1992.

王国维. 观堂集林 [M]. 石家庄：河北教育出版社，2003.

王卡. 老子道德经河上公章句 [M]. 北京：中华书局，1993.

王明居. 叩寂寞而求音——《周易》符号美学 [M]. 合肥：安徽大学出版社，1999.

王铭玉，等. 现代语言符号学 [M]. 北京：商务印书馆，2013.

王铭玉，宋尧. 符号语言学 [M]. 上海：上海外语教育出版社，2005.

王铭玉. 语言符号学 [M]. 北京：高等教育出版社，2004.

王寿南. 中国历代思想家·先秦 [M]. 第二册. 北京：九州出版社，2011.

王寿南. 中国历代思想家·先秦 [M]. 第一册. 北京：九州出版社，2011.

王叔岷. 庄学管窥 [M]. 北京：中华书局，2007.

王文锦. 礼记译解 [M]. 北京：中华书局，2001.

王先谦. 荀子集解 [M]. 北京：中华书局，1988.

王先慎. 韩非子集解 [M]. 北京：中华书局，1998.

魏源. 老子本义 [M]. 上海：华东师范大学出版社，2010.

温公颐. 先秦逻辑史 [M]. 上海：上海人民出版社，1983.

闻一多. 周易与庄子研究 [M]. 成都：巴蜀书社，2003.

吴毓江. 墨子校注 [M]. 北京：中华书局，1993.

伍非百. 中国古名家言 [M]. 成都：四川大学出版社，2009.

谢晖. 法律的意义追问——诠释学视野中的法哲学 [M]. 北京：商务印书馆，2003.

谢晖. 中国古典法律解释的哲学向度 [M]. 北京：中国政法大学出版社，2005.

谢谦. 中国古代宗教与礼乐文化 [M]. 成都：四川人民出版社，1996.

邢兆良. 墨子评传 [M]. 南京：南京大学出版社，1993.

熊铁基等. 中国庄学史 [M]. 长沙：湖南人民出版社，2008.

徐瑞.《周易》符号学概论 [M]. 上海：上海科学技术文献出版社，2013.

徐希燕. 墨学研究 [M]. 北京：商务印书馆，2001.

许富宏. 慎子集校集注 [M]. 北京：中华书局，2013.

许维遹. 吕氏春秋集释 [M]. 北京：中华书局，2009.

杨伯峻. 春秋左传注 [M]. 北京：中华书局，1990.

杨伯峻. 论语译注 [M]. 北京：中华书局，1980.

杨伯峻. 孟子译注 [M]. 北京：中华书局，1960.

杨东莼. 中国学术史讲话 [M]. 南京：江苏教育出版社，2005.

杨俊光. 惠施公孙龙评传 [M]. 南京：南京大学出版社，1992.

杨宽. 古史新探 [M]. 北京：中华书局，1965.

杨向奎. 宗周社会与礼乐文明 [M]. 北京：人民出版社，1992.

杨志刚. 中国礼仪制度研究 [M]. 上海：华东师范大学出版社，2001.

叶适. 习学记言序目 [M]. 北京：中华书局，1977.

叶维廉. 中国诗学 [M]. 北京：人民文学出版社，2006.

俞建章，叶舒宪. 符号：语言与艺术 [M]. 上海：上海人民出版社，1988.

俞荣根. 儒家法思想通论 [M]. 修订本. 南宁：广西人民出版社，1998.

袁行霈. 中国诗歌艺术研究 [M]. 北京：北京大学出版社，1996.

翟锦程. 先秦名学研究 [M]. 天津：天津古籍出版社，2005.

詹剑峰. 老子其人其书及其道论 [M]. 武汉：湖北人民出版社，1982.

詹剑峰. 墨家的形式逻辑 [M]. 武汉：湖北人民出版社，1956.

张伯伟. 中国古代文学批评方法研究 [M]. 北京：中华书局，2002.

张恒寿. 庄子新探 [M]. 武汉：湖北人民出版社，1983.

张隆溪. 道与逻各斯 [M]. 冯川，译. 南京：江苏教育出版社，2006.

张默生. 庄子新解 [M]. 济南：齐鲁书社，1993.

张舜徽. 汉书艺文志通释 [M]. 武汉：华中师范大学出版社，2004.

张舜徽. 旧学辑存 [M]. 武汉：华中师范大学出版社，2008.

张政烺. 张政烺论易丛稿 [M]. 李零，等，整理，北京：中华书局，2010.

章太炎. 国故论衡疏证 [M]. 庞俊，郭诚永，疏证，北京：中华书局，2011.

章太炎. 章太炎全集 [M]. 第六册. 上海：上海人民出版社，1986.

章学诚. 文史通义校注 [M]. 叶瑛，校注. 北京：中华书局，1985.

赵光贤. 周代社会辨析 [M]. 北京：人民出版社，1980.

赵毅衡. 符号学 [M]. 南京：南京大学出版社，2012.

赵毅衡. 符号学文学论文集 [M]. 天津：百花文艺出版社，2004.

赵毅衡. 符号学原理与推演 [M]. 南京：南京大学出版社，2011.

赵毅衡. 文学符号学 [M]. 北京：中国文联出版公司，1990.

赵毅衡. 意不尽言——文学的形式－文化论 [M]. 南京：南京大学出版社，2009.

中国逻辑史研究会资料编选组. 中国逻辑史资料选·先秦卷 [M]. 兰州：甘肃人民出版社，1985.

周光庆. 中国古典解释学导论 [M]. 北京：中华书局，2002.

周庆华. 语言符号学 [M]. 上海：东方出版中心，2011.

周文英. 周文英学术著作自选集 [M]. 北京：人民出版社，2002.

周勋初. 韩非子校注 [M]. 修订本. 南京：凤凰出版社，2009.

周予同. 周予同经学史论著选集 [M]. 上海人民出版社，1996.

周裕锴. 中国古代阐释学研究 [M]. 上海：上海人民出版社，2003.

周云之. 先秦名辩逻辑指要 [M]. 成都：四川教育出版社，1993.

周钟灵. 韩非子的逻辑 [M]. 北京：人民出版社，1958.

朱谦之. 老子校释 [M]. 北京：中华书局，1984.

朱前鸿. 先秦名家四子研究 [M]. 北京：中央编译出版社，2005.

朱文熊. 庄子新义 [M]. 上海：华东师范大学出版社，2011.

朱熹. 四书章句集注 [M]. 北京：中华书局，1983.

朱熹. 周易本义 [M]. 上海：上海古籍出版社，1987.

朱永生. 语境动态研究 [M]. 北京：北京大学出版社，2005.

朱自清. 诗言志辨 [M]. 上海：华东师范大学出版社，1997.

二、论文

陈碧.《周易》的象数美学思想研究 [D]. 武汉：武汉大学.

陈道德. 论卦爻符号的起源及《周易》的意义层面 [J]. 哲学研究，1992

(11).

陈良运. 论《周易》的符号象征 [J]. 哲学研究，1988（3）.

陈文忠. 中国古典诗歌接受史研究刍议 [J]. 文学评论，1996（5）.

方丽萍. "近取诸身"正义 [J]. 青海师范大学学报，2010（1）.

傅惠均. 略论符号修辞学 [G] //王德春，李月松. 修辞学论文集（第十
　　集）. 上海：上海外国语教育出版社，2006.

何建南. 莱布尼茨、黑格尔和《易经》符号系统 [J]. 江西社会科学，1995
　　（12）.

胡绳生，余卫国.《指物论》：文化史上第一篇符号学论文 [J]. 宝鸡师院学
　　报，1988（3）.

黄玉顺. 符号的诞生——中国哲学视域中的符号现象学问题 [J]. 中山大学
　　学报，2009（3）.

李零. 孔子符号学索引 [J]. 读书，2007（3）.

李先焜.《墨经》中的符号学思想 [J]. 湖北大学学报，1996（3）.

李先焜. 公孙龙《名实论》中的符号学理论 [J]. 哲学研究，1993（6）.

李先焜. 论《周易》的符号学思想 [J]. 湖北大学学报，2004（6）.

李先焜. 论先秦名家的符号学 [J]. 湖北大学学报，1995（5）.

李先焜. 指号学与逻辑学 [J]. 哲学研究，1988（8）.

李先焜. 中国——一个具有丰富的符号学传统的国家 [J]. 江汉论坛，1990
　　（1）.

罗嘉丽. 论仁与礼、礼的稳定与变革的关系 [J]. 孔子研究，2007（3）.

孟庆丽. "言不尽意"与"立象以尽意"——〈周易〉的言义观探微 [J].
　　辽宁大学学报，2003（4）.

浅见洋二. 关于诗与"本事""本意"以及"诗谶"——论中国古代文学作
　　品接受过程中的本文与语境的关系 [J]. 新国学. 第四集，成都：巴蜀书
　　社，2002.

汪宁生. 八卦起源 [J]. 考古，1976（4）.

王铭玉，宋尧. 中国符号学研究 20 年 [J]. 外国语，2003（1）.

王小盾. 寓教于"乐"——从三个侧面看乐教 [J]. 文史知识，2014（4）.

吴海伦. 论《周易》的《观》与审美 [J]. 辽宁大学学报，2004（3）.

谢谦. 儒学独尊的历史真相与儒家学者的精神蜕变 [J]. 四川师范大学学
　　报，2007（2）.

杨向奎. 礼的起源 [J]. 孔子研究，1986（1）.

叶海平. 论《周易》的两套符号系统及其意义 [J]. 云南学术探索，1997（6）.

余卫国. 庄子言意思想浅说 [J]. 宝鸡师院学报，1989（3）.

俞宣孟. 意义、符号与周易 [J]. 上海社会科学院学术季刊，1990（4）.

袁正校，何向东. 得意妄言与言意之辨——兼论中国文化的符号学特征 [J]. 西南师范大学学报，1999（2）.

张乾元.《周易》"称名取类"的美学意义 [G]. //第十届全国易学与科学学术研讨会论文集，2008（7）. 张再林. 中国古代身体美学的蕴涵与特征 [J]. 河北学刊，2010（2）.

张再林. 作为身体符号系统的《周易》[J]. 世界哲学，2010（4）.

赵晓生.《周易》、符号、音乐 [J]. 中国音乐，1988（2）.

赵毅衡. 身份与文本身份，自我与符号自我 [J]. 外国文学评论，2010（2）.

赵毅衡. 中国符号学六十年 [J]. 四川大学学报，2012（1）.

郑永健. "克己复礼"的争论 [J]. 哲思，1999（3）.

周文英.《易》的符号学性质 [J]. 哲学动态，1994（增刊）.